手束正昭［著］

恩寵燦々と

聖霊論的自叙伝

下

雄飛の時代

キリスト新聞社

教会全景

2013 年　日本キリスト教団聖霊刷新協議会第 8 回全国大会

著者近影（美智子夫人と共に）

1988年　博愛教会との姉妹提携調印式（於、高砂教会）

1989年　ソウル聖民教会との姉妹提携調印式（於、ソウルパレスホテル）

2014年　桂山中央監理教会との姉妹提携式（於、桂山中央監理教会）

◆目　次

一　助っ人達の登場①

——ダグラス・クール牧師とユース・ウィズ・ア・ミッションの預言——

「カリスマ刷新を巡る七年間の戦い」は、既述したごとく（『恩寵燦燦と』上巻三三七頁以降）、のるかそるか、あるいは立つか倒れるかの熾烈《しれつ》なものであった。それは、〝カリスマ刷新〟そのものが持つ運命的な性質のゆえであった。つまり、ヴァン・デューセンの指摘したごとく、それは初代教会の革命やルターやカルヴァンの宗教改革に匹敵するものであり、これまでのキリスト教の体質に切り込んで変革を志向するものであったからである。それゆえに、日本において〝カリスマ刷新〟の旗を掲げて進もうとした私に向けられた批判と反発の矢は、尋常なものではあり得なかった。

しかしそのような〝四面楚歌〟に近い状況にあっても、恩寵なる神は様々な形で〝助っ人達〟を送って、私を助け励まし、苦境を乗り越えさせ、ついに勝利を与えてくださったのであった。ここで、その一人一人を取り上げる余裕はないが、私のこれまでの歩みの中で、決定的な力と転機を与えてくださった方々を取り上げ、今なおある深い感謝を込めて、点描していきたい。

最初に紹介したいのは、オーストラリアのルーテル派の牧師ダグラス・クール師と、ユース・ウィズ・ア・ミッション（以後、ＹＷＡＭと略す）の方々である。かつて神の約束の地カネボウの土地が葬り去られ、私がその痛手から何とか立ち直ろうとしていた一九七九年八月、彼らは私達の教会にやって来た。その年、ハワイにその本部を置くＹＷＡＭの総裁であるローレン・カニングハムは、「日本をキリストへ」（ジャパン・アウトリーチ）の号令を全世界のメンバーに発した。それに応じて全世界から集まってきた若者達数百人によって何人かずつのチームが組まれ、それらが日本全国の教会に送られていった。そして私達の教会には、オーストラリアのカリスマ運動の指導者でもあったダグラス・クール牧師、バイオリンの名手ロバート・プラット、快活なアメリカ人女性バーナ・サーマン、そしてまだ高校生だった英国人スティーブ・ハットンの四人でやって来た。

それまで私はこのＹＷＡＭなる団体についてまったく知らなかったので、期待と不安の入り混じった気持ちで、彼らを迎えたのであった。だがその予想を超えて、彼らの高砂教会に対する奉仕の姿は徹底したものであり、教会にはまったく経済的負担をかけることなく、会堂で寝起きした。そしてトラクト配布や英会話教室、青年のための諸集会と交わり、また家庭集会での伝道等々を意欲的に行い、次々と実を刈り取っていった。それだけでも、私には大きな驚きであったのだが、さらに感動したのは彼らの霊的生活の真摯《しんし》さであった。朝早く起きて各々約一時間のデボーションを行い、自分達の手で朝食の用意をし、朝食をとった後は、全員で祈りの時を持った。私も参加させてもらったのだが、感心させられたのは、その祈りの中で徹底的に主に聴き、その日の行動を決定していったことにある。その中から、高砂高校への訪問、高砂市長への表敬訪問、三菱重工高砂工場所長への訪問等が提起され、実行に移されていった。今になって振り返れば、高砂高校、高砂市長、三菱重工高砂工場などとは、その後様々な関わりが生じることになったことを考えると、彼らの祈りの中で聴いた示しは決して思いつきではなく、確かに主からの語りかけであったのである。

さらに、教会が大分裂を経験した一九八〇年の夏には、YWAMの別のチームが二チームやって来て、約二カ月間滞在し、高砂教会を応援してくれたのであった。当時どん底状態にあった教会にとって、彼らの執り成しの祈りと明るさは、傷ついた私の心を癒やし、大きな希望の光をもたらしたのである。特に彼らと朝食を共にした後の祈りの時に、「手束牧師、主がこの御言葉をもって、あなたに語っています」と、イザヤ四二・六を示してくれたのであった。そして申し合わせたように、次にやってきたチームも、朝の祈りの時に、同じイザヤ四二・六を、主からの啓示（オプタシア）として私に迫ったのであった。以後私は、この御言葉こそ、私に対する神から与えられたアイデンティティとして受けとめ、仕事机の上に貼って暗唱し、今では元老牧師室の壁に、美しい毛筆によってしたためられた色紙の書が、額に入れて掛けられている。

「主なるわたしは正義をもって
あなたを召した。
わたしはあなたの手をとり、
あなたを守った。
わたしはあなたを民の契約とし、
もろもろの国びとの光として与えた」。

上巻の「はじめに」でも書いたように、人間は自らのアイデンティティを求めて、人生航路をさまよう存在なのであるが、真のアイデンティティは神から来る。それゆえに、人生にとってもっとも肝要なことは、真の神より「おまえはかくかくしかじかの人間であり、その生存の意味と目的はこのようなものである」と知らしめられることなのである。このような語りかけを受け取ることができるのは誠に幸いな人物ではある。がしかし、全力を傾けてその使命に向かって生きることが要求されていることを忘れてはなるまい。聖書には、そのような真のアイデンティティを獲得し、それに向かってまっしぐらに生き抜いていった群像がたびたび描かれている。そして私もまた、神の驚くべき恩寵により、そのような幸いな群像のひとりに加えられることになったのであるが、そのための契機を与えてくれたのが、ＹＷＡＭの方々であり、特にダグラス・クール牧師であった。

一九八〇年八月、続けて教会を訪れたYWAMの二つのチームによって示された私個人に対する神からのアイデンティティ（御旨）に続いて、その年の十一月、今度はオーストラリアの地から、高砂教会に対する神からのアイデンティティ（御旨）が示された。それは、当教会の松本美和姉がオーストラリアへ新婚旅行に赴いた折、シドニーでダグラス・クール牧師と再会し、誘われるままにシドニーのカリスマ集会に出席した際に、頂いたものだった。クール師が、その集会に出席している全会衆に向かって、「私の親しい日本の高砂教会が、カリスマ刷新を巡って大きな分裂を経験し、今苦難の中にある。是非とも今一緒に祈ってほしい」と呼びかけ、皆が一斉に祈ったその時だった。突然に聖霊に満ちた二人の人物が立って、高砂教会について預言をしだしたのである。その二人の人物はいずれもカトリックの奉仕者、すなわち修道女と修道士であった。その二つの預言を聞いた時、松本美和姉にはその内容はよく分からなかったが、なぜか感動に満たされ、ドッと涙が溢《あふ》れ出たのであった。それは、高砂教会に対する恩寵なる神の特別な計画と目的を明らかにすると共に、高砂教会の再生と復興を高らかに宣言するものであった。

「万軍の主は言われる。高砂教会は日本のための神の真実と愛と祈りの松明《たいまつ》であり、炎なのです。丁度オリンピックの聖火ランナーのように、高砂教会は日本のための神の真実を運んでいるのです。それは次の主の言葉が実現するためなのです。『わたしは、火を地上に投じるために来たのだ。火がすでに燃えていたならと、わたしはどんなに願っていることか』（ルカ一二・四九、口語訳）」（シスター・パウリンの預言）。

「万軍の主は言われる。高砂教会は一つのコップのようです。このコップは今は神の祝福がもうすっかり去って無くなってしまったかのような状態です。しかし、そのコップが空っぽになるまさにその時から、神は御霊と愛と祝福を、このコップの中にいっぱいになるまで満たされます。やがてコップは溢れ出し、御霊と愛とを地域の多くの人々に分かち与えていくでしょう」（ブラザー・ダビッドの預言）。

私は、今から四十一年前の一九八〇年に松本美和姉に託されたダグラス・クール師の手紙の中に書かれていたこの二つの預言を読んだとき、その心は感動に躍った。現実には〝風前のともしび〟のようになってしまっている高砂教会が、やがて大きな教会へと成長と復興を遂げ、日本の教会に圧倒的な影響を及ぼす教会になると、二つの預言に約束されていたからである。それは当時の私にとっても教会員にとっても夢のようなことであったが、今やその約束が現実のものとなったのを見る時、神の約束の言葉の真実さと凄《すご》さを噛《か》みしめている。しかし、その預言の言葉は、何もせずに自動的にかつ機械的に成就したのではなく、相当な戦いと努力の結果、やっと実現に至ったのであった。そのために主なる神は、今度はダグラス・クール師御自身の唇を通して、直接に私に向かって語りかけてきたのであった。

それは一九八一年の暮れの十二月、突然にダグラス・クール牧師が、友人のピーター・エバンス牧師を伴って再訪問された時のことである。私達は慌てて二人のために特別集会を開催したのであったが、その婦人集会の中で、クール師は突然に隣で通訳をしていた私に向かって手を挙げ、次のように預言をしたのである。「手束牧師よ、あなたはヨシュアである。人々を連れてヨルダン川を渡り、私が示すカナンの地へ入っていきなさい」。

ヨシュアの生涯。それは〝戦いの生涯〟であった。それゆえに、ヨシュア記の冒頭において、主なる神はヨシュアに向かって繰り返し命令している。「強く、また雄々しくあれ。わたしはあなたと共にいる」と。確かにヨシュアの生涯は戦いの生涯であったが、常に主（聖霊）が共におられて、ヨシュアを守り導き、ついに約束のカナンの地を獲得していったのである。まさにこのヨシュアの生涯は私のこれまでの歩みに重ね合わせることができる。これまでの私の歩みもまた戦いに次ぐ戦いのそれであった。しかしいつも聖霊が共におられて、私を守り導いてくださり、今日あるを得ている。問題は「私が示すカナンの地」とは何を指すかということである。

ダグラス・クール牧師はさらにもう一度高砂教会を訪れてくださった。それは一九八二年七月に行われたＹＷＡＭの〝ジャパン・フォー・ジーザス〟に呼応して来日された折、〝ザ・サーバント〟や〝ネクサス〟という音楽チームと共に、フィンランド系オーストラリア人のマジョイネン牧師夫妻を伴ってであった。その滞在は約一カ月に及び、その間に、催された「志んぐ荘」での一泊二日の修養会において講師として集中的にメッセージをしていただいた。通訳には不肖私が立ったのであったが、その神学的・霊的深さに感動しながら、やっとの思いでその務めを果たし終えることができたのである。彼は私よりもわずか三歳だけ歳上であったが、その神学的見識においても、霊的洞察力においても、さらにはその人格的円熟さにおいても、私よりも数段優れた人物であり、まことに師と仰ぐに足る人物であった。ところが、彼が帰国寸前の確か夕拝の時であったと記憶しているが、突然に私の上に預言の霊が臨んだ。そしてクール牧師に向かって手を挙げ預言を語ったのである。私が一個人に対して、そのように預言を語ったのは後にも先にもその時だけである。それは、次のような内容のものであった。

「ダグラス・クール牧師よ。あなたは帰国した後、大きな試練に直面するであろう。しかしどのような苦悩に陥ったとしても、常に私から離れることなく、私に従ってきなさい」。

そしてこの預言は、やがてズバリ的中し、帰国後間もなく大きな試練に遭遇した彼は、自らの属する教団から追放され、牧師もやめ、家庭も崩壊してしまったのであった。そんなこととはつゆ知らず、一九八八年十一月に完成した新会堂の献堂式に出席してくれるよう、案内状をオーストラリアの住所に送ったのであったが、その案内状は「宛先人不明」として空しく送り返されてきたのであった。「一体どうしたのだろう」と訝《いぶか》ったが、ようとして消息はつかめなかった。

二〇〇〇年、私達の教会は「創立百周年」を迎え、一大プロジェクトを展開した（詳細は後述する）。私は高砂教会にとっても私個人にとっても大恩あるダグラス・クール牧師にぜひともおいでいただきたいと願い、YWAMの日本支部などに問い合わせたが分からず、かつてYWAMに所属していた娘婿のアンドリューくんに頼んだ結果、やっとその住所が分かり案内状を送付したのであった。そしてついに彼はやってきた。再婚した若くかわいい奥さんと共に。滞在中彼は、「ぜひお二人には理解してほしい」と、私と妻の前で、これまでの苦悩の日々の次第を説明してくれた。彼は最後に「高砂教会がこんなに素晴らしく偉大な教会になったことをとても嬉しく思っている」と語ったのであったが、その目には深い挫折感と寂しさが滲《にじ》みでていた。

私は今でも時として彼のことを想い起こす。「なぜあれほどの人物が」という思いと共に、私が最も苦しかった時期に支え励ましてくれたことへの大きな感謝とがない交ぜになって。そしてまた、「神よ、彼をもう一度大きく用いてください」という祈りと共に。

二　助っ人達の登場②

――横山記者との出会いと毎日新聞報道の思わぬ反響――

人間の出会いは実に深い神秘に包まれている。思わぬ出会いが、思わぬ人生の転機をもたらすことがある。毎日新聞記者の横山真佳氏との出会いも、そうであった。

それは確か一九七八年の二月のことだったが、毎年この時期に行われていた兵庫教区播州地区の牧師会に珍しい講師を招くことになった。当時キリスト教界でも話題になっていた毎日新聞の長期連載記事「宗教を現代に問う」や、その続編の「シリーズ宗教」の中心的執筆者のひとりでもあり、私と同じ関西学院大学の出身者でもあり、関学時代に洗礼を受けていた横山真佳記者その人である（当時四十一歳）。その頃私は毎日新聞を購読しており、「宗教を現代に問う」や「シリーズ宗教」を興味深く読んでいた。それまで、ジャーナリズムの世界では「宗教」と「天皇」の問題はタブー視されており、取り上げられたとしても、そのほとんどはスキャンダル絡みの記事としてであり、「宗教」そのものについて真剣に追求したのは、毎日新聞が初めてだと言われていた。

横山氏に私達が要請した講演題は「キリスト教を診断する」であった。それは多角的に宗教を取材、調査してきたジャーナリストの立場から、今日のキリスト教を忌憚《きたん》なく批判してもらうことにより、これからの日本におけるキリスト教宣教に資することを意図していた。その講演内容のノートは今でも私の手元にあるが、ここではその詳細については触れない。横山氏の講演の後に、私が問題提起することに当てられていたのだが、今思えば、ここに神の大きな計画が張り巡らされていたのである。そこで私は、講演の中にあった「キリスト教はもっと霊的体験をさせるプログラムを持つ必要がある」という言辞を捕らえ、高砂教会の修養会の中で起こった聖霊降臨の出来事や世界的に起こりつつある〝カリスマ運動〟について神学的歴史的に解説した。すると横山氏は私の話に大変興味を持たれたようで、帰り際、「高砂教会にいつか取材に行かせてほしい」と言い残していかれた。

その年の四月早々、横山氏は高砂教会を訪問して来られた。私は結構長い時間のインタビューを受け、その中で高砂教会について今起こりつつあることを具体的に説明したり、カリスマ運動についての神学的社会学的意味について語った。そして「ぜひこれをお読みくだされば、もっとよくご理解いただけると思います」と、一九七七年五月号から月報に書き始めた「カリスマ運動とは何か」の連載記事と、その一年前から書いていたプレリュード「真実の信仰を求めて」の連載記事をお渡しした。それはひとえに〝カリスマ運動〟について、正しく理解してもらいたいという一心から出たことであって、それ以上でもそれ以下でもなかった。しかし、この小さな配慮が思いもかけない展開をもたらしたのである。

以来、横山記者は何度となく高砂教会にやって来て取材された。礼拝はもちろんのこと祈祷会にも出席され、讃美夕拝やベテル聖書研究会にも顔を出された。さらには、義父三島実郎牧師の牧する鷹取教会や東京の初台カトリック教会にも赴いて丁寧な取材を積み重ねていかれた。そしてついにその記事は、一九七九年七月二日より、毎日新聞朝刊紙上の〝シリーズ宗教〟欄に「キリスト者たち」第五部「カリスマ運動」として、約一カ月間にわたり連日報道されていったのである。

正直言って、報道に先立って私は随分と心配していた。「果たしてどれだけ正確にカリスマ運動について書いてもらえるだろうか。ただでさえ、誤解や偏見が流布されているのに、それをますます増大させることにはならないだろうか」という危惧である。と言うのは、その二年ほど前に毎日新聞は「宗教を現代に問う」の連載において、「異言」という項目の中でカリスマについて取り上げたことがあった。以前にも触れたことのあるGLAという仏教を基盤にした新宗教の異言現象をクローズアップしつつ、それと同じことがキリスト教の中でも起こっているとして、異言のことが取り上げられたのである。その記事は、元改革派教会所属の牧師について取材し書かれたものであったが、その取り上げ方は、私達から見ると事の本質に迫るというよりも興味本位に描かれており、誤解を招きかねない内容であった（この記事は横山記者によって書かれたものではない）。その結果、横山記者によると、キリスト教会から猛烈な批判の手紙が続々と毎日新聞社に届き、段ボール箱一箱ぐらいにまでなったという。

だが私の危惧はまったくの杞憂《きゆう》に終わった。横山記者の「カリスマ運動」に関する既述は、カリスマ運動の現代的意味と意義を極めて適切に描きながら、批判者からの見解も併せて載せ、公正さを図るものであった。しかし根本的には、カリスマ運動こそ今日のキリスト教が失ってしまった霊性を回復するものであり、「キリスト教とは本来何であるのか」という極めて重要な問題提起を読者に促していたのである。それは、私が懸命に説き訴えたことを真摯に受けとめ、むしろ私の側に立って書いてくれていることがひしひしと伝わってくる内容だったのである。

かくて「カリスマ運動」の記事は、その連載中から大きな反響が起こり、手紙や電話が次々と届けられてきた。中にはおかしなものもあったが、ほとんどは「感動した。今のキリスト教に必要なのはこれだ」という内容のものであった。手紙や電話が来ただけではない。高砂教会の日曜礼拝には、全国からわざわざ訪ねて来たクリスチャンの人達が毎回二、三人から数人に及んだ。クリスチャンだけではない。求道者の人達もやって来た。そのうち何人かの人がやがて洗礼を受けることになった。「新聞の影響力とはかくも絶大なものなのか」とつくづく思い知らされたものである。後聞きの話であるが、毎日新聞をとっていなかったある牧師達は、毎朝最寄り駅の新聞販売店に走っていって手に入れ、「カリスマ運動」の記事を貪《むさぼ》り読んでいたという。

ところでこの「カリスマ運動」の記事の掲載は、多くの日本人に広く「キリスト教会に起こっている新しい波」の存在を知らしめただけではなかった。望外にも嬉しくありがたかったのは、カリスマ運動に対する誤解や偏見からくるキリスト教会内の批判や反対の動きを封じてしまったのである。つまり、権威ある一流紙が「キリスト者たち」のルポルタージュの一つに「救世軍」、「社会派」、「無教会」、「辺境（伝道）」、「パウロ遠藤周作」と並んで「カリスマ運動」を報道したことによって、カリスマ運動は決して〝度はずれた〟ものでも〝異端的〟なものでもなく、正統的キリスト教会において教派を超えて世界的に起こりつつある注目すべき新しい運動として、公認されることとなったからである。それも、カリスマ運動を提唱する者達が言ったのではなく、毎日新聞という公的な報道機関が公正な第三者の立場からこのことを認定するという、このことの意義は計り知れないものがあったように思う。なぜならば、この時以来、無知と偏見に満ちた私への批難・攻撃はピタッと止《や》んだからである。

　批難・攻撃が止んだだけではない。のみならず、ここから日本におけるカリスマ運動の新しい展開がなされていくことになったのである。それはまったく思いもしなかった形で起こった。

　一つにはこの毎日新聞の報道をきっかけに、今度はテレビ局がカリスマ運動に注目して取材にやって来たのである。読売テレビは当時日曜日の朝早く、「宗教の時間」という番組を組んでおり、そこでカリスマ運動について報道することを企図してくれたのであった。その頃ちょうど、分裂後の教会の働きを中心的に担い、後に会堂建設委員長という大役をこなしてくれた長浜正義兄をいかにしてアルコール依存症から脱却させるかということが、牧会上の大きな課題となっていた。そこで私は彼を立ち直らせるために、彼と共に姫路の奥に位置する佐用郡三日月町にある「三日月祈祷院」に赴き、一週間の断食祈祷を共にすることによって、祈りによるアルコール依存症からの回復を図った。その結果、長浜兄は見事に依存症から脱却できたのであるが、テレビ取材を通して、その経緯を追うと共に、併せてカリスマ運動にまつわる事柄が紹介されたのである。さすがにドキュメンタリー制作のプロの人達だけあって、カリスマ運動の強調する祈りの力と家庭崩壊寸前の夫婦の回復をうまく組み合わせ、番組は一般の人が見ても極めて感動的な内容に練り上げられていた。恐らく、この番組を見た一般の人々にも、このような崩壊寸前の家庭をも回復させていくキリスト教のあり方に、深い好意と期待を抱いたのではなかろうか。その意味では、この番組はカリスマ運動の擁護だけでなく、期せずして日本の伝道のためにも大いに役立ったと言える。

もう一つの新しい展開は、私が月報に書き綴《つづ》っていた「カリスマ運動とは何か」の文章を熟読してくださった横山記者が、「手束先生、これは素晴らしい内容ですよ。本になさったらどうでしょうか」と勧めてくださったことにある。これもまた思いもかけないことであった。既述したごとく、私はただ牧会上の必然からやむなくこの論考を書き綴ってきたにすぎなかった。それゆえに、本として出版することなど考えてみたこともなかった。そこで驚いた私は「こんなものが本になりますか」と反問すると、「十分になります。では私が出版社にかけあってみましょう」と、いくつかの知り合いの一般の出版社に月報を持っていってくださった。しかし「あまりに内容が特殊なので」と断られたという。しかしこれを機に、私の内に「本になったら素晴らしい」という思いが生まれた。そこで、カリスマ運動についての書物の出版社である「生ける水の川」に交渉すると、「出版してもよい」という返事であった。ところが、一方では「よかった」と思いながらも、深い所では「違う違う」という思いがあった。主なる神は、毎日新聞、読売テレビというジャーナリズムを用いてこられた。「すると……」と思った時、キリスト新聞社のことが急に思い浮かんだ。聖霊の導きを感じた私は、さっそくある筋を通して打診してみた。すると、間もなく中村克巳出版局次長から電話が入った。「原稿をすぐに送ってください」と。かくてキリスト新聞社からの出版の道が開かれていったのである。

カリスマ運動が世界的に展開されるきっかけというのは、成功せる聖公会の司祭であったデニス・ベネット師がカリスマ体験によって教会を追い出された出来事に興味を示した大小様々なジャーナリズムが、これを取り上げたことによって、あっという間にアメリカ全土、さらには全世界に伝わっていき、大きなうねりを形成したことによる。実に私の場合も、聖霊刷新の働きは、ジャーナリズムを通して、日本のキリスト教界のみか、日本の国全体にその存在と本質を露《あら》わにすることになったのである。その端緒を開いてくれた人物こそ毎日新聞の横山真佳記者であり、その意味で彼は、神が選んで日本の教会のカリスマ刷新、ひいては日本のリバイバルのための重要な〝助っ人〟として立ててくださった方に他ならなかった。

その後、事あるごとに横山氏は高砂教会においでくださった。そして『ヨルダンの河渡ろう

――手束牧師と共に歩んだ二十年』にも「気になる存在の人」という一文を寄せてくれた。そしてその末尾は次のように締め括られている。

「高砂教会の歩みをどう見るか。様々な声が聞かれる。………ただ手束牧師と高砂教会の物語が一つの衝撃であったことは告白しなければなるまい。厄介なことに、大きな問いかけとして今に引きずっている。………内村鑑三の再臨の信仰が日本の教会への大きな問いかけなら、手束牧師の問いもまた、同じくラディカルである。一体、これからどんな展開をするのか、今後も、変わらず学ばせていただきたい。不思議なご縁を感謝しつつ」。

私は彼に会うたびに、優れた信仰を持ちながら長い間離れている教会生活を回復し、クリスチャンとしての生活を再び取り戻すようにと勧めた。しかし彼の答えは、決まって「そのうちにね」という笑顔であった。そしてやがて交流も途絶え、年賀状の交換のみとなってしまった。

二〇一三年一月半ば、私の元に差出し人不明の年賀状が届いた。そこには相当乱れた字で、自分は今肺がんで苦しい闘病生活をしているので祈ってほしい旨が大書してあった。「一体、これは誰だろう」と三百数十通あるすべての年賀状を調べても分からないままであった。その年の六月二十三日、毎日新聞の鈴江康二記者から連絡が入った。「横山さんが亡くなられました」と。「ああそうだったのか、あの年賀状は横山さんだったのか」と自らの悟りの鈍さを悔やんだ。がしかし、その時私は福島県いわき市内の教会におり、ただその平安を祈ることしかできなかったのである。

三　助っ人達の登場③
――ハレルヤ金牧師と韓国クリスチャンの霊性の高さの衝撃――

毎日新聞で連載された〝カリスマ運動〟の記事が思わぬ大きな反響を呼んだことについては前述した。その中で、たくさんの手紙が私宛に寄せられてきたことについても触れたが、その中に、ひどく仰々しい宛名書きのものが混じっていた。その表書きには「大使徒手束正昭牧師殿」とあり、私は戸惑いつつ封書を開いた。差出人は、ニューエルサレム教会牧師金炳坤《キムビョンゴン》という名の日本で伝道している韓国人牧師であった。書面には「ハレルヤ」という言葉が散りばめられており、高砂教会に起こった聖霊降臨の出来事は途方もなく大きな出来事であり、日本の教会のリバイバルを告げる鐘である。こんなに嬉しく喜ばしいことはない。一度ぜひ訪問したいので、その節にはよろしくという趣旨のものであった。それにしても、私を「大使徒」と呼んでいることの真意をその頃の私には全く理解することができず、「何という大げさな表現だろう」と気恥ずかしくも思ったものである。

ところが、一九八〇年代に入ってから、カリスマ運動（この場合はペンテコステ派や第三の波派をも含む広義の意）の中で、しきりに「使徒性の回復」とか「使徒的教会」とかいうことが言われ始めた。教会が真の教会であるためには、エペソ四・一一に「こうして、キリストご自身が、ある人を使徒、ある人を預言者、ある人を伝道者、ある人を牧師また教師として、お立てになったのです」（新改訳）とあるように、使徒、預言者、伝道者、牧師、教師の五役者の回復こそが、教会をして真の教会たらしめるために不可欠であり、特にその権威の中心が使徒にあるという主張が彷彿《ほうふつ》として起こってきたのである。

それまで私は、多くのと言うよりほとんどの牧師達が持っているのと同じような使徒理解しか持っていなかった。「使徒」とはキリストの十二弟子にパウロを加えたものであり、キリストの宣教と復活の直接的証人であり、よみがえりの主によって特に選ばれて遣わされていた特別な人達という理解である。しかし、新約聖書を詳細に見ていくと、初代教会の使徒理解はもっと幅広いものがあり、十二弟子のように、たとえ生前の主イエスを直接に知らなくても成立し得る存在であることが判明する。すなわちそれは、神の一方的な選びによって召され、一地域に限定されることなく公同的教会（全体教会）を造り上げ建て上げるために、大きな使命を担った器のことなのである。その代表格はバルナバである。

だが、このことを理解するようになったのはもう少し後のことであった。その頃の私にとって、「使徒」とは自分などとは縁のない遠く気高い人のことであり、ましてや、金炳坤師の言う「大使徒」などまったくの絵空事のようにしか感じていなかった。だが、初著『キリスト教の第三の波——カリスマ運動とは何か』（キリスト新聞社）が多くの人々に読まれるようになり、それによって次々と教会や神学校の講師として招かれるようになった時から、事態は変わっていった。何人かの聖霊派の牧師から「手束先生は今日の日本の使徒です」と言われて、私はたじろいだ。自分が使徒などとは考えたことがなかったからである。しかし極めつきとも言うべきことが起こった。

月刊誌『ハーザー』（マルコーシュ・パブリケーション）の二〇〇〇年九月号「使徒的教会とは何か」（下）を読んでいた時、私はその最後の文章に目を凝らした。二カ月にわたって、「使徒的教会とは何か」を分かりやすくかつ説得的に書き下ろしていたのは、ポール・鈴木という日系アメリカ人牧師であった。私とはまったく面識のない方である。にもかかわらず、彼は日本における使徒的働きをしている牧師として、有賀喜一師、大川従道師、滝元明師と並んで私の名前を列記していたのである。いわく、「手束先生のように使徒的洞察力が必要です」と。私はハタと目を閉じ、「主よ、私に使徒として相応《ふさわ》しい信仰の力と人格を備えてください」と祈ったのであった。その時ふと、二十年ほど前に金炳坤牧師が私を「大使徒」と呼んだことが頭をかすめた。

さて前置きが随分と長くなってしまった。金炳坤師との最初の出会いについて記していきたい。それは一九八〇年十一月の末のことである。金師の要請により、金師と共に三人の韓国の方々を迎えて、「日韓キリスト教福音宣教特別聖会」なるものを開催した。山陽電鉄高砂駅まで迎えに行くと、背が高く体格の大きな方が立っており、私を見るやいなや駆け寄ってきて、私を抱きしめ、「手束先生、お会いしたかった」と叫んだ。道行く人々は当時としては珍しい男性同士が抱擁し合っている姿に怪訝《けげん》な眼差しを向けたので、ひどく照れくさい思いがしたものだった。その方こそハレルヤ金牧師であった。私よりも十歳以上も年上であったが、その顔は青年のように若く、その目は天使を思わせるような聖《きよ》い光を放っていた。

事前に送られてきたハレルヤ金牧師からの手紙によると、同行された三人の方々、すなわち元炳禄《ウォンビョンロク》牧師、伝道師の諭福順《ユボクション》師、さらには婦人会長の林三順《イムサンシュン》勧士は、いずれも韓国で四十日間の断食祈祷を完《まっと》うしたことのある信仰の戦士であり、驚くべき御霊の賜物（カリスマ）を賦与されていた方々であった。元炳禄師の場合、知識の賜物（世に言う透視能力）と異言を解き明かす賜物において異彩を放っていた。二十七日夜の聖会後、祈りの時があり、妻も按手の祈りを求めて進み出た。本人はまったく忘れていたようだが、私はその時祈られた言葉の一節を今も記憶している。「天の父よ、この慈悲深い心を持ったサモニム（牧師夫人）を感謝します。その慈悲深い心が多くの信徒達を癒やし、励ます働きに用いられますからありがとうございます」という趣旨のものであった。そしてその祈りの後に、元牧師は妻に預言的忠告を与えた。「あなたの夫は神からの大きな役割を負っている方です。しかし体が弱いので、あなたはそのために十分に気を付けてやらねばなりません」と。それを聞いた私は、度肝を抜かれた。初対面でまだほとんど話もしていないのに、こんなに適切な祈りと預言をなすことができるとは。この方は確かに神の人だと思った。そこで私も進み出て祈りを求めた。すると、元牧師は「めっそうもありません。畏れ多いことです」と辞退されたのであった。私は今でもあの時の元牧師の辞退の意図を図りかねている。

諭福順伝道師のメッセージも強烈なものだった。もう七十歳近いのではないかと思われるこの老婦人伝道師は、かつて実業家の妻であったが、祈って祈って社長である夫をついに洗礼へと導いた。そこで彼女は夫に一つの提案をした。自分達が住んでいる豪邸を牧師家族にお譲りしよう、そして自分達はもう二人だけなのだから狭い小さな牧師館に住もうではないか、と。そしてその通りに実行したのである。私はこの話を聴いて、「日本の教会とは何と違うことか」と溜《た》め息をついた。思えば約一年前、旧会堂二階の牧師館があまりにもひどかったので、牧師館建設を提案したところ反対され、やむを得ず自分で家を購入する羽目になった。しかしそれが気に入らないということで、半数の教会員、それも経済力のある人々がさんざん誹謗《ひぼう》中傷を振りまいて出て行ったことを思い出したからである。そしてこのメッセージは、私だけでなく、そこにい合わせた信徒達にも良い意味でショックを与えたようだった。かくて今、私達は恐れ多いことながら〝日本でも有数〟と評される立派な牧師館に住んでいるのである。

さらに、もう一人の林三順勧士の証しも刺激的なものであった。一千人以上もいる婦人会の会長である彼女が勧士として一番心掛けていることは、常に牧師のために執り成し祈ることであり、同時に、牧師を敬愛しているしるしとして、牧師の身のまわりのものはみな婦人会で取りそろえ、特に牧師のバースデーパーティーは盛大に催すことにしているという証しだった。この証しもまた、私だけでなく、そこにい合わせた信徒達にも良い意味でショックを与えたようだった。かくてそれ以後、高砂教会の婦人会は毎年私のためにバースデーパーティーを開催してくれるようになり、合わせて特別にあつらえた洋服などがプレゼントされるようになった。そして今では、牧師館のウォーク・イン・クローゼットには、信徒達の愛のつまった洋服が所狭しと掛けられることになった。

それから三年後の一九八三年十二月と翌年の五月の二回にわたって、金炳坤師は、白華基《ペックフォンキ》という検事から牧師に転じたという人物を連れて訪日された。この方もまた、元炳禄牧師一行と同じような趣旨のメッセージを語ってくださった。そこで牧師の権威の重視と信徒の服従の姿勢の大切さを示すことにより、言わば〝駄目押し〟をしてくださったのである。かくして私達の教会は、日本では珍しい牧師の権威を大切にする、霊的秩序の整った教会として確立されるに至った。そのためなのか、高砂教会を訪れた韓国のクリスチャン達は、「韓国の教会に来たような気がする」と異口同音に感想をもらすことになったのである。この霊的秩序の確立が、やがて高砂教会を大きく成長させていく土台作りとなっていったのである。

ところでなぜ韓国の教会では、あのように牧師の権威が重んじられ、信徒達は喜んで牧師に従っていくのであろうか。ある人々は言う。「それは韓国社会に今なお根強い儒教の影響のせいである」。また別な人々は言う。「あれは韓国人の中に根深く残っているシャーマニズムの影響のせいである」と。確かにそのような儒教やシャーマニズムの影響があることを、私は否定しない。しかし、本質的理由はそこにはない。本質的な理由は、韓国教会の霊性の高さである。当時の韓国の教会は夥《おびただ》しい数の人々が五時からの早天祈祷に結集し祈っていた。また金曜夜の徹夜祈祷会もほとんどの教会が行っていた。さらには、断食祈祷もクリスチャンならば普通のことのように実践されていたし、既述したごとくハレルヤ金牧師に同行して来られた方々も、皆四十日間の断食祈祷を敢行しておられたのである。

パウル・ティリッヒが組織神学第三巻「聖霊論」において、繰り返し書いている言葉がある。それはOnly spirit can discern spirit（霊のみが霊を識別することができる）という言葉である。つまり、霊的存在や霊的人格は俗人の目では識別できない。霊的人格を有する者にして初めて識別が可能となる。それゆえに、霊的な人達は高い霊性を持った霊的指導者の持つ権威が分かり、自然のうちにそれに従うようになるというのである。これが韓国教会の信徒達が牧師に畏敬の念を持ち、牧師に献身的に仕えていく根本的な理由なのである。だが、今や韓国教会が直面している致命的問題がある。それは韓国のクリスチャン達（牧師も含めて）の霊性が急速に低下しつつあるということである。早天祈祷参加者は激減し、徹夜祈祷をする教会も数が減り、ましてや断食祈祷を四十日間も完徹する人などほとんどいなくなってしまったのである（なぜそうなったかは、ここでは述べない）。その結果、これまで与えられてきた権威を笠《かさ》に着る牧師が横行し、信徒達は牧師への尊敬心を失い、かつて世界中の驚異となっていた韓国教会のリバイバルは、急速に衰退しつつあるという。金炳坤牧師を始め、多くの韓国のクリスチャン達から多大な恩恵を受けてきた私としては、「残念」と言う他はない。

その後、金炳坤牧師からの連絡は途絶えた。「どうしたのかなあ」と思っていると「ハレルヤ金牧師は異端に走った」という噂《うわさ》が聞こえてきた。「まさか。嘘《うそ》だろう」と思いつつ、気になりながら三十年近い歳月が流れた。そして、二〇一一年三月十一日、かの東日本大震災が起こったまさにその日に開催された、東京の京王プラザホテルにおける国家晩餐祈祷会の席上（料理は出ず、祈祷会のみ行った）、劇的な再会を果たしたのであった。金牧師の手を固く握っている間、高砂教会の苦難の時期に私を励ましてくれた金牧師への溢れる感謝の念と共に、こみ上げてくる懐かしさを押さえることができなかったのである。そして共に日本の再建のために祈ったのであった。

四　韓国教会の感動と挑戦①

――早天祈祷や徹夜祈祷に集まる大群衆への驚愕――

「素晴らしいメッセージテープがあるんだが、聴いてみないか」と義父三島実郎牧師が数個のカセットテープを持って来てくれた。それらのテープは、一九七六年二月に行われた「ペンテコステ教役者大会」の主講師であった純福音ソウル中央教会（後にヨイド純福音教会と改名）の主任牧師趙鏞基《チョーヨンギ》師が語ったものであった。当時世界最大の教会（五万人の会員）と言われていた教会の主任牧師のメッセージを、私は強い関心を持って傾聴した。そしてそこには、これまで聴いたことのない切り口で、見事に聖書がひもとかれていた。特に最後のメッセージは真に感動的なものであった。少年時代、配属将校（戦時中、教育統制の一環として学校などで将校クラスの日本軍人が配属されていた）に睨《にら》まれ、ひどい虐待を受けたことがあった。そのため日本人を赦すことができず、妻の母崔子実《チェジャシル》師より何度も日本へ行くことを勧められたが、拒んできた。しかし聖霊様の促しを受け、今回嫌々日本にやってきた。しかし今これまでの自分の態度を深く悔い改める。そして日本を赦し、これからは日本の救いのために祈り、そのために尽力する、と宣言し、男泣きに泣くのであった。私もテープを聴きながら、感動のあまり泣いた。

翌一九七七年二月一日～四日「ペンテコステ教役者大会」（於・鳥羽小涌園）にも、引き続いて趙鏞基牧師が主講師として立たれることを知り、私も大きな期待を持って義父と共に参加した。大会は期待に外れず聖霊の臨在の中で恵み豊かなものであったが、この時も最後の場面で趙牧師は大会参加者に向けて感動的な提案をしたのであった。その提案というのは、日本の教会の成長と復興を目指して、日本人の教役者を対象にソウル中央教会で二週間の「教会成長セミナー」を開催したい。滞在費用は全部韓国側で持つ。日本側は渡航費用だけを用意してくれたらよい。是非とも多くの牧師達が参加することを願っている、というものであった。その「教会成長セミナー」開催の日程は約一カ月後の三月七日から十九日までと迫っていたが、私はすぐに決断し、義父と共に手を挙げ参加することにしたのであった。そしてこの時の決断こそが、その後の私の牧会、と言うより人生そのものにどんなに大きな影響と転換をもたらすようになったかということを知るのは、随分と後のこととなるのである。大事な時に大事なことのために思い切って決断することが、人生にとってどんなに大切なことになっていくかということを、今になってつくづくと噛みしめている。

かくして、一カ月後には二週間もの間教会を空けることになる。そのためには予定を全部キャンセルし、空白となる聖日礼拝の説教を他の牧師に依頼しなくてはならない。また渡航費用も用意しなくてはならない。これは、零細な日本の教会の牧師にとっては相当な覚悟がいることであった。私はこのことをすぐに役員会にかけた。すると、その頃、役員にはまだカリスマ刷新とかリバイバルには理解のない人が多かったので、「行くのは構わない。だが渡航費用はご自分で」ということになった。そこですぐにパスポートを取り、ツアー担当の交通公社に航空チケットの手配を依頼した。当時は飛行機代も今では考えられないほど高くて、往復九万円ほどかかり、その他諸費用を加えると、全部で十二万円ほどにもなった。それは私の当時の一カ月分の謝儀の額に相当したが、それでも私は惜しいと思わなかった。これによって、高砂の田舎教会がやがて百人を突破する教会になるならば本望だと思った。なにごとも、犠牲や代償を惜しんでは大事を達成することができないというのが、聖書から私が汲み取った真理であったからである。イエス・キリストこそ、その真理の典型的具現者に他ならない。私が不思議でならないのは、このことを嫌というほど聞かされているはずのクリスチャンが、なかんずく牧師達が、犠牲や代償を払わずして、成功の道を辿《たど》ろうと願っている姿を多く見かけることである。何という甘さ、何という安易さであろうか。そんなことでは、日本の教会がいつまでも成長できず、翻って牧師自身の待遇も改善されないのは当たり前ではないか。キリスト教会の中でも犠牲や努力を怠り、「弱者の恫喝《どうかつ》」のようなことが平然とまかり通っているのを見るにつけ、こんなことでキリスト教会の将来はあるのかと、暗然とした気持ちに陥る。

さて、少々愚痴っぽくなってしまったことを反省する。かくして私の最初の海外旅行となったソウルでの驚くべき感動の体験について語ろう。参加者は七十名。その中には、義父三島実郎牧師や、同じく日本キリスト教団赤坂教会の井上哲雄牧師などの年輩牧師も四、五人混じっていたが、私を含めてほとんどが若い牧師達であった。何とかして自分の牧する教会を成長させたいと、さらには日本にリバイバルを興したいと願っている聖霊派の牧師達であり、「坂の上の雲」を目指す意気盛んな雰囲気で満ちていた。韓国に着いた第一印象は、「貧しいが、明るい」というものであった。当時の韓国は朴正熙大統領下の軍事政権であり、日本のマスコミはその強権的非民主的あり方を叩《たた》きまくっていた。だが、そのような日本のマスコミによる報道のもたらす暗いイメージを大きく裏切り、人々の顔特に若者達の顔の輝きは、日本の若者達の顔の暗さとは好対照をなしていた。そこには「夜明けは近い」と思わせる希望のエネルギーが沸騰していたのである。そして、その〝希望のエネルギー〟の源になっていたのが、実に当時の韓国に国家的規模で興りつつあったキリスト教の台頭であることを、私は間もなく知るのである。

私たちの宿舎となったのは、巨大な礼拝堂(約一万人収容)のすぐそばに建っていたワールド・ミッションセンターというビルの中にある、八人一組の二段ベッド仕様の宿房であった。翌朝、人声のざわめきで目覚めると五時前であった。まだ薄暗いのになぜこんなに早く大勢の人声が響くのかと聞けば、「早天礼拝に参加する人々です」という。「こんなに朝早くから、こんなに夥しい人々が毎朝教会に来て祈るのか」と信じられない思いであった。当時の韓国は戒厳令がしかれており、夜十一時から四時までは外出禁止になっていた。そこで四時になると人々は家を出て、バスに乗って教会に来るのである。当時の貧しい韓国の人々にはマイカーなど〝夢のまた夢〟であり、バス賃の出せない人達に至っては、教会のバスが待機している所まで徒歩あるいは自転車で行き、そこで待つ教会の無料バスに乗って「早天」に参加していたのである。その貧しい韓国のクリスチャン達のひたむきな姿は、驚きを通り越して〝凄絶〟そのものであった。それに比べて、高度経済成長の真っただ中にあった日本のクリスチャン達（私も含めて）のあまりにも〝生ぬるい〟姿は一体何なのであろうか。私はしばし深い反省と共に、悔い改めの念に打ち沈んだのである。

もう一つ、日本の教会では見られないプログラムがあった。それは金曜日の晩十一時から始まる徹夜祈祷会である。これにも、巨大な礼拝堂ほぼいっぱいの人々が集まり、夜を徹して主を讃美し、メッセージを聴き、祈り込んでいくのである。そして戒厳令明けの朝四時まで延々と続けられていく。私が心底驚いたのは、そこに赤ん坊を背負った若い婦人達が大勢集まっていたことである。礼拝堂の片隅では子どもにお乳を飲ませている母親の姿も稀《まれ》ではなかった。乳飲み子を連れて徹夜祈祷会に臨むなどというのは、恐らく日本では常軌を逸していると言われるであろう。そんなことを夫が知ったならば、家庭争議になることは間違いない。にもかかわらず、彼女達はやって来る。そこには一体何があるのだろうか。

一つ考えられるのは、それほどまでに彼女達は切羽詰まっていたのではないかということである。何に切羽詰まっていたのか。いろいろ考えられる。前述したように、その頃の韓国はまだまだ貧しかった。一九六五年に結んだ日韓基本条約によって、日本から八億ドル（当時の韓国の国家予算は三・五億ドル）にものぼる巨額な経済協力金を受け取ったことによって、いわゆる「漢江の奇跡」といわれる経済復興が起こりつつあったのであるが、それは未だ国民全体の生活を潤すものとはなっていなかった。それゆえに、貧困層を基盤として創立されたソウル中央教会の会員達は、その生活苦の解決のために、必死になって祈らざるを得なかったのであろう。それは戦後の日本において、「貧・病・争」の解決のために、多くの日本人達が新興宗教に雪崩を打っていったのと同じ現象だと言い得るであろう。残念ながら、その頃の日本のキリスト教会は、「貧・病・争」の解決を求める庶民達の願いを〝御利益主義〟として切り捨て、それに応えることがなかった。その結果、庶民層の中に浸透していく絶好のチャンスを失っていったのである。しかし、趙鏞基牧師はイエス・キリストの福音を単に罪の赦しのみならず、「貧・病・争」をも解決してくれる現実的な救いとして提示することによって、韓国の庶民層の中にキリスト教を浸透させることに成功したのである。

次に考えられるのは、当時ベトナム戦争が激化しており、韓国軍も米軍と共に南ベトナム支援のため参戦していた。日本ではベトナム戦争に反対する強い気運があったことはあったが、それでもなお「対岸の火事」でしかなかった。しかし、韓国民にとっては違った。ベトナムの南北対立に対する韓国軍の南ベトナム支援への参戦は、かの〝朝鮮戦争〟の悪夢を強く想起させることになったのである。これまた多くの日本人は知らないことであるが、かの〝朝鮮戦争〟

においても、ベトナム戦争に勝るとも劣らぬ過酷極まる戦いが展開されており、双方ともに約三百万人が犠牲となり、中でも何万人ものクリスチャン達が死んでいったのである（詳しくは、児島襄『朝鮮戦争』全三巻、文芸春秋参照）。この時期、夥しい数の韓国人が海外に、特にアメリカに移住していった。それは、〝第二次朝鮮戦争〟の勃発を恐れての結果であった。他方、海外に移住することをしなかった人々は、次々と教会に赴き、北朝鮮の脅威から韓国が守られるようにと必死に祈ることになったのである。早天祈祷会や徹夜祈祷会にあれほどたくさんの人々が集まっていたのは、以上のような当時の韓国社会の置かれていた厳しい状況があったことは紛れもない。そしてこの時期、韓国の教会はどんどんと復興と成長を遂げていったのである。つまり、国家的危機意識がこのようなリバイバルをもたらしたのである。

しかし、決定的な理由がもう一つある。それは、日本の教会とは異なる信仰の質的な差である。韓国のキリスト教は当初から日本のように「文化・教養の宗教」でも「倫理・道徳の宗教」でもなく、霊的カリスマ的なそれであった。韓国でキリスト教の伝道が開始された当初から、クリスチャンになるということは、朝早く起きて教会に行って祈ることとして受けとめられていたという。つまり、日本では知的な学びの事柄が先行していたのに比して、韓国では霊的な実践の事柄が先行していたのである。このことは同時に、キリスト教信仰の基盤を聖書という書物の上に置くか、活きた聖霊の働きの体験の上に置くかということであり、韓国のキリスト教の方が、初代教会のあり方により近かったと言うことができよう。その結果、「韓国の教会は祈る教会、台湾の教会は讃美する教会、日本の教会は考える（学ぶ）教会」と特徴付けられるようになったのであった。

かくて私は、韓国教会訪問を通して受けた衝撃により、〝学ぶ〟ことを大事にしながらも、〝祈る〟こと、〝讃美する〟ことに重点を移し教会形成を開始していった。その結果、今日の高砂教会の成立を見たのである。私なりの大きな犠牲と代償を捧《ささ》げて敢行した韓国訪問は、そのような犠牲や代償などすべてを吹き飛ばしてしまうほど遥《はる》かに大きな祝福となって跳ね返ってきたのである。大事なことを、大事な時に、犠牲を覚悟で決断していく時に、大事なことは成就していく。このことはあらゆる事柄に通ずる人生の秘訣《ひけつ》と言えないであろうか。

五　韓国教会の感動と挑戦②

――高い知性と強い霊性が一つとなってもたらす驚くべき教会成長――

二週間に及ぶ純福音ソウル中央教会での「教会成長セミナー」は、この上なく充実したものであった。講師には、主任牧師の趙鏞基師は言うまでもなく、アメリカのアッセンブリー・オブ・ゴッド教団の神学者や牧師が四人ほど立てられて、様々な角度から〝教会成長〟について講義をしてくれた。その中でも、趙牧師の講義はとりわけ刺激的かつ興味のつきないものであった。まさに圧巻と言える。なぜかというと、日本でも一九七〇年の頃から盛んに出版物などを通して紹介されていた〝可能性思考〟や〝潜在意識の活用〟というビジネス界のいわゆる〝成功術〟と趙師の聖霊論すなわちカリスマ的神学とを結びつけたものであったからである。私よりも八歳ほど上の趙師は大胆にも語った。「神とはいわば〝宇宙の第四次元〟のことである。人間の中にも〝第四次元〟がある。それを心理学では、〝潜在意識〟と言う。そこで、〝人間の第四次元（潜在意識）〟を開発し、信仰と祈りを通して〝宇宙の第四次元（神、聖霊）〟と共働させよ。そうすれば、考えられないような大きな御業が起こってくる」と。

この講義は、そこにい合わせた多くのペンテコステ派の牧師達には驚きをもって受けとめられることになった。と言うのは、聖書の記事をそのまま現実のことと純粋に信じ受け入れているペンテコステ派（純福音派）の牧師達にとっては、深層心理学を駆使した世俗的なビジネス界の〝成功術〟と教会成長を結びつけることに強い違和感を覚えたようであった。そこである牧師達は「あれはとても危険だ」と大声で呟《つぶや》いていた。無理もなかったと思う。しかし私はすんなり受け入れることができたのである。

それは、私がいわゆる〝リベラル派〟（神学的リベラリズム）出身であることと関係しているように思う。〝神学的リベラリズム〟というのは、私の理解によれば、聖書や信仰を主観的枠から抜け出させ、幅広い観点から客観的に論証しようとする神学的立場のことである。どういうことかというと、信仰やその土台となる聖書（教典）というのは、「鰯《いわし》の頭も信心から」という言葉で揶揄《やゆ》的に言い表されているように、鰯の頭のようにつまらないものでも、信仰する人には神仏同様の霊験をもたらすほどに、極めて主観性の強いものであると考えられている。そこで、信仰や聖書のメッセージを今日の諸科学や学問の批判に耐え得る、できる限り客観的な真理として提示しようとしたのが、神学的リベラリズムの意図と目的であった。そこから、歴史学や社会学、また文学や哲学、さらには自然科学や心理学などとの対話を通じてその必要な成果を神学へ導入していくことが試みられることになる。こうして、現代人にも納得できる形でキリスト教の真理を明らかにしようとしたのが〝神学的リベラリズム〟であり、その意味で元来は弁証的護教的意図に由来していたのである。

かくて、私が関西学院大学神学部時代に懸命に学んだパウル・ティリッヒの神学は、〝神学的リベラリズム〟の最たるものであり、伝統的神学的諸教理が広く諸学問との関わりを通して展開され（主に哲学と心理学）、現代に生きる人間にとって極めて説得的に論述されていたのである。それゆえに、私にとっては趙牧師の教会成長論は何の問題もなく素直に受け入れられただけでなく、むしろ私の内に長年蓄えられてきた〝神学的リベラリズム〟の新たな実践的展開として大いに啓発されるものとなったのである。ちなみに、当時私が繰り返し読んでいた書物に、ノーマン・ヴィンセント・ピールの『積極的考え方の力』があり、また、クラウド・ブリストルの『信念の魔術』があった（邦訳は共にダイヤモンド社）。両書ともビジネスマンの能力開発を目指したものである。

以上のような、趙牧師の〝神学的リベラリズム〟を駆使したと思わせる大胆な「教会成長セミナー」に驚いた一方、他方ではソウル中央教会の礼拝にも驚嘆した。そこでは、美しい讃美が力強く捧げられ、見事なメッセージが語られていただけでなく、奇跡的な癒やしの業がどんどんと起こっていたのである。それも、多くのペンテコステ派の教会で行われているような、癒やされたい人が前に出てきて牧師からの按手の祈りによって癒やしがなされるというのではない。趙牧師が礼拝の中で祈っているうちに、次々と「この病の人が今癒やされた」という啓示がやってきて、そのことを会衆の前で大胆に宣言すると、その瞬間に癒やしの業が起こるのである。たとえば、こうである。「今、この中に肝臓がんで苦しんでいる人が来ています。主はその人の願いを聞き届けられ、癒やされました。立ってください」と宣言。すると、物陰に隠れてひっそりと車椅子に座っていた男性がいきなり立ち上がり、喜びに溢れた表情をして両手を挙げる。すると、それを見た会衆が万雷の拍手を浴びせる。このようなことが次々と展開されていく。十五分くらい続いただろうか。やがて趙牧師に対する神からの癒やしの啓示はストップし、癒やしのミニストリーは終息する。日本から参加した牧師達はこの光景を見て、誰もが息を飲む。「凄いなあ。このような癒やしの御業は聖書にもない。キリスト以上だ」と思った途端、次の御言葉が頭をよぎった。

「よくよくあなたがたに言っておく。わたしを信じる者は、またわたしのしているわざをするであろう。そればかりか、もっと大きいわざをするであろう。わたしが父のみもとに行くからである」（ヨハネ一四・一二、口語訳）。

もう一つ私が唸《うな》ったのは、ソウル中央教会がソウル市全体に張り巡らせている「区域礼拝」である。聖日礼拝以外に、多くの信徒達が平日に定められた区域ごとに一つの家庭に集まって礼拝を持つ。そこは交わりと訓練の場である以上に、同時に伝道の場であり、求道者（韓国では胎信者と言う）を信仰に導く場でもある。ソウル中央教会の突出した成長は、次々と人々を癒やしていくという趙鏞基牧師の著しい霊の賜物（カリスマ）もさることながら、同時に信徒達（特に婦人達）による区域礼拝を通しての伝道という大きな献身によるものだったのである。

私はこのあまりにも見事な家庭をベースにした伝道の成果を見て、私がこれまで進めてきたごとく、教会で待っているのではなく家庭を拠点にして伝道していくことの正しさを確認するとともに、家庭集会を提供してくれているリーダー的女性達の訓練こそが大きなポイントを握っていることを知ったのであった（この点の詳細については、私の『教会成長の勘所』マルコーシュ・パブリケーション、第四部〝セル・グループ論〟を参照のこと）。

かくして、私達は二週間にわたる極めて刺激的かつ内容豊かな研修の日々を過ごし、はち切れるほどの恵みを抱えながら、帰国することになったのである。まさにその帰途、私はあまりにも鮮烈な光景を目にして、四十年経《た》った今もなお、目に焼き付いて離れないでいる。それはソウルの金浦国際空港から大阪国際空港（伊丹空港）に着いて、タラップに降り立った時であった。何気なく振り向いてタラップからゾロゾロと降りてくる人達の中に、不思議なものを感じた。右の列の人々はキラキラ輝く銀色の光を帯びていた。まるで白銀の雪のような美しさであった。それは、信仰に満たされ、聖霊に満たされ、希望に満たされて帰ってきた日本の牧師達から出ているオーラであった。片や左側から降りて来た人達は黒い煙のようなもので覆われ暗く沈んでいた。その二つの極めて対照的な光と闇を、私は驚きをもって見入っていた。後で分かったのであるが、左側から降りて来た人達というのは、当時よく行われていた「妓生《キーセン》観光」（売春ツアー）から帰ってきた日本の男達であった。当時貧しかった韓国では、政府自らが、金のある日本の男達を相手とする、「妓生観光」を奨励していた。外貨獲得のためである。そのような情勢に乗じ、韓国の女性達の肉体を金で買いに行った日本の男達も「浅ましく情けない」限りであるが、他方、国家ぐるみで売春を奨励していた韓国が、今頃になっていわゆる「従軍慰安婦問題」を持ち出し、あのように、日本人の非人道性や不道徳性を騒ぎたてなじっているのは、何とも奇妙に思えることである。「片腹痛い」というのはこういうことを言うのだろう。

　翌年の一九七八年三月十四日から二十一日までの一週間、第二回目の「教会成長セミナー」が開催された。私も義父三島牧師も当然のごとく続いて参加した。趙鏞基師の「教会成長の原理」の講義は、前年の講義をさらに継承発展させた素晴らしいものであったが、同時に、当時アメリカで最も成長を続けていた米国フロリダにあるカルバリー・アッセンブリー教会のロイ・ハーザン牧師によるメッセージも、日本の牧師達の心を揺さぶる深い内容を持っていた。さらに、もうひとりの人物が講義に立った。趙鏞基師の妻、金聖恵《キムソンエ》夫人の実母に当たる崔子実牧師である。この方は一言で言えば「祈りの人」である。一日に何時間も祈って、趙牧師の働きを背後で支えた。趙牧師の天才的素質と崔牧師の祈りの力が、ソウル中央教会をしてあのように世界一大きな教会へと押し上げたと言える。そしてまた、この方は親日的な思いを強く持っておられた方で、この方の執拗な勧めによって趙牧師は日本宣教に踏み出すことになったのである。その意味で、崔子実牧師は日本の教会にとっては大恩人とも言えよう。

　ソウル中央教会での滞在中この崔子実牧師から、私と三島牧師、さらに榮義之牧師（生駒聖書学院長）に呼び出しがあった。何事かと思って義父と共に、崔師の牧師室に臨んだ。部屋に入ると崔牧師と共に、もうひとりの人物が座っていた。それは、その少し前から神戸で開拓伝道を始めて急速に成長を遂げていた純福音神戸教会の松平提摩太牧師（韓国名は季範植）であった。話とは、ソウル中央教会はこれから本格的に日本宣教に乗り出す。それに伴って、神戸に「極東聖書学院」なる夜間神学校を造って、教役者養成をしていきたい。そのために崔子実牧師が学長となって指揮をとる。ついては、神学校の教授として神学生達を指導していただきたい、という趣旨のものであった。私も義父も事前に松平牧師から打診を受けていたので、一も二もなく喜んで受諾したのであった。その時の私には、「さあこれから、ソウル中央教会の熱い祈りと絶大な支援によって、日本にもリバイバルが興ってくる。まだ若く未熟な私が、その先鋒のひとりとして用いていただけるとは何と光栄なことだろう」と、熱い信仰の情熱と感動が湧き起こってくるのを押さえることができなかったのである。しかし、日本のリバイバルの道はその時思ったほど簡単ではなく、サタンは幾重にも日本人の心と日本の教会にタガを嵌《は》めており、そのタガを外すためには、相当な祈りと上からの知恵とが必要であることをやがて悟ることになったのであるが、そのためには約二十年の歳月を必要とすることになったのである。

だが、二回にわたる韓国訪問を通して、私に灯された日本のリバイバルへの熱い夢を嘲笑《あざわら》うかのように、一九八〇年、私達の教会は大きく分裂した（上巻四十五「カリスマ刷新をめぐる七年間の戦い⑥」参照）。にもかかわらず、教会の再建への努力を必死になって押し進めていくと同時に、私は週に一度の割合であったが、夕刻神戸にまで赴き、純福音神戸教会内で開かれていた「極東聖書学院」で教壇に立ち続けたのであった。そしてそこから、藤井克行・美方子牧師夫妻（札幌・マナチャペル）、堀井康典・克枝牧師夫妻（群馬・伊勢崎神愛キリスト教会）、関誠・美淑牧師夫妻（京都グレースバイブルチャーチ）、三上明・静枝牧師夫妻（静岡・加茂川キリスト教会）、比嘉球英・京美牧師夫妻（沖縄・前いのちの水キリスト教会）、柴橋敏隆・五登子牧師夫妻（イエス・キリスト本巣教会）、金城悦子師（沖縄・シャローム祈祷院）等々、次世代の教会を担っていく錚々《そうそう》たる人材が生み出されていったことを嬉しくかつ誇りに思っている。なお、岐阜市長柴橋正直氏は、柴橋敏隆・五登子牧師夫妻の長男であり、幼い時、両親の周りで走り回っていた姿を今でも思い起こす。ぜひともクリスチャン政治家として大きく育ってほしいと祈っている。

六　韓国教会の感動と挑戦③

――「日本人一千万人救霊運動」の提唱とその終焉――

一九八〇年。この年は高砂教会にとって、文字通り〝画期的な〟年となった。実にこの年を機に、高砂教会は生まれ変わり、新しく誕生したのである。〝新しい誕生〟には必ず痛みが伴う。周知のごとく、大分裂を起こし、教会員の半数以上が出て行った。ただ出て行っただけでなく、教区や教団の諸教会に大きな波紋を惹起《じゃっき》し、問題提起をして出て行ったことについては、既述した。これは決して私が意図して起きたことではなく、成り行き上そうなったのであり、霊的視点から見ると、それは主がなし給うた〝純化作業〟であったと言える。この〝純化作業〟を通して、主なる神は私達の教会を日本の救いを中心的に担う教会として整え、日本に対する神の栄えある計画の中に置かれたのであった。

そしてまさにその年、趙鏞基牧師は日本人の一割を目指してクリスチャンにしていく「日本人一千万人救霊運動」なるヴィジョンを抱き、ペンテコステ―カリスマ派の日本の牧師達に提唱したのであった。そのヴィジョンを実現すべく「フルゴスペル宣教会」なるものがソウル中央教会内にも結成された。その「日本人一千万人救霊運動」に私もまた深く共鳴し、大きな期待をもって参加することにしたのであった。十月二十八日、神戸市の有馬グランドホテルにおいて「フルゴスペル宣教会」主催の懇親会が開かれた。その際に持たれた趙牧師を囲んでの胸襟を開いた話し合いの席上で、彼が語った言葉が、今もなお印象深く残っている。いわく、「私は今、成長するはずの教会がなぜ日本では成長しないのか研究しているところです」。「正直言って、日本が嫌いだった私の内に、今や日本への燃えるような愛が湧き上がるのを覚える」。さらにまた「五年後には日本にリバイバルが起こされてくると確信している」と。そして、日本のリバイバルのために自らの命を懸けていくという決意を表明し、そのために日本語で説教できるように日本語を学び、また超多忙な中を毎月日本にやって来て、聖会や伝道集会を開催することや「幸福への招待」というキリスト教番組を作って日本の民間テレビに放映することなどを約束されたのであった。そこに居合わせた何十人かの日本の牧師達は、趙牧師のヴィジョンの大きさとその信仰、さらにはその実現のための大きな大きな犠牲と献身の決意に深く感動し、自分達日本の教会も、もっと真剣に「日本人一千万人救霊運動」に取り組まなくてはならないという思いに駆られたのであった。

それから一年半後の一九八二年の四月、ソウル中央教会は「日本人一千万人救霊」実現のために、さらに大規模な犠牲を払ってくれたのである。それは、それまで二回行われてきた二週間にわたる「日本宣教セミナー」に加えて、「教会成長セミナー」を一週間という参加しやすい期間でもう一度、しかも、過去二回のセミナーは渡航費だけは日本の牧師達の自弁であったが、このたびは渡航費用までソウル中央教会が負担してくださるという破格のものであった。既述したごとく、今から四十年前は今では考えられないほど飛行機代は高かったので、それまで賄《まかな》ってくださるという度量の大きさと懇切さには、ただ感嘆するのみであった。その上に、過去二回のセミナーはソウル中央教会のワールドミッションセンター内の宿舎に泊まらせていただいたのであったが、その時はなんと教会と国会議事堂の間に建っている「バンドーホテル」を借り切って宿泊させるという大盤振る舞いであった。そこには、趙牧師とソウル中央教会の「日本人一千万人救霊」への並々ならぬ情熱と覚悟があったのである。私はただひたすら感謝の念にうたれただけでなく、何とかこの大きな信仰と愛に応えなくてはならないと再度決意を固めたのであった。

かくて、五百名近い牧師達が参加を申し込み、その中には日本キリスト教団の牧師達も十名近くいたように思う。その時私はある思いを持った。〝妻美智子も同行させたい〟という願いである。それは何も自分ばかり海外旅行をするのは申し訳ないからという理由ではない。もちろんそういう思いもなかったというわけではないが、主な理由は、「妻にも韓国教会のリバイバルの凄さを見せることによって、大いに刺激と啓発を受け、一千万人救霊運動を共に推進してもらいたい」という思いからであった。「百聞は一見に如《し》かず」という。人間とは口で説明しても自分の経験の範疇《はんちゅう》以外のことは、なかなか理解できないものである。かえって、熱っぽく報告すればするほど、相手は醒《さ》めてしまうということも起こり得るのである。それゆえに、「日本人一千万人救霊運動」を推し進め、同時に高砂教会のリバイバルを惹起せしめるためには、美智子もまたそのことに常に思いを馳《は》せ、燃えてもらうことが必要だと思ったからである。牧師夫人というのは、単に牧師という職業を持った夫の妻というだけではない。同時に夫である牧師を助け、共に伝道と牧会を担っていく同労者でもある。だから、同じ方向に向かって、同じ情熱と祈りをもって進むことが教会の形成と成長にとって不可欠となる。

そこで私は、極東聖書学院の学監であった松平提摩太師にその旨願い出た。「いやー、招待を受けるのは主任牧師のみであって、同行者の場合は何がしかの支払いをしてもらうことになっているんですが……。でも、まあ手束先生の場合は極東聖書学院の教授ですから、私からソウルの方に何とか頼んでみます」となり、幸いなことに私も妻も全くの無償で一週間のセミナーに無事参加できたのであった。旅行中、私が妻と共に無償で参加していることに、他の牧師達からは大いに羨《うらや》ましがられ、「手束先生ばっかりずるいなあ」と皮肉を言われたりもしたが、私の狙いは的中し、妻もまた熱く燃やされて帰国することができたのであった。帰国直後の月報に、妻は次のように報告している。

「韓国キリスト教会のリバイバルは、ここ十年来目を見張るほどの猛威をふるっています。それを見聞きするにつけ、日本のキリスト教会の停滞ぶりを嘆き、一体どこが違うのかしらと常々不思議に思っておりました。今回、図らずも夫と共に渡韓する機会が与えられ、大きな感銘を受けて帰ってきました。町中いたる所に林立する十字架、大きな教会の建物、熱心に集まってくる大群衆……。韓国を覆っている霊的雰囲気は大変軽やかで、私の魂を大いに解放させ、私の内なる霊が燃え立つのを覚えました。……後略……」(月報一九八二年六月号)。

少し話は逸《そ》れるが、一九九二年から高砂教会では毎年秋に「教会作り共同研修会」なるものを開催している。五泊六日の日程で高砂教会に宿泊し、高砂教会の教会作りの現場に踏み込んで、教会の形成と成長を学んでいただくという企てである。滞在費用は全部高砂教会で持ち、毎年三組の牧師夫妻をお招きしている。すでに百五十名近い方々が研修会に参加しておられるが、この研修会を契機に教会を大きく成長させていった幾つもの教会があり、大変喜んでいる。実はこの「教会作り共同研修会」は、私なりに「日本人一千万人救霊運動」を達成するためには何をすべきかを祈っていく中で、示されたことである。それは同時に、三回も日本の救いのために尊い犠牲を払って日本の牧師達を招いてくださった、趙鏞基牧師とソウル中央教会への感謝の証しでもあった。

ただ私たちの教会の研修会では、ソウル中央教会とは違って、参加者には一つの条件を出している。「ぜひとも、牧師夫人を連れてきてください」と。これはソウルでの三回目の研修会に臨んだ時の体験に基づいている。牧師夫人の働きの大きさということは、よく言われている。しかし多くの場合、それは陰の働きとしての大きさの評価である。例えば、病気の人や悩んでいる人を訪問して慰めたり、あるいは教会堂の清掃などの雑用をこなしたりして、牧師のできないことを補完する役割として評価されている。もちろん、そういう陰の働きも大事なのであるが、もっと大事なのは、夫である牧師と共に、ヴィジョンに向かって志を一つにし、祈りを合わせていくことではないだろうか。時として、牧師夫人は夫の世話と家庭を守っていればよいのだという議論がなされることがあるが、それだけでは教会の成長や発展は期待できないのではなかろうか。

さて、その後の「日本人一千万人救霊運動」はどうなったのであろうか。趙鏞基牧師は約束したごとく、一カ月に一度の割合で、東京や大阪の大都市で「福音クルセード」なるものを開催して伝道し、日本の協力教会はそれに参加すべく信徒達を動員していった。当然高砂教会からも数人の熱心な者達が大阪の集会に何度か出かけた。また教役者対象の大規模な「教会成長セミナー」も大阪のホテルで開催された。その会場で思わぬ人物と出会った。関学神学部時代、机を並べて学んだことのある李炳球牧師であった。彼は留学生として関学神学部で学んでいたのであったが、難解な日本語や神学的リベラリズムについていけず、難渋していたので、課外に一対一で復習する時間をもってあげたことがある。私と再会したあの時の嬉しそうな顔が、今でも目に浮かぶ。やがて彼は、在日大韓基督教会の議長まで務めるほどの人物になっていった。今どうしておられるのだろうか。

趙鏞基牧師が「日本人一千万人救霊運動」を提唱して十数年を経たが、期待していたリバイバルは興らず、相変わらず日本のクリスチャン人口は一パーセントを突破することはなかった。業を煮やした趙牧師は、遂に一九九七年「一千万人救霊」の旗を降ろし、日本宣教から撤退する旨発表した。そしてこれまでの趙牧師の日本宣教に対する並々ならぬ献身を覚えて、感謝会が大阪のホテルで開かれた。私は忙しい日程にやりくりをつけ、何とか出席したいと願った。ぜひとも、趙牧師に直接会って、これまでの日本宣教への貢献に感謝の辞を述べて慰労したかったからである。だが、その感謝会の席上での趙牧師の言葉に耳を疑った。いわく、自分はこれまで日本伝道は困難ではないと思っていた。自分がやればリバイバルは必ず興ると信じていた。しかし日本の伝道がどんなに困難かを今思い知らされている。そこでなぜ日本では伝道が進まないのか、その理由を主に求めた。その結果二つのことが示された。一つは日本人が偶像崇拝をしているからである。もう一つは、日本がかつてアジア諸国を侵略した罪を悔い改めていないからである、と。

私は趙牧師のこの言葉を聴いて、強い違和感を覚えた。「趙鏞基ともあろう人が、何という見当違いを言うのだろうか。こじつけの責任転嫁はやめてほしい」と正直思った。日本人が偶像崇拝をしているからリバイバルが興らないと言うならば、韓国では偶像崇拝を国民がやめたからリバイバルが興ったのか。そうではなかろう。リバイバルが興ったので、クリスチャン達が率先してそれまで根強くあった偶像崇拝から離れていったのではないのか。考えてもみよ、仏教や儒教は朝鮮半島を通して日本に渡来してきたのではないのか。また次にアジア諸国を侵略した罪を悔い改めないからリバイバルが興らないのだと言うならば、第二次世界大戦前までは、欧米諸国は侵略をほしいままにし、アジア諸国のほとんどは欧米の植民地だったことを知らないのだろうか。しかも日本は戦後一貫して、アジア諸国に迷惑をかけたとばかり、多額の賠償金を支払い続けてきた。欧米諸国の中で、日本のように誠実にアジア諸国に対して償ってきた国が一つでもあったか。私は立ち上がって抗議したい気持ちに襲われた。しかしぐっとこらえて、帰り際にホテルの玄関まで追いかけ「長い間ご苦労様でした。ありがとうございました」と深々と頭を下げて、その労に報いたのであった。

七　新会堂建設への再挑戦①

――聖霊が導いた建設用地の獲得――

一九八〇年春に大分裂が起こって大きく沈んだ高砂教会であったが、オーストラリアのシドニーにおけるカリスマ集会でのブラザー・ダビッドの預言のごとく、(一「助っ人達の登場①」参照)、奇跡的な回復を遂げ、一九八三年には元の教勢をしのぐ成長を成していた。

その年の三月、春の息吹を覚える頃、私が旧会堂二階にあった書斎で新会堂のヴィジョンを求めて祈り終えた時、一つのメロディーが口からほとばしり出てきた。「力ある方が大きなことをしてくださった。その御名は聖く、その御名は聖く。私の魂は主をほめたたえる。我が救い主なる神を。喜び称えます。喜び称えます。……」。この讃美は受胎告知を受けたマリヤが、エリサベツの家を訪問した際に歌った、いわゆる「マリヤ賛歌」(ルカ一・四六―五五)にメロディーをつけて、カリスマ運動の中でスクリプチャーソングとして歌われていたものであった。

その讃美を歌い始めたとたん、圧倒的な油注ぎが起こり、私の魂は喜びに満たされ、恍惚《こうこつ》となって何度も何度も繰り返し歌い続けた。何十回歌っただろうか。後にも先にも、同じ讃美をこれほど繰り返し歌い続けたことはなかった。そして、その讃美を歌い終わった時、会堂建設に向けての〝神のドラマ〟の第二幕が始まったことを確信したのである。それは神からの再度のゴーサインであった。

かくて、会堂建設に向けての再チャレンジが開始されたのであるが、この〝神のドラマ〟が「マリヤ賛歌」のメロディーと共に始まったことは、極めて暗示的であった。と言うのは、ルカ福音書に描かれた「マリヤ賛歌」には、人間の卑小さにもかかわらず、不可能を可能にする神の偉大さが詠《うた》い上げられていると共に、神の恩寵の凄さと、それに応える人間の謙遜さの大事さが主張されていたからである。まことに、高砂教会の新会堂建設達成のドラマには、不可能を可能にする神の偉大さと神の恩寵の凄さが明らかにされることになったのである。

その年の総会で全権を託され建設委員をして選出されたのは、長浜正義（委員長）、内海正雄（書記）、畑野寿美代（会計）上野博、長瀬輝紘、堀本恵子の六名の諸兄姉であった。これらの人達はほとんど私と同世代の人々で、決して財力も社会的地位もある人達ではなかったが、ただ信仰だけで土地購入費用一億円、建物建設費一億五千万円（のちに二億円に拡大）の大プロジェクトを、私と共に担ってくれることになったのである。その頃の教会は、分裂の後遺症を完全に払拭はしていたが、教会員はいまだ百名に届かず、それも若い人たちが断然多かった。それゆえに、人間的に見ると無謀とも思われる企てであり、高齢の事業経験のある人ほど、その心配はとみに増大していったようだ。まず、洗礼を受けて半年ほどしか経っていなかった私の父は、「あの顔ぶれでは、とても無理だ。やめた方がよい」とわざわざ電話をかけてきた。私が再び失敗することを恐れた親心であったろう。また、堺市の教会から転籍してきた老人も当初は、「高砂の田舎にこんな立派な牧師がいるとは思わなかった」と喜んでいたが、新会堂のプロジェクトには強く難色を示し、「先生、私の以前いた教会では、教会員が百五十人もいて、その中には弁護士や会社の社長も何人もいたんですが、やっと二億の教会が建ったんですよ。高砂教会のあの顔ぶれでは無理ですよ」と父と同じような理由で、思い詰めた面もちで迫ってきた。よほど危機感を持ったらしく「失敗は目に見えているから、高砂教会をやめる」とまで言うのであった。にもかかわらず、経済力の弱い、あまり大きくない田舎の教会が、たったの五年間で三億円の会堂を建てることができたのは、ひとえに不可能を可能にする偉大な神を信ずる信仰と恩寵なる神のコラボによる以外の何物でもなかったのである。

まず、第一段階として、建設用地を獲得するために、土地探しに全力を注いだ。私のその頃の毎朝の祈りは「主よ、どうかメイン道路に面し、電車からもよく見え、駅からも近い所に、三百坪以上の土地を下さい」であった。どこから聞きつけたのか、幾つもの不動産屋さんが次々と土地情報をもたらしてくれ、私の足を運んだ候補地は三十数カ所に及んだ。だがどれも、①メイン道路に面し、②駅から近く、③電車からもよく見える広い土地、という条件を満たすものではなかった。

そんなある日、私は秋山ひふみ姉の車で現会堂の立っている土地の前を通りかかった。その時、この土地がなぜかピカッと光り輝いて見えたので、すぐさま運転をしてくれていた彼女に「ちょっと車をとめてください」と言ってこの土地の上に降り立った。すると、「ここだ。この土地だ」という思いが湧き起こった。その土地を所有していたのは、姫路市にある〝北文土地〟という不動産会社であったが、なぜか「今は売らない」ということであった。そこで私は、一つの手を打った。父の紹介で姫路商工会議所会頭に会いに行き、北文土地へ「教会に売るように」との口ききをお願いした。その結果、北文土地との交渉が始められたのであったが、交渉は難航した。その土地はやがて道路計画によって大通りに面することになっていたが、道路計画はいつ実行されるかわからず、その上、当時メイン通りからは他の所有者（三菱製紙）の土地を通らねば入ることができなかったので、せいぜい坪三十数万円が妥当だと思われた。教会としては一億円で三百坪欲しかったので、坪三十三万円で売ってくれるように懇請した。教会は利潤を追求する団体ではなく、世のため人のためにある半公共的な団体の性格を持つがゆえに、二、三万円値下げはしてくれるはずだと、カネボウ土地取得交渉の経験から、その善意を信じていた。だが、それは全く甘い期待であった。

北文土地は、値下げしてくれるどころか、相場より値上げした額、坪四十万円を譲ろうとはしなかった。そこで私は条件を出した。三年以内に実行される予定となっている建築の際には、北文土地の子会社の北文建設に施工してもらうことにするので、ぜひとも、三十三万円にしてほしいと。それでも北文土地は四十万円を固持した。私はひどく落胆し、交渉決裂もやむなしと決意しかかった。しかし、祈ってみると、やはりこの土地は、主が示された土地のはずだ。ならばそれに従うべきではないか、という思いは去らなかった。そこで私は、建設委員会での長い議論を経た後、泣く泣く北文土地の言い値に従い、一億円で二百五十坪を取得する決意をしたのであった。しかし、この一見敗北とも見える事柄の中にも、大きな神の摂理、神の御計らいがあったことが間もなく明らかになったのである。

教会が買収した建設用地のすぐ南側には、三菱製紙の所有する大きなグラウンドがあった。以前から、その所に高砂市が超近代的な市民病院を建設するという噂があったが、なかなか正式決定がなされずにいた。ところが、まるで私達が建設用地を獲得したのにタイミングを合わせるかのように、高砂市は建設の正式決定をし、附随して建設用地西側に面する道路拡張工事も行われることになり、会堂候補地の前には三十メートル道路が走ることになったのである。かくして、病院の建物が完成する一年前には、毎朝祈ってきたごとく、新会堂はメイン通りに向かって堂々と建つことになったのであった。それに伴って、私達の購入した土地は、山陽電鉄荒井駅から歩いて三〜四分の近くに位置すると共に、三十メートル道路に面するという超一流の土地へと変貌を遂げ、あれよあれよという間に、土地の値段は暴騰していったのであった。そしてある時期には倍の坪八十万円にもなったのである。北文土地は、恐らく「あの土地をもう少し保持しておけばよかった」と悔しがったことであろう。気が付いたら私達は非常に安い買い物をしていたのである。

このようにして、不思議な神の導きによって建設用地が確保されたのであったが、一つ心配なことがあった。それは、よく宗教施設の建設に当たっては、時として周辺住民とのトラブルが起こることを耳にしていたからである。そこで私は、土地を取得するやいなや、当時高砂市自治会連合の会長である柳川猛氏にお願いして建設用地のある荒井町紙町の自治会長宅へ挨拶に行く手筈《てはず》を整えていただいた。柳川氏と共に自治会長宅を訪ねると、なんと自治会長は自宅にもかかわらず、スーツとネクタイで迎えてくれた。「いやあ、柳川会長共々に御丁寧に御挨拶くださるとは恐縮です。あそこにパチンコ屋なんかこられると困るなあと思っていたんですが、教会さんが来てくれると聞いてホッとしました」と極めて好意的に対応してくれ、私自身も胸を撫《な》でおろしたのである。ことの理否をわきまえた、男らしい方であった。以後、何年間か御歳暮を送り続けた。そして、この小さな気配りが、やがて思いもかけない恵みとなって返ってきたのである。

建設用地の一帯はもともと加古川のデルタ地帯であり、地盤は砂地で極めて軟弱であった。そのために普通の基礎工事ではとても四階建ての大きな建物は無理だと分かり、長さ十五メートルに及ぶ大きなコンクリートパイルを七十本近く打ち込む必要があった。一九八八年の十一月の完成を目指して、正月明けに、次々とパイルが運ばれてきて、建設用地に所狭しと積まれていった。それを見て、周辺住民達は驚き騒ぎだした。悪いことには建設用地の北隣と南隣の住人達は教会が建つことを面白く思っていない人達であり、彼らを中心にして猛然と住民運動が起こった。そのため、合わせて三回にわたる団体交渉が、周辺住民達と施主（高砂教会）、施工者（殖産住宅）との間で持たれた。団体交渉といっても、それは住民側の独壇場であり、問題をこじらせてはならないと、私達はひたすら住民達の罵詈《ばり》雑言に耐えた。そして、ほぼ全面的に住民側の言い分をのむ形で決着することになったのである。もちろんそのためには、当初予定していなかった余分な出費をすることになったのであるが、それでも訴訟などに至らず、以後、工事は順調に進んでいったのである。

その陰には、地元紙町自治会長の人知れない努力があったのではないかと思わされる。恐らくある人々に煽《あお》られて激高する住民達の頭を冷やすために、随分と執り成しをしてくださったのではなかろうか。その証拠に、教会堂の落成式に招待状をお送りしたが、「自治会長という立場もあり、出席は見合わせることとさせていただきます。どうかご容赦を」と返信に丁寧に添え書きがしてあった。以後、ずっと年賀状の交流が続き、亡くなられた後も夫人との間で続いていった。世の中には陰に隠れて他人の足を引っ張る人が結構多い。今日のネット社会は、そんな卑怯《ひきょう》な人間をどんどん増殖している。「えっ、あの人が陰でそんなことをするの」と驚かされることも少なくない。しかし逆に、陰に隠れて他者を引き上げようとする人もいるのである。宮沢賢治の詩ではないが、「そういうものにわたしはなりたい」。

八　新会堂建設への再挑戦②

──奇跡を呼び起こした建設への奉献──

建設用地が決まった。次に来るのは、当然資金調達である。これが問題である。難関と言ってもよい。教会は事業体ではないので、いきおい資金調達の主役は信徒の献金である。この時、信徒達の内に信仰の戦いが始まる。目標額が大きければ大きいほど、その戦いは深刻となる。その戦いに敗れて、教会を去る人もいる。悪くすれば、分裂に至る。そうならないようにし、むしろ捧げることの喜びと祝福に与れるようにすることが、牧師には重要な任務となる。つまり、会堂建設にとっての最も肝要な課題は、単に建物を建てることではなく、そのプロセスを通して、〝金銭〟というマンモンに勝利する信仰を、信徒達に醸成できるか否かということなのである。これに成功することが、会堂建設の隠れた目的と言ってもよい。すなわち、「まず神の国と神の義とを求めなさい。そうすれば、これらのものは、すべて添えて与えられるであろう」（マタイ六・三三、口語訳）という霊界の大原則を実践し、それによって生きた神の働きを信徒達が体験するならば、新会堂建設後の教会は大きな祝福を受けることになる。逆に、信徒の霊的レベルが引き上げられないままで、例えば資産家の大口の献金などによって、楽に新会堂が出来上がったとしても、その後に教会内がゴタつくことがよく起こる。それゆえに、新会堂建設というのは、その教会がその霊的信仰的質を高め強める良きチャンスとしなければならず、信徒達にとってばかりでなく牧師にとっても、神からの厳しい訓練の時となっていく。それこそが、会堂建設の秘匿されている大きな意味なのである。そして私自身もまた、その厳しい訓練によって練り鍛えられることになったのである。

献金は大まかに言って、二つの種類に分けられる。長期献金と一時献金である。長期献金とは銀行等からの借り入れに対して、月々の返済のためのものであり、私達の教会では毎月七十〜八十万円を約三十年間かけて支払うことにした。もう一つの一時献金であるが、これは信徒達が蓄え持っているものの中から、まとまった額を捧げるものである。教会によっては、神社や寺院がよくやるように、一人当たりもしくは家族単位で、五十万とか百万とか額を決めて捧げることを促す場合がある。もちろん、その場合でも献金であるから強要するわけにはいかない。しかしそれでも、捧げる側にすれば、そのように額が設定されると、義務感から仕方なくイヤイヤ捧げさせられたという思いを持ちかねない。それではあまり祝福にならない。御言葉にもある。「主はモーセに言われた、『イスラエルの人々に告げて、わたしのためにささげ物を携えてこさせなさい。すべて、心から喜んでする者から、わたしにささげる物を受け取りなさい』」

（出エジプト二五・一―二、口語訳）。そこで、私は考えた。「いかにすれば、信徒達が喜んで捧げることによって、目標額を達成できるであろうか」と。

最近知った言葉に〝認知的不協和〟という語句がある。アメリカの心理学者レオン・フェスティンガーによって提唱された社会心理学的概念である。「人が自身の中で矛盾する認知を同時に抱えた時に起こる不快感」と定義されている。このような〝認知的不協和〟に陥ると、人は往々にしてその不協和を解消するために、自己正当化の強弁を弄《ろう》したり、他者に責任を転嫁したりする。善悪を知る木の実を食べたアダムとエバの姿に、その典型的姿を見ることができる。「善悪を知る木の実」（禁断の木の実）を食べてはならないという神の命令に反して、アダムとエバは蛇（サタン）に誘惑されてその実を食べてしまう。その結果、〝認知的不協和〟に陥る。それを解消するために、アダムは「あの女が」と言い、エバは「蛇が」と言って、両者とも他者に責任を転嫁する。

新会堂建設のために捧げられた一時献金は、私を含めて約七千万円にのぼった。その頃の実質的会員は約七十名である。すると、子供も含んでひとり平均百万円が捧げられたことになる。私達の教会は庶民の教会である。金持ちのいない教会である。かつて、私達の教会に度々やって来て、教会成長の学びや信徒訓練を施してくれた米国アトランタ永楽教会の高元龍牧師は、よく言っていた。「高砂教会は、こんなにたくさん信徒がいるのに、どうして金持ちがいないのかねえ」と。それゆえに、ほとんどの信徒達は大きな会堂の建設という素晴らしいビジョンにもかかわらず、自分達の経済力の乏しさとの間で、〝認知的不協和〟を起こしていたであろう。この矛盾葛藤を克服して、どうしたら信徒達が喜んで多額の捧げものをするようにもっていくことができるかというのが、私の喫緊の要事となった。そこで私は祈った。すると、聖霊は素晴らしい方法を私に教えてくださったのである。

それは、次のような方法であった。多くの教会では、いわゆる「予約献金方式」なるものが行われているが、それとは似て非なるものである。「予約献金方式」とは、礼拝の時に所定用紙を信徒達に配り、牧師が趣旨説明を行い、大概一週間祈って、翌週の礼拝に持って来て、所定の箱に入れるというものである。しかし私が示されたのは、聖日礼拝後、それに引き続いて儀式を行うのである。私はその儀式を「奉献式」と名付けた。どんな儀式かというと、讃美（主に聖歌かワーシップソング）を二、三曲歌っては、神殿建設や献金に関する御言葉を読み、そしてひとりひとりがどれだけ捧げたらよいかを主に聴くための祈りを捧げる。これを何度か繰り返す中で、主から聴いた額を用紙に書いてもらう。そして最後にもう一度讃美をし、御言葉を読んで、主に聴き、額を訂正したい者は訂正してもらい、それを讃美をしながらひとりひとりが列をなして前に出てきて、献金台に捧げていき、それをもって奉献式を閉じていくというものである。要するに、信徒達を主の臨在の前に立たせ、誰に相談するのでもなく、主から直接聴いて、その示された額を書いて捧げていくというものであり、人間的な思いやエゴは潔《きよ》められ、排除されていく。そしてそこでは信仰と喜びが満ち溢れ、主への拍手と感謝の念のうちに終わっていくのである。かくて、〝認知的不協和〟は完全に克服され、喜びのうちに成就していく。その結果、目標額（必要額）はことごとく満たされただけでなく、主の語りかけ通りに実行し捧げていった人々には、素晴らしい主の祝福の御業が起こされていったのである。

今ここに、ひとりの姉妹の上に起こった典型的な主の奇跡の御業を挙げ、主が祝福のお方としていかにして現実に働かれたかを証ししたい。

一九八五年六月十六日、第一回の奉献式が行われた。礼拝後、未信者や他教会の人々には帰ってもらい、教会員だけで行われた最初の奉献式は、不思議な主の臨在によって覆われていた。その中に、洗礼を受けて、まだ一年ほどしか経っていない北村恵姉が臨んでいた。恐らく彼女にとって、この奉献式への出席は他の出席者と比べると、何倍もしくは何十倍も真剣で重いものであったに違いない。そのあたりの事情を、彼女自身の言葉をもって語らせよう。

「その頃、夫の会社は鉄鋼不況の煽りを受けて、借金地獄のどん底で、身動きのできないほどの状態でした。夫の両親は家を売り、給料も年金も会社に注ぎ込み、わたしの塾の収入で何とか生活をしていました。そうした中で建設用地購入のための第一次奉献式がありました。土地購入費の一部として三千万円という目標で、三千万円といっても百人の信徒で割れば一人三十万円を目標額にすれば良いのだと聞いたとき、わたしは心の中で、あの三十万円があると思いました。実家の母が私達の惨状を見るに見かねて、子供達と共に実家に戻って来るようにと言っていました。万一の時のため、引越しの費用として融通するのだから、絶対に手をつけないようにと言い渡されていたお金でした。この時、わたしの『万一』は『今だ』と思ったのです。夫の会社にお金を注ぎ込んだところで、焼け石に水、それならば牧師先生のおっしゃるとおり『神様に賭けて』みよう。会社に捨てるも同然なお金なら、神様に捧げて聖い用途に用いられることのほうが、どんなに生きた使い道かもしれないと、メッセージを聞きながらこの思いがフツフツと沸いてきました。それに続く讃美の中で、スリルに胸震えながら奉献額を書きました」（『ヨルダンの河渡ろう――手束牧師と共に歩んだ二十年』）。

このようにして、北村姉は二億円の借金を抱えつつ、借金取りから夜逃げする時にだけ使うようにとクリスチャンだった母親から厳命され、恐れおののきつつ隠し持っていた三十万円を、主に差し出したのであった。それは、クリスチャンであっても現在の日本人には容易には実施し得ない壮挙であり、気高い信仰の決断であった。しかし主は、この彼女の献身を喜ばれ、奇跡の御手をもって二億円の負債を帳消しにしてくれたばかりか、それまでキリスト教に反対していた夫やその親までも、救いの内に入れてくれたのであった。

ヨハネ伝六章には、四つの福音書の平行記事である「五つのパンと二匹の魚の奇跡」の記事が書かれている。ところで、共観福音書とは異なり、ヨハネ伝では五つのパンと二匹の魚の提供者が、弟子達ではなく、ひとりの子供であることは注目に値する。そしてこのことが、この奇跡の霊的意味深さを明確にしている。すなわち、ひとりの少年がたまたま持っていた〝五つのパンと二匹の魚〟を健気《けなげ》にも他の人達の飢えを満たすために捧げる決意をし提供した時、

「焼け石に水に過ぎない」とばかり無視しようとした弟子の言葉にもかかわらず、主イエスはそれを取り上げて感謝の祈りを捧げた。その時、大群衆の飢えを満たしたばかりか、あり余るほどの食料が現実となったのである。つまり、傍目《はため》には取るに足らないと思われるものであっても、そこに祈りと信仰が込められ、己が身を捧げる気持ちで捧げられる時、それを媒体（象徴）として全能なる神が働き、奇跡的な御業が遂行されていくのである。北村姉は「たった三十万円で、神様は二億円下さったのよ、凄いでしょう」と何度か語っていたが、彼女は捧げることの意味と偉大さを身をもって証ししてくれたのであった。そしてその証しは、ともすれば新会堂建設時に信徒達の間に起こる〝認知的不協和〟を克服し、多額の捧げものを喜んで捧げる雰囲気の醸成に大きく貢献してくれることになった。

もう一つの感動的証しを立てよう。一九七九年六月三日、ひとりの女性が他の二人と共に洗礼を受けた。有本典子姉のことである。彼女は筋ジストロフィーにより足が不自由であった。彼女だけではない。母親を除いて、父親も弟も、筋ジスにより車椅子の生活を余儀なくされていた。この世的に見れば、〝不幸〟の代名詞のような一家であった。しかし典子姉の受洗を皮切りにして、家族が次々と救われ、クリスチャンホームになり、暗かった家族が次第に明るくなっていった。特に、弟の哲郎君の変わりようは鮮やかだった。それまでは「死にたい、死にたい」と食事も取らずに呟き、「この一家は呪われているんだ。だから、みんな首をつって死んでしまったらいいんだ」と怒鳴りまくっていた。しかし、神の愛とキリストの救いを知ってからは、その顔に微笑《ほほ》みが浮かび、休まず教会員の手を借りて礼拝に出席するようになった。私も彼が車椅子に座って、じっと説教を聴いている姿にどんなにか励まされたことだろうか。しかしやがて、病状が悪化し、寝たきりになってしまった。そんなある日、典子姉がぎっしりとコインの詰まった巨大なアンティークのビンを持ってきた。「これは弟が会堂建設のためにせっせと貯《た》めたお金です。どうか役立ててください」。私は胸を詰まらせながら、それを受け取り、「哲郎君も献堂式には来られるといいですね」と言った。しかし私の願いも空《むな》しく、哲郎君は病状がさらに悪化し、献堂式後間もなく天に召されていった。彼は献堂式には参列することができなかったが、遺体となって新会堂に入ることになったのである。この新会堂での最初の葬儀を執行した時に、不思議にも聖い爽やかな一陣の風が聖堂を吹き抜けていった。私はその時、「あっ哲郎君が新会堂を見て喜びながら天国に凱旋《がいせん》していったのだ」と確信したのであった。それは、今なお心に残る感動的な葬儀であった。

九　新会堂建設への再挑戦③

――「遠い所の人達」からの思いがけない支援――

「お祈りする人」と司会者が問うと、そこにい合わせた人々が一斉に「クリスチャン」と叫ぶ。そんなテレビ番組が昔あった。世間的にも、「クリスチャンとは祈る人」という強いイメージが印象づけられているようである。確かにクリスチャンとは「祈る人」であるし、「祈る人」であらねばならない。たまに、あまり祈らないクリスチャンがいるが、そういう人は決して信仰の醍醐《だいご》味を体験することはないであろう。

その祈るクリスチャンの信仰の醍醐味の一つに、次のようなことがある。願いを祈りに託して続けていると、しばらくするとチャンスがやってくる。「ついに祈りが成就したか」と喜んでいると、なぜかその扉が閉ざされてしまう。ガッカリして失望していると、あにはからんや別な扉が開かれ、その方が前のものよりもさらに良い道だったということが判明するのである。会堂建設のための資金繰りのプロセスの中でも、私はこの信仰の醍醐味を嫌というほど体験したのである。

建設用地獲得のために、少なくとも三千万円の融資がどうしても必要であった。折しも日本はバブル経済の最盛期を迎えており、今日と比べると信じられないくらい銀行貸し付け利子が高かった。最低でも五パーセント、高ければ十パーセントの利子が要求された。そこで私は、銀行融資を受けるのを一千万円程度にし、残る二千万円を無利子、無担保で融資してもらえないかと東梅田教会にお願いに行った。ビル経営で得た巨額な利益を自分の教会のためでなく、他のために用いていこうではないかという強い意見があったことを知っていたからである。最初は私の願いは好意的に受け取ってもらえたかのように見えて、期待していたのだが、結果は無残であった。全くのゼロ回答であった。「あの計画は無謀だからやめた方がよい」と、伝道師として在任中は私に極めて好意的であったはずの、それゆえに先頭を切って後押ししてくれると信じていた大阪商人の人達が反対したことを知って、私は愕然《がくぜん》とした。「何ということだ、味方だと思っていた人達が、反対に回るとは」と体の力が抜けてしまった。彼らに悪意があったわけではない。ただ、私の不可能を可能にする神に懸けていく信仰のあり方が理解できなかっただけである。

そこで私は仕方なく、高砂教会が長年利用してきた駅前の大手都市銀行高砂支店に三千万円の融資を求めて出かけた。受付で名刺を渡して融資のお願いに来たことを告げ、待合の椅子に腰掛けて待っていると、「支店長代理」という肩書きの人物が出てきて、応接間に通さず、目の前を人々が行き交う隣の腰掛けに座って、「何のご用ですか」と聞いてきた。そこで私は、新会堂のビジョンを手短に説明し、高砂教会の週報に印刷されているその都市銀行の高砂支店の口座番号を示しながら、「長い間お付き合いいただいておりますので、ぜひともこのたびの建設計画に力をお貸しください」と懇切に願ったのであった。ところがである。その「支店長代理」なる人物は、信じ難い行動をとった。「そりゃ、無理ですな」と無造作に一言発しただけで、立ち上がってスタスタ行ってしまったのである。私はその傲慢《ごうまん》無礼な態度に呆気《あっけ》にとられ、次に怒りが込み上げてきた。牧師になってからあのような侮辱を受けたことはめったになかった。その大手都市銀行の行員のすべてが、あの「支店長代理」のような〝無礼者〟ではないだろう。たまたま運悪くひどい人物と出くわしたのかもしれない。もしかしたら、キリスト教会かもしくは宗教に悪印象を持っている人だったのかもしれない。あるいは、その人物は当時の高砂教会の建物の惨状を知っており、「あの潰《つぶ》れかかったような教会に、こんなことが出来るはずがない」と思ったのかもしれない。しかし、その時の私は、屈辱感に嘖《さいな》まれつつ、「もう二度とこの銀行とは付き合うことはしない」と心に決めたのであった。

後日物語がある。その約三年後に、今の会堂が立派に建ち上がった時のことである。あの銀行の二人の若い行員がやって来て、「ぜひ当銀行とお付き合いをお願いしたい」と申し出てきたのであった。そこで私は、実は貴銀行とは何十年もの長い間お付き合いさせてもらっていたのだが、この建物を建てるに当たって融資をお願いしたところ、文字通りけんもほろろに拒否されてしまった。そこで仕方なく、今はある地方銀行をメインバンクにして取引させてもらっている。それゆえに、貴銀行とはもう取引したくない旨、慇懃《いんぎん》に説明したのであった。よく「銀行は雨が降ったら傘を貸してくれない所」と言われる。私から言わせれば、「雨が止み、晴れになったら傘を貸そうとする所」である。

これにまつわる、もう一つの面白い話がある。これは現会堂が完成してしばらくしてからのことであるが、三和銀行姫路支店から、これまた「支店長代理」の肩書きの人物が面会を申し入れてきた。お会いすると、彼はいきなり次のように言った。「先生の言う条件通りにしますから、どうか融資させてください。いくらでも融資させていただきますので」と。この申し出にも驚いた。一介の若い田舎牧師をそんなに信用していいんですか、という思いであった。恐らく一流の都市銀行であるから、それなりに調査はされたのであろう。もしかしたら、三和銀行は当時東海銀行と共に日本キリスト教団と融資提携をしていたので、私たちの教会も日本キリスト教団の傘下にあったことから、安心してそう申し込んできたのかもしれない。そこで私は、ちょうどもう二千万円ほどの必要があったので、〝渡りに舟〟とばかり、「それでは二千万円を年利四パーセントでお願いします」と言うと、一瞬「そんな低利子で」とばかり困ったような顔をしたが、「おっしゃる条件通りにします」と言った手前、不承不承受諾したのであった。しかし彼も「支店長代理」の肩書きをひっさげてこのまま引き下がるわけにはいかなかったのであろう。「それでは、教会さんがメインにしている地銀さんからの借金を当行に一本化してくれませんか」と迫ってきたのである。その時私は、それまでドラマや小説の中でしか体験したことのなかった銀行同士の「仁義なき戦い」を初めて垣間見たのであった。だが私は「それはできません。その地銀には恩義がありますから」ときっぱりと断ったのであった。かくて、その交渉は一方的に私の勝利に終わった。そしてつくづく、銀行というのは、「雨が止み、晴れになったら傘を貸そうとする所」であることを確認したのである。

さて、東梅田教会と大手都市銀行高砂支店から融資を断られ、途方に暮れていたところに話を戻す。楽観していた融資が行き詰まり、思わぬ苦境に陥った私であったが、その刹那またもや神の恩寵の御手が伸べられたのであった。その数日後、突然一人の紳士が私を訪ねてきた。名刺には播州信用金庫高砂支店長・高馬弘光とあった。高砂教会が今度新しく教会堂を建てようと計画していると町の噂で聞いた。その折にはぜひとも播州信用金庫を使ってほしいという申し出であった。「捨てる神あれば拾う神あり」とはまさにこういうことを言うのであろう。私は心の中で、「主よ、感謝します」と唱えながら、神がこの播州信用金庫を高砂教会のパートナーとして与えてくれたことを確信したのである。当時としては極めて低利子の年六パーセントの利子で三千万円の融資をしてもらったことを皮切りに、必要の折には、いつでも貸し出していただき、これまで一億数千万円を超える融資を頂いている。一方、私達の方も奉献式をするたびに、何千万円もの献金を一斉に播州信用金庫に振り込んでいったので、随分利益を得ていったことであろう。かくて、高砂教会と播州信用金庫とは、いわゆる〝ウィンウィンの関係〟を築きつつ、今日に至っているのである。

第一次新会堂建設計画が始動して間もない頃、早朝一人でそのために祈っていた時、ある御言葉が私に語りかけてきた。「また遠い所の者どもが来て、主の宮を建てることを助ける。そしてあなたがたは万軍の主が、わたしをつかわされたことを知るようになる。あなたがたがもし励んで、あなたがたの神、主の声に聞き従うならば、このようになる」（ゼカリヤ六・一五、口語訳）。この御声を聞いた時、「『遠い所の者ども』というのは、一体どんな人のことを言うのだろう。東京からあるいは外国から人々がやって来て、新会堂建設を助けてくれるのだろうか」と訝った。しかしそうではなく、エズラ記五〜六章（ここには、異邦人であるペルシャ王クロスやアッスリヤ王ダリヨスがユダヤ人のエルサレム神殿再建を助けたことが記されている）を通して、それは距離的な意味ではなく、信仰的、霊的な意味であることを悟ったのである。すなわち、キリスト教と無縁であった人々、私とは住む世界を異にしていた人々がやって来て、思いがけず新会堂建設を助けてくださったのであった。まさに、播州信用金庫高砂支店長の高馬弘光氏もそうであり、また関西学院同窓会高砂支部長の柴田寛氏（和菓子本舗「柴田最正堂」社長）もそうであり、他にも何人もの方々が助けてくださった。どんなにかありがたかったことだろう。その方々の多くは、すでに他界しておられ、クリスチャンではなかったが、神の栄光のために尽くしたその〝徳積み〟ゆえに、今頃は神の慈愛の御手の中で安らいでおられることであろう。

それればかりかクリスチャンではなかったにもかかわらず、高砂教会会堂建設を助けるという

〝徳積み〟のゆえに、その〝遺徳〟が孫にもたらされた実例を証したい。

忘れもしない一九八五年三月十七日、私は少々緊張しながら関西学院高砂支部の同窓会に臨んだ。支部長柴田氏の膳立てによって、会の終わりの近く、会堂建設の募金の訴えをすることになっていたからである。百人ほどの参加者は皆、受付で募金趣意書を受け取り済みなので、熱心に聞いてくださった。その直後に讃美歌四〇五番「かみともにいまして」の斉唱がなされ、最後にひとりの人物が立って閉会の挨拶をした。副支部長の一人で、高砂小学校育友会会長でもあった入江章喜という方であった。その挨拶の結びの言葉に私は耳を疑い胸が熱くなった。いわく、「今、手束さんの方から教会建設のために教会外から二千万円の募金をお願いしたい旨の訴えがありました。たった二千万円ですよ。それくらいは同窓会だけで何とかしましょうや。我々は皆関学でキリスト教の教育を受けた者達なのですから」。それまで、一度も言葉を交わしたこともない方であった。クリスチャンでもないにもかかわらず、このあまりにも好意的な言葉は一体どこから来たのであろうか。私は感動にむせびながら、彼のために神の祝福を祈った。

二〇一四年のクリスマス。一組の母と子供が洗礼を受けた。入江悦子姉、翼君の親子である。この翼君こそは、かの入江章喜氏の孫に当たる。彼は残念ながら両親の離婚という不幸に見舞われたが、それにもかかわらず神の恩寵の御手によって捕らえられた。彼がその恩寵の御手を振り払わない限り、彼の人生は神の恩寵の御手によって守られ、支えられ続けるであろう。それはひとえに、彼のおじいさんの〝遺徳〟、すなわち主の教会建設のために貢献してくれたことによる。

主イエスは宣《のたま》う。「はっきり言っておく。わたしの弟子だという理由で、この小さな者の一人に、冷たい水一杯でも飲ませてくれる人は、必ずその報いを受ける」（マタイ一〇・四二、新共同訳）。

十　新会堂建設への再挑戦④

――かくして立派な新会堂は建ち上がっていった――

教会堂建設を通して奇跡を体験しない教会はないと言われている。確かに教会堂建設を達成したどの教会においても、予想しなかった様々な奇跡的出来事が起こり、その感謝の証言集が何冊も出されており、私も数冊読んだことがある。それはいかに主なる神が教会堂建設を喜んでおられるかということを如実に物語っている。そしてご多分に漏れることなく、私達の教会も奇跡的恩恵にいくつも与ってきたのだが、そのクライマックスこそ、請負業者決定に関わる神の不思議な御業であった。

一九八七年八月、建設委員の者達が練りに練った設計図が、地元高砂の佐野設計事務所によってついに完成したのであったが、思わぬ事態が待っていた。佐野設計事務所による見積総額が、外構工事や設備費を含めると約三億円にものぼることが判明したのである。当初の予算は一億五千万円であり、何とその倍近い額となってしまったのである。しかも悪いことには、その見積が出された直後から、建築資材や人件費が急騰し始め、三億でも無理かもしれないという情勢となっていたのである。佐野博行設計士は何とか三割くらいまでならば入札の際に下げさせてみせるという覚悟を示したのであったが、それでも二億円ほどになることは目に見えていた。となればどうしてもあと五千万円ほどが必要とされる。しかしこれ以上信徒達に献金を訴えるのは到底無理である。そこで私は一つの賭けに出た。

私は夏も過ぎ去ろうとしていたある晩、建設委員長の長浜兄のお宅を訪ねた。そして夫妻を前にして彼らに静かな調子で要請した。私と心中してほしいと。まず私が家（自費で購入した牧師館）を売る。しかしそれでも足りないので、あなた方も家を売ってほしい、と。もしかしたら、深刻な事態になるかもしれないと予想した。以前、冗談半分で、長浜兄には、建設資金がどうしても足りなくなった時には、あなたも自分の家を売ってくれないかと尋ねたことがある。その時彼は「そうやなあ、そうでもせんとしょうがないやろうなあ」と答えてくれた。だから彼はもしかしたら応じてくれるかもしれないという期待があった。問題はご夫人の長浜ミドリ姉がどう出るかであった。「先生、何を言うんですか。私達の家族を路頭に迷わすつもりですか」という言葉が返ってきてもおかしくはない、無茶な要請だとは、私自身が一番よくわきまえていた。「そんな無理難題を言うなら、私達は教会を出ます」と言われかねないとも想像していた。だが私の予想は完全に外れた。明るい答えが返ってきた。「先生、そうしましょう。私らの家は、本当はあの時になくなっていたのですから。先生のおかげで、私らはここまでこれたのですから」。

あの時というのは、「助っ人達の登場②」でも書いた長浜夫妻の離婚問題のことである。鹿児島の女性は〝薩摩恩女《さつまおごじょ》〟と呼ばれ、恩義に厚い美徳を持っていると言われている。まさにそのごとく、その美徳が発揮された言葉であった。私は感動を押さえながら、静かに感謝を述べた。が、彼女は私の謝辞を遮るようにして、言葉を重ねた。「家がなくなったら、みんなで新会堂に住んだらいいんです。昔ありましたですね。何とかの方舟というのが」。そこにいた三人は皆朗らかに笑った。その笑いは、それまでの私の杞憂の一切を吹き飛ばし、「これで新会堂は建った」という強い確信となっていったのである。オーストリアの作家シュテファン・ツヴァイクに倣って言うならば、この時こそ、まさに「高砂教会の星の時間」であった。それはまた聖霊御自身が介在した偉大な瞬間でもあった。

だが恩寵なる神は私と長浜夫妻の捨て身の覚悟を顧みて喜ばれ、奇跡の御業を起こしたのである。当時東証一部上場の大手総合建設会社（いわゆる大手ゼネコン）の一つである殖産住宅相互株式会社が、三億円を二億円で請け負うことを承諾してくれたのであった。しかも設計図書よりもさらに「増格」した内容で建設施行してくれることになったのである。普通大手ゼネコンが仕事を請け負う場合、その技術力の高さゆえに、中小建設会社が請け負う額よりも二割くらいの割り増しがなされることが常套《じょうとう》である。にもかかわらず、三割以上も値引いて請け負うというのは到底考えられないことであった。佐野設計士もこれには驚き、「これは恐らく殖産住宅にとって前代未聞のことでしょう」と首を傾げながら語った。

そしてこの神の奇跡を仕掛け、演出するという役割を担った人物こそ、私の義弟山内正一であった。彼は、私が神学部の助手時代西宮に住んでいる時に、妻の妹牧子と結婚し、我が家のすぐそばに居を構えた。そして私達が高砂に移り住んで三年後、またもや彼らは追い掛けるようにして高砂にやって来て、すぐそばに住んだ。その時から彼は殖産住宅姫路支店に勤務し始めたのである。主なる神はおちぶれた田舎の教会に大会堂建設という快挙を果たすため、建築の専門家である有能な彼を、私の良きアドバイザーとして与えてくれたのである。そして建築について素人ばかりの建設委員会にも陪席し、様々なアドバイスをくれただけでなく、委員会の意に沿って、建築についての知識と経験を駆使して教会のために行動してくれたのであった。

当初建設委員会はできるだけ価格を抑えるために「入札」による請負業者の決定を模索していた。どこから聞きつけたのか、いくつもの業者が「ぜひ当社でお願いしたい」と「応札」を申し込んできた。ところが「入札」の条件を審議している時、困ったニュースが飛び込んできた。業者間の裏で〝談合〟が行われているという情報である。よく報道機関を通して問題になっている〝談合〟ということが、私達にも決して人ごとではなく、リアルな問題として襲いかかってきたのである。「困った。これでは業者のいいようにされてしまう。一体どうしたらよいのか」と煩悶《はんもん》していたまさにその時、山内から朗報がもたらされた。前述した殖産住宅姫路支店による考えられないダンピングである。その裏には山内の相当な努力があったのだが、それでも山内自身がこの決定には驚愕《きょうがく》したのであった。その時の詳細を、私は月報一九八七年十月号の「牧師の日記」で次のように書いている。

「『義兄《にい》さん、神様って本当に恐い方ですね』。義弟の山内はなかば興奮気味に語った。奇跡としか言いようがないことが起こったのである。彼の勤める殖産住宅が大幅な赤字覚悟で、新会堂建設工事を請け負うことが内定したのである。思いもかけない設計見積の高額さに加えて、建設資材の高騰は、我々の当初の予算を大きく狂わせて余りあるものがあった。建設委員会も最初の予算の一億五千万円に四千万円を上積みし、一億九千万円の資金調達の準備を進める一方、分離発注方式の導入を考えていたのだが、それでも資金は到底追いつかず、多くの部分の工事を後まわしにしなければならないことを覚悟した。しかし、今や問題は一挙に解決した。……中略……『義兄さん、不思議なんですよ。今度の工事で大きな泣きをみることになっている下請けの人達が、みんなニコニコしているんですよ。そして〝山内さん、やりましょう。私達も頑張ります〟と言ってくれているんです。社の上司の人達もやる気満々で、材料をさらに良いものに変えようとしているんです。これ以上会社が損をしたら、一体どうなるのか、と私の方がヒヤヒヤしてるんです』という山内の言葉を聞きながら、私は思い出していた。早天祈祷会において、ある時期、私は次のように祈っていたことを。『主なる神よ、どうか大幅な赤字を出してでもなお、喜んで工事を引き受けてくれる良き建設業者をお与え下さい』と。主は今や、あの時の私の祈りを確実に聞き届けられたのである。私は、こみあげる感動を押さえながら、深夜に至るまで、山内を通して起こった偉大なる神のドラマの報告に聴き入るのであった……」。

なぜ殖産住宅姫路支店はこれほどまでにダンピングをして、高砂教会の新会堂建設を請け負ったのであろうか。そこには殖産住宅内での義弟への信頼と彼の根回し工作の執拗《しつよう》さがあったのであるが、それだけでは十分に説明し尽くすことはできない。やはりそこにも聖霊の強い介入があり、「儲《もう》けを度外視してでも教会を建てたい」という〝男のロマン〟が人々の内に湧き起こったのであろう。このように、聖霊は気高い思いを人々の心の内に促し、献身へと導いていくのである。それは人間の利害や打算を悠々と乗り越えていく不思議な力を持っている。恐らく、ユダヤ人達をバビロニアの捕囚から解放してカナンへの帰国を許したばかりか、ユダヤ人達が何よりも願っていたエルサレム神殿の再建のために多額の建設費を供与して助けようとしたペルシャ王クロスにも、このような人間の利害や打算を悠々と越えさせていく聖霊の働きがあったと考えられる。それゆえに、第二イザヤはクロス王に対して、「受膏者《じゅこう》」（新改訳聖書では〝油そそがれた者〟と訳している）と呼んだのであろう。

前章で私は〝「遠い所の人達」からの思いがけない支援〟という文を認めている。そして、ゼカリヤ六・一五にある〝遠い所の者ども〟というのは、距離的意味ではなく、信仰的霊的な意味、すなわちキリスト教と無縁であった人々、私とは住む世界を異にしていた人々のことであることが分かり、資金調達のプロセスの中で、この御言葉の確かさを著しく体験した旨を書いている。しかしそれに留まらず、この約束の御言葉は請負業者決定のプロセスの中でも働き、殖産住宅の信じがたいダンピングとしてさらにリアルな現実となったのであった。いかにして少しでも多くの利潤を追求していくかに血道をあげているはずの大手ゼネコンが、あまり宣伝にもならない田舎の教会になした大盤振る舞いは常識を大きく越えている。そこには人知では測ることのできない神の御手が働いたとしか説明できないであろう。

しかし、主なる神は、この殖産住宅姫路支店の御旨にかなった働きをじっと御覧になっておられた。そして殖産住宅姫路支店は、高砂教会の新会堂建設が完了した直後から、次々と仕事が舞い込み、こなしきれないほどの忙しさに汗を流す祝福に与ったのである。中国の古書「淮南子《えなんじ》」は言う。「陰徳あれば必ず陽報あり」と。すなわち、他者に対し特に神様に対して喜んで恩徳を施した人には、いつの日か必ず、良い報いが目に見えて現れてくるようになるというのである。また聖書も語っている。「あなたのパンを水の上に投げよ、多くの日の後、あなたはそれを得るからである」（伝道の書一一・一、口語訳）と。

にもかかわらず、当時の殖産住宅本社（東京）の役員達はこのことを理解しなかったようだ。姫路支店の高砂教会への赤字請負が問題視され、支店長安生尚右氏はその責任を問われて、九州への左遷という憂き目にあった。山内は語った。「でも義兄さん、安生支店長は喜んで九州へと左遷されていったんですよ」。私はその報告を胸を熱くしながら聞き、「主よ、安生支店長の上に溢れる祝福を注いでください」と厚い祈りを捧げたのであった。かくして、神の奇跡的恩寵の御手によって、当初の計画をはるかに超えた立派な新会堂が建ち上がっていったのである。

十一　新会堂建設への再挑戦⑤

――会堂建設はサタンとの戦い――

会堂建設は〝奇跡を行う神〟をもっともリアルに体験する機会ではあるが、同時にこれを妨害しようとする〝悪魔（サタン）〟をリアルに体験する時でもある。そこで建設途上ないし建設終了後に、往々にして犠牲者がでる。牧師やその家族が死んだり、大黒柱になっていた中心的信徒が亡くなったりする。死なずとも、大病になったり、教会を出ていかざるをえなかったりする。これは偶然に起こっているのではなく、サタンの嫉《ねた》みの業の結果なのである。このことを体験的に知っていた古代人達は、大きな建造物を建てる際には、大工事をスムーズに完遂していくために、あらかじめ人間をサタンに対して人身御供として捧げた。これを〝人柱《ひとばしら》〟という。

私はこの嫉みの権化であるサタンの働きを十分に認識していたので、会堂建設に当たってこの点については極力留意したのであった。具体的にどうしたかというと、サタンに対する十字架の勝利の信仰を強調して信徒達に教えて警告を与え、また早天の祈りの際に、サタンに対する十字架の勝利を崇《あが》めることを怠らなかった。キリストの十字架の意味と力をどのように理解するかという神学的議論は普通「贖罪論」と呼ばれている。一般的には私達人間の罪をキリストが身代わりになって負ってくださったことにより、私達人間の罪はことごとく取り除かれたといういわゆる「刑罰代償説」が主流をなしている。しかし私の〝カリスマの神学〟の見地からの研究によると、スウェーデンの神学者グスタフ・アウレンがその著『勝利者キリスト』（邦訳は教文館）で高調した「勝利説」（「賠償説」ないし「奪還説」とも言う」の方がより重要である（拙著『キリスト教の第三の波』正編参照）。すなわち、キリストの十字架の死は地上におけるサタンの支配権を再び人間に取り戻すために、キリスト御自身が人柱となったことを意味しているからである。それゆえに、この「勝利説」の信仰に立つことによって、もはやサタンは私達を破壊したり死に至らせたりする権利を失ったのであり、私達は〝キリストの名〟によって、サタンの攻撃を撥《は》ね除《の》けることのできる存在になったのである。そこで私は、「勝利説」の信仰をかざして祈り続けることにより、サタンの攻撃を退けていったのであった。

それにもかかわらず、サタンは意外な人物を人柱に取ろうとした。意外な人物とは、当時執事であり、また会堂建設委員でもあった堀本恵子姉のことである。彼女はその控え目な性格のゆえに、目立つ存在ではなかったが、それでも陰ながら新会堂建設のために懸命に尽くしてくれていたのである。しかも彼女の温和な性格は会堂建設委員会という、ともすればその真剣さのあまり激高しがちな委員会の雰囲気を和らげていくという大切な役割を果たしてくれていたのである。その彼女が会堂建設工事が始まって間もない頃、急に痩せ始めた。激痩せと言ってもよい。私は心配して何度か「医者に行ったらどうですか」と勧めたが、「大丈夫ですよ」という答えがそのつど返ってきた。しかし実は彼女は末期の〝大腸がん〟に蝕《むしば》まれていたのである。それが判明し、私に報告に来た時、彼女は泣いた。「大丈夫です。祈っていますから」と励ましの言葉をかけつつも、「サタンとの真剣勝負の時が再びやって来たか。絶対死なせてなるものか」と、決意を固めざるを得なかったのである。そして、毎朝の早天祈祷において、サタンとの激しい戦いの祈りを展開することになったのであった。

手術は高砂市民病院で行われ、二、三日後見舞いに訪ねた。病室に行くと、中から彼女の実母杉田アサさんが出てきた。隣の曽根教会の婦人会の中心的存在であり、信仰の人であった。「手術は一応成功しました。しかし五年以内に必ず再発し、もうそれで終わりなんです」と暗い顔で告げてくれた。許可をとって部屋に入ると、彼女は私を見て「あっ、先生」と小さな声で叫んだ。「患部に手を当てて祈りますよ」と言って、私はまだ手を当てたら痛むであろう手術した部位に手を置いて祈り始めた。「主イエス・キリストの御名によって、この姉妹を苦しめる病の霊、がんの霊よ、出て行け。おまえは主の十字架によってすでに敗北したのだ。主よ、今こそあなた様が全能の御手をふるい、堀本姉のがんを完全に癒やし、もう一度健康な体を取り戻させてください」。その時、不思議な声が響いてきた。「おまえの祈りをきいた。私が癒やす」と。「あっ、堀本姉はこれで癒やされた」という確信が私のうちに起こり、彼女にそのことを告げた。彼女は喜びと安堵《あんど》の表情を浮かべた。

これはずいぶんと後に、次女の冨永依里姉から聞いたことであるが、私の祈りの後、堀本姉が「私は必ず治ります。牧師先生がそう言ってくれましたから」という強い確信を家族に披歴した時、家族の者達は戸惑ったという。長女の千里姉も妹の依里姉も「お母さんたら、牧師先生に洗脳されて変になってしまったんだわ」と大いに心配し、祖母の杉田アサさんに告げた。すると彼女も、「医者がもう治らないと言っているのに、祈って治るなどあるはずがない」と言い捨てたという。しかし家族の中でただひとり、「そうか牧師先生がそう言ってくれたのか。ならば治るかもしれない」と信じた人がいた。何と、それまで教会に出席したこともなかった夫の悦男兄である。まことに奇妙な光景である。長い間教会に来ていて、神やキリストを信じていた人達が癒やしを信ぜず、全く教会に来ず、したがって神やキリストを信じていなかった人が奇跡を信じたのである。この類いの話は聖書の中にも時々でてくる（例えばルカ一七・一一―一九）。あれから約三十年が経つが、堀本恵子姉はガンの再発どころか、私よりも二歳上のはずなのに、あのように元気溌剌《はつらつ》である。もしかしたら、私と長寿を争うかもしれない。

かくて、高砂教会の会堂建設においては、サタンに対する十字架の勝利の信仰を高揚することによって、サタンに〝人柱〟を渡さずに済んだのであるが、うっかりこのことを強く警告することを忘れて、サタンにしてやられたケースがあった。今思っても、痛恨の極みである。長男信吾（現在日本キリスト教団水海道教会牧師）がかつて牧していた、日本キリスト教団栃尾教会の前任者酒井春雄牧師の死である。

あれは忘れもしない一九九三年早春のことである。一通の電話があった。「私は新潟県栃尾市にあります日本キリスト教団栃尾教会牧師の酒井と申す者ですが、手束先生の本を読んで大変感銘を受けましたので、是非今年の教会創立記念日においでいただきたいと思い電話をいたしました……」。私は喜びつつ即座に応諾し、その年十一月末に初めて栃尾教会を訪れたのだった。まるで昔の寺子屋を思わせるような雰囲気の建物であった。しかし信徒達は酒井牧師の指導の下、長年にわたってアシュラムでしっかりと教育訓練されており、これに聖霊のバプテスマが与えられれば、〝鬼に金棒〟と思わされた。そして間もなく、このことが現実のものとなったのである。

と言うのは、まさにその翌年の一九九四年から「高砂聖霊アシュラム」が開催され、酒井牧師は役員信徒六名を連れて参加され、全員が聖霊に満たされる体験に与った。さらにその翌年には、他の役員信徒達をも連れて参加され、全員が聖霊のバプテスマを体験し、喜んで帰っていかれたのである。かくして、新潟の山奥の栃尾教会にリバイバルが興り始め、その信仰の勢いに乗って、新会堂建設のヴィジョンが教会全体に燃え始めた。そこで一九九六年にはそれまでの「聖霊セミナー」に代わって、「会堂建築セミナー」が開催され、建設用地の獲得と資金調達が具体的に進められ、ついに一年半後の一九九八年七月には栃尾市のメイン道路に面して、堂々と美しい新会堂が建ち上がったのである。三十名そこそこの会員にしては異例のスピードと言ってよい。また異例の立派さと言ってよい。そこには、「高砂教会を模範にし、あのような教会を自分達も造ろう」という熱い信仰のほとばしりがあったのである。

献堂式には外部からだけでも一六五名の人々が参加し、礼拝堂に入りきれず、玄関先にまで溢れた。高砂教会からも私を含めて十名の者達が祝いに駆けつけ、栃尾教会の人々と喜びを分かち合うことができた。そして、不肖ながら私が献堂メッセージを歴代誌五章から語らせていただいたのである。献堂式の際に出席者全員に配られた献堂のしおり「主が建てられた新会堂」に、私に対する酒井牧師の感謝の思いが切々と綴られていたのには、本当に恐縮した。だが、祝いの喜びに酔いしれていた私は、大事な警告をすることを忘れていた。サタンの嫉みによる攻撃には十分に注意するようにという警告である。この警告はいくら強調してもし過ぎることはない大切な大切なものであったのに、田舎の小さな教会がなした驚くべき快挙に、すっかり有頂天になり、うっかり忘れてしまっていたのである。

献堂式からちょうど半年後の一月二十三日、訃報が入った。その朝、運転中に酒井牧師が急性心筋梗塞で急逝されたという。私はその訃報に接した時、思わず「えーっ」と大声をあげた。そして「しまった。油断の隙をサタンに突かれた」と深く悔やんだ。すぐに新潟に飛んだ。栃尾教会の信徒達の動揺は激しかった。「なんで、これからという時に、神様は酒井先生を召されてしまったのか」と彼らは思わぬ悲劇をどう受けとめたらよいのか、神の意志を測りかねて混乱の極みの中にあった。そこで私は、葬儀の説教の中で語った。「勘違いしてはいけません。

神様が酒井先生を取っていったのではありません。サタンが嫉んで取っていったのです。しかし、酒井先生の死は決して無駄に終わることなく、贖いとなって働き、やがて豊かに実を結ぶことになるでしょう」と。式後、何人かの信徒の方々が、「酒井先生の死の意味が分かりました。やっと整理がつきました」と、得心の意を表されたのであった。その一年後に、長男信吾が栃尾教会に就任していったのである。

葬儀を終えて翌日の午後、急いで高砂教会に戻って牧師室に入ろうとした時、聖堂から副牧師や伝道師達がある女性から悪霊を追い出している声が聞こえた。覗《のぞ》いてみると、難儀しているようだった。そこで加勢をしようとして行ってみると、悪霊がその女性の口を通して、私に向かって激しく挑んできた。「手束、来たな。おまえを殺してやる。だが、おまえの周りにはバリアがたくさん張ってあって届かない。クソッ。酒井の時はうまくいったのに」。思った通りであった。酒井牧師の命を奪っていったのは、サタンだったのである。私は悪霊に対する激しい憎しみが湧き起こり、大声で「憎き悪霊、イエス・キリストの勝利の御名によって出て行け」と叫ぶと、「ギャー」という声と共に、悪霊は去っていったのであった。

ところで、私の周りにはバリアがたくさん張ってあるというのは、一体どういうことなのであろうか。一つには、キリストの十字架は何よりもサタンに対する勝利をもたらすという、いわゆる「勝利説」に根差す信仰に堅く立っているということである。そしてもう一つは、毎週水曜日の夜に行われている祈祷会での私に対する執り成しの祈りであり、また水曜日と土曜日の早天祈祷会の後に行われている「アロンとホルの会」による執り成しの祈りの集積のことである。確かにサタンは何度も私を倒そうと図ったが、十字架の勝利の信仰と多くの執り成しの祈りによって護《まも》られてきたのである。感謝の他はない。以後、私は教会建築セミナーや献堂式での説教に招かれた時、サタンの嫉みに対する防御について強く指摘するようになったのである。

二〇〇八年二月、小栗昭夫師の牧する日本キリスト教団小樽聖十字教会の献堂式に数名の兄姉達と共に臨んだ。そして献堂説教の中で、やはり、サタンの嫉みによる反撃に注意をし、特に牧師家族のために執り成しの祈りをするようにと訴えた。後で聞いたことであるが、そこに臨席していたある教会の人々は、私の説教を聞いてハッとしたという。その教会でも新会堂落成後に牧師家族に不幸が起こったことがあったという。他方、ある牧師達は「献堂式に、サタンの話をするなどとは何という非常識か」と批判していたという。霊的眼の開かれていない牧師というのは困ったものである。いつの日か、サタンの働きの恐ろしさを思い知ることにならなければよいのだが。

十二　新会堂建設への再挑戦⑥

――二つの完成式典に、主の栄光が溢れた――

一九八八年十月二十日、ついに新会堂が完成した。二十日（木）から二十二日（土）の三日間、一階の小礼拝室（現在の多目的ホール）で新会堂の聖別祈祷会を持った。そして翌二十三日（日）には旧会堂での最終礼拝を捧げた後、皆で新会堂に移動し、入堂式なるものを挙行した。塔屋から流れるチャイムの音と共に玄関入り口から二階の聖堂へと入っていき、讃美を歌い、静かに統声祈祷（一同で一斉に祈ること）を捧げた。祈りが終わり、聖徒達が聖堂の美しさに酔いしれていたその時、後方に座っていた福井逸子姉が体をワナワナと震わせ、脅えた顔で前方を見詰めていた。私が「福井姉妹、どうしましたか」と尋ねると、「先生、あそこにイエス様がおられます」と唇をわななかせて前方の聖壇を指さした。振り返って見たが、私には何も見えなかった。恐らくは、彼女に特別に開かれた霊の眼が、顔形は分からなかったが、聖なる聖なるお方が立っておられるのを、識別させてくださったのであろう。実は彼女にそのような特別な霊の眼が備えられたのには理由があったのである。

分裂直後に教会に来るようになった頃の彼女は、深く心を病んでいたことが瞭然であった。それを私は単に彼女の幼い時の不幸、すなわち父親が家を出てしまい、残された母親もまた彼女と姉とを置き去りにし、辛くも祖母によって育てられたその心の傷がもたらしたものだと見なしていた。しかし実は、その心の傷に付け込んで、彼女の内には獰猛《どうもう》な悪霊が住みついていたのである。けれども、彼女のかわいらしい美形がそれを覆い隠していたのである。そしてついに、彼女の内にいた獰猛な悪霊がその正体をリアルに現す時が来たのである。

「牧師先生、大変です。福井姉妹宅での『祈りの細胞』(同じ地域に住む信徒達が家に集まり、週に一度くらいの割合で教会のため、また問題を背負っている信徒達のために執り成し祈る会)で、彼女が変になりました。まるで悪霊に憑《つ》かれたようになりました」と後藤那里子姉から緊急の電話が入った。そこで彼女の家に急行して駆け込むと、彼女が仁王立ちになって、私に向かって男の声で挑んできた。そこには美しい面立ちは全く消え、鬼のような形相を呈していた。「手束、来たな。ついにおまえと最後の決着をつける時がやってきた。おまえを殺してやる」と叫び、「死ね」と机の上にあった灰皿を思い切り投げつけてきた。幸いぶつからずに済んだが、今度は大理石作りの置き時計を手に取ろうとした。「殺されてたまるか」と思った私は、彼女に向かって突進し、彼女を押し倒した。部屋の隅で経緯を見ていた後藤那里子姉と佐野弘子姉の二人は、恐ろしさのあまり腰を抜かし、泣いていた。「何してるんだ。泣いている場合か。押さえろ」と怒鳴ると、私と一緒に、女性の力とは思えない剛力をもって私を撥《は》ね返そうとした彼女の体を押さえるのを手伝ってくれた。そこで私は右手を巻き付けて、彼女の首を絞め、耳元で何度も大声で叫んだ。「イエス・キリストの御名によって命じる、憎き悪霊、この女から出て行け。ただちに出て行け。二度と戻るな」。「手束、お前を殺す、必ず殺してやる」。「黙れ、生意気な悪霊。お前はもはや敗残兵だ。さっさと去れ」。こんなやりとりが十分ほど続いただろうか。やがて彼女の体から急に力が抜け、気を失ったような状態になった。「やっと出て行ったか」とホッとしていると彼女は目を覚まし、「先生、何してるの。痛いじゃないですか」と私の顔を見て不思議そうに語った。必死になって押さえ込んでいた三人は顔を見合わせて笑った。

この話をすると、多くの人達が「まるで映画『エクソシスト』みたいですね」と感想を漏らすのだが、この種の経験はいくらでもある。しかし、そのいちいちを紹介する余裕はない。要するに、この時から福井姉は、心の病から解放されたばかりか、霊的眼が開かれ、入堂式において主の臨在を見るという幸いに与ったのであった。そしてこのことは、その約一カ月後に行われた献堂式ならびに落成式への神の祝福、さらにはその後の高砂教会の復興と成長の祝福を暗示していたのである。

献堂式は十一月十三日（日）の礼拝後に執行された。その日は同時に高砂教会創立九十周年記念日に当たり、午前の礼拝はそのための特別礼拝として捧げられた。私の説教の前に、台湾の博愛教会とその枝教会である哈崙台《はるんだい》教会の合同聖歌隊（二十四名）が歌った。その時聖霊の注ぎがあり、会堂の内には深い感動が起こり、何人もの人々が泣いていた。一般に「台湾の教会は讃美する教会」と言われている。特に高砂族（原住民）の人々の讃美はまるで天国から響いてくるような美しさを湛《たた》えている。彼らは何も特別に音楽教育を受けているわけではないのに、あのように美しく歌えるのは、天与の賜物と言う他はない。私はこの十カ月ほど前に台湾を訪れた時、そのあまりにも美しい讃美に触れて感激し、是非とも高砂教会の献堂式に来て歌ってほしい旨要請をしたのであった。そこで彼らは私の要請に応えるために犠牲を捧げて来てくれたのである。貧しいなか旅費を工面し、二週間も仕事を置いて、やって来てくれたのである。その打算を越えた心の美しさと犠牲の精神は、日本人がとっくに失ってしまったものではなかろうか。「古き良き日本は台湾にあり」と評論家の金美齢さんは常々語っている。彼らと交わるたびに、私の心に懐かしさが込み上げ、清められていくのを覚えるのである。しかし、高砂族の人々との出会いと感動についての記述は、ここではこのあたりに留め、詳細は後に譲ることにしたい。要するに、台湾高砂族の美しい讃美は、献堂式とそれに続く落成式（十一月二十三日勤労感謝の日）に大いに花を添えてくれて余りあるものとなったのであった。

かくして、その午後執り行われた献堂式において、祝辞を下さった関西学院大学神学部の山内一郎教授は「讃美に次ぐ讃美で、これほど素晴らしい献堂式は初めてです。今、このところにキリスト様が花婿としておいでくださっています」と語られ、感動のあまり、しばし絶句されたのであった。そしてこのときの感動を翌日の神学部の授業の中でも神学生に向けて語られたという。この言葉を聞き、私は初めて分かった。献堂式とは花嫁なる教会を花婿なるキリストに献げる、言わば結婚式なのだ（エペソ五・二二―三三）と。だとするならば、献堂式はいくら厳粛であっても葬式のようであってはならず、徹底的に結婚式でなければならない。喜びと華やかさに溢れていてよいはずである。そこで私は、教会建築セミナーを行った教会などから献堂式でのメッセージを依頼された時には、よく、和琴合奏団《わごん》「ビューティフルハーピスッ」や、タンバリンダンスチーム「グレーシータンバリンズ」を同行させて花を添えるようにしている。その結果、それぞれの教会から厚い感謝をいただくことになった。

通例、ほとんどの教会では完成式典として献堂式のみが行われる。しかし私は十一月十三日主日礼拝の午後に行われた献堂式の他に、十一月二十三日勤労感謝の日に、あえて別に落成式を行うことにした。それには三つの理由がある。第一の理由は、数多くのノンクリスチャンの人々から受けた支援に感謝して、それらの方々を念頭に置き、それらの方々に親しんでもらえる内容の式典をすることによって、少しでもキリスト教に好意を持ってもらうことを願ったからである。これは高砂のような〝異教の地〟ではとても大事なことなのである。二つ目の理由は、一回の式典では列席者を収容しきることが難しいと予想されたからである。この私の予測は見事に的中し、両式典とも約二百人の列席者が詰めかけ、どちらもジャスト満席となったのであった。三つ目はクリスチャンの人々の中でも牧師やアクティブな人々は、日曜日はかえって出にくいことがあり、勤労感謝の日の午後にも、その機会を備え、祈りを捧げてくださった他教会の方々をできるだけ迎え入れたかったからであった。

かくて、その年の市民音楽祭で市長賞を受賞した聖歌六九二番「見よや十字架」を、高砂教会聖歌隊が高らかに歌い上げて落成式は始まった。続いて台湾教会聖歌隊はもちろんのこと、親しくしていた姫路の韓国教会聖歌隊も美しいチョゴリを着て讃美してくださり、式典はいやが上にも盛り上がっていった。来賓祝辞には、クリスチャン代議士の河上民雄氏（京子夫人が代理出席）、高砂商工会議所会頭の籠谷幸夫氏、関西学院同窓会高砂支部長の柴田寛氏などが、それぞれの立場から心のこもった祝辞を下さった。その中でも河上京子夫人はその祝辞の中で、「このような感動的な落成式は初めてです」と興奮気味に語られたのが印象的だった。そして後日下さったお礼状の中にも、同じ言葉が繰り返されていた。

歴代志下五章には、ソロモン王が主の神殿を完成し、献堂式を行った時の模様が描かれている。一節を見ると、ソロモンが第一になしたことは、父ダビデが捧げたものをまず神の宮の宝庫に運び入れている。なぜソロモンはダビデの用意してくれたものを神殿建設に使わなかったのであろうか。その必要がなかったので、ただ父ダビデの貢献に敬意を表し感謝して、そのようにしたと考えられている。しかし、この霊的な意味は、神の宮のために捧げられたものはみな、天の宝庫に収められ貯《たくわ》えられていることを暗示している。そしてやがて、その天に貯えられている宝は、本人ばかりか子孫達に祝福となって返ってくるのである。そして、我が高砂教会においても、何人もの人々の上に顕著に祝福の業が起こったのであった。

次にソロモンは、神殿に「契約の箱」を搬入している。「契約の箱」（アーク）とは、モーセの十戒を刻んだ石板が入っている箱のことであり、聖所を守る天使である二人のケルビム像が箱を覆っている。すなわち、「契約の箱」というのは、神の臨在の象徴なのである。そしてソロモンの神殿に、この「契約の箱」が運び込まれたということは、壮麗な神殿が単なる見事な建築としてあるのではなく、神の臨在が満ちている場所となったことを意味している。

会堂建設というのは、単に立派な建物が建ったというだけでは、ティリッヒの言葉を借りると「醜い虚空間」(ugly emptiness) にすぎない。その「醜い虚空間」から「聖なる空間」(holy space) になっていくためには、主の臨在が満ちなくてはならない。聖霊が行き交っていなくてはならない。〝霊とまことをもって〟礼拝が捧げられ、「祈りの家」となり、心からの讃美が捧げられていく時に、「聖なる空間」となっていくのである。そして今まさに、私達の教会堂がそうなっていることを心から喜ぼう。感謝しよう。さらにこれから、もっともっと主の栄光溢れる教会を目指していきたいものである。ところで、あまりにも立派な会堂が建ち上がったこの時、思わぬ反響が起こった。地方新聞である神戸新聞が取材に来た。そして翌朝の地方版のトップで「播州最大の教会完成―ロマネスク風の建物―」という見出しで大きく報道された。さらには同じ神戸新聞社の出している無料全戸配布のミニコミ紙「ミニコミたかさご」でも取り上げられ、「高砂教会完成」という見出しのもと、落成式の模様を詳しく報道してくれたのであった。一般商業紙が頼んだわけでもないのに、教会堂の落成をこのように大々的に取り上げてくれることなど、そうそう起こり得ないことであろう。しかし、そうそう起こり得ないことが起こったのである。どんなにか高砂、否東はりまの住民達は私達の教会に注目したことであろうか。

かくて、私は会堂建設の経緯とその神学的霊的意味、さらには具体的な〝ハウ・ツー〟を一冊の書物にまとめて世に出した。『信仰の表現としての教会建築――その大いなる記録』（キリスト新聞社）という標題の下に。そしてその「あとがき」の末尾を次のように結んだ。

「かくて今や、全高砂市民はキリスト教会の存在を否応なしに意識せざるを得なくなったのである。このことは、異教的雰囲気の強い土地柄にあっては、極めて意義深い事柄なのである。町を歩いていると、私はしばしば全く知らない人々から笑顔のあいさつを受ける。私は彼らを知らない。しかし彼らは私を知っている。『あの人は、あの立派な教会の牧師なのだ』と」（一九五頁）。

十三　新会堂建設への再挑戦⑦

――落成直後に教会を襲ってきた悪霊の群集――

　新会堂完成にまつわるいくつもの諸行事が祝福のうちに終わった。それは長い間の苦労がやっと実現したという達成感による喜びの涙と共に、天からの恵みと愛が溢れるばかりに注がれた感動的な日々となった。人は得てして大行事をこなした後に虚脱感にさいなまれる。しかし私も教会員達も、全くそんなことはなかった。むしろ、これから主なる神は、市の中心部に建ち上がった教会堂を通して、どんなに大きな神の御業をなしてくださるのだろうかという夢と期待に胸を膨らませていた。と言うのは、前述したように、神戸新聞は頼んだわけでもないのに、新会堂完成を大きく取り上げて報道してくれた。しかしそれのみならず、はからずも市の広報誌に教会新会堂が紹介されるという奇跡が起こされた。時を同じくして、教会前のグラウンドには「新市民病院」が完成し、高砂市の広報誌第一面にその記事が大きく掲載されたのであるが、その「新高砂市民病院完成」を紹介する写真には、なんとその背後にくっきりとそびえ立つ美しい新会堂が写し出されていたのである。これはまったく意図的なことではなかったであろうが、「新高砂市民病院」を正面から写真に撮ると否応なしに高砂教会が写ることとなり、結果的に税金を使って高砂教会の宣伝が全市民になされることになったのである。何とラッキーなことだろうか。これで高砂教会は全住民に知られるところとなり、「あの壮麗な教会を見てみたい」という好奇心も手伝って、どんどんと多くの人達が教会にやってくるに違いない。そんな淡い期待を抱いていたのであった。

ところが、ところがである。そんな甘い期待は見事に裏切られ、市民達はまったくと言ってよいほど来なかった。当てが外れただけではない。その代わりに、なんと悪霊が群れをなしてわんさとばかりにやって来たのである。元来、高砂市は狭い地域にもかかわらず、百以上の神社仏閣がひしめいている悪霊の呪縛力の強い地域である。クリスチャンに限らず霊的に敏感な人達は異口同音に言う。「加古川市から橋を渡って高砂市に入るとぐっと空気が重くなるのは、なぜなのでしょうか」と（もっとも、近頃は霊の戦いの結果、随分と霊的空気も軽くなってきているが）。その頃、朝勇んで教会にやって来て玄関を入ると、強い悪霊の臭いが私の鼻をついた。「これはいかん」と思った私は、「イエス・キリストの御名によって、悪霊よ、この会堂から出て行け。二度と戻るな」と叫びながら一階を歩き回り、次に二階の聖堂に行くと、やはり悪霊の強い臭気が覆っているので、同じように叫び祈った。こんなことが来る日も来る日も続いた。日曜日の礼拝も霊的に圧迫され、讃美は祝福されず、説教は会衆に届いていかなかった。したがって、美しく壮麗な聖堂なのに旧会堂での礼拝より恵まれない礼拝となり、私は焦った。しかも、礼拝後、聖堂の入口で来会者と握手をする時、何人もの人々から悪霊の臭いをかぎとることになった。恐らく、教会堂の玄関辺りで悪霊が人々にひっついてくるのであろう。そこで私は、このような悪霊の激しい攻撃に対していくつかの手を打った。

まず水曜日夜の祈祷会の強化と参加者による悪霊追放の祈りの実践である。同時に、祈祷会の最終場面での自由祈祷の時に、私がひとりひとりに対して按手をして祈って回った。当然、その時に悪霊の臭いがした人については、悪霊追放の祈りをしていった。だが何カ月かすると、私の体の調子が悪くなってきた。この時私は初めて、以前頭では理解していたことが実体験として分かったのである。すなわち、按手をして祈るということは、その人と霊的に一体となるということであり、祈る側の霊的影響力を祈られる側に与えることができるという反面、逆に祈られる側の悪い霊を祈る側が引き受けるということを意味する（『続・キリスト教の第三の波』キリスト新聞社参照）。そのため水曜ごとに何十人もの人々に按手の祈りをすることによって、いつの間にか私は、言わば信徒達から引き出される大量の悪霊の毒を自分の内に引き受け溜め込んでいたのである。体調が悪くなるはずである。そこで私は按手の祈りが終わるやいなや、洗面所に駆け込み、ゲーゲーと吐くことになった。その私の苦しむ姿を偶然にも発見し、「牧師先生は、私達信徒のために祈ることによって、これほど苦しまれているのか」と深い感動をもって見つめていた人物がいた。村田宗男兄である。

彼は警察官であったが、夫人であるふみえ姉の悪霊からの完全解放を願って、当時ふみえ姉と共に祈祷会に常時出席をしていた。ふみえ姉に潜んでいた悪霊は、「先祖からの血の呪い」としての悪霊であり、それゆえに一筋縄では解放が難しく、他の誰よりも長く厳しい戦いをしなくてはならなかった。しかし非常な愛妻家である彼は、私と共に〝霊の戦い〟を戦い抜き、ついに勝利し、教会執事にまでなっていった。警察官というのは、この世の罪悪や醜さと最前線で直面する立場にあり、なかなか〝真実一路〟に信仰に徹し得ない存在である。しかも彼はスパイやテロリストから国を守る「外事警察」である。その彼がクリスチャンになっただけでなく、執事にまで押し上げられていったというのは稀有《けう》なことと言うべきことであった。一体そこには何があったのか。彼自身の証言を聞こう。

「一九八七年九月二十七日（日曜日）の午前五時すぎ、私は夜直勤務で就寝中、自宅からの電話で起こされました。それは一人息子宗晶から、昨日から妻ふみえにとりついていた悪霊が出てきて、妻が暴れて高砂教会の人達が来てくれているが、なかなか静まらないので早く帰って来て欲しいとの内容で、私は早速、一番電車で帰宅しました。

自宅に戻ると、妻は一階応接間において昨日外出した服装のまま、教会の兄姉四～五人に両手両足を取り押さえられ、そばにいる兄姉が讃美歌や聖歌を讃美していました。二階で着替えていると、一人のヨレヨレのシャツ、シワシワのズボン、ガリガリの同年輩の男の人が上がってきて、「高砂教会の手束牧師です」と挨拶を手早く済まし、私の家にある神社の〝お札〟や〝お守り〟などの偶像を全て処分しなければ妻はよくならない等、妻の状態を説明され、大津市にある祈祷院カルバリに行き、断食療法で悪霊を追い出すことに同意を求められました。

このとき、妻の実家に相談したところ、義母は『すぐ連れ返っておがみ屋に祈祷してもらうから、タクシーで迎えに行く』との返事で、私は『牧師』か『義母』かどちらを信頼するか選択しなければならない責任ある立場を痛感させられました。

教会の多くの兄弟姉妹が徹夜でお世話して下さり、牧師先生までが妻に付きっきりでお祈りして下さっていたので、私は牧師先生にお世話になろうと決めました。この決心が、正に『天国』を選んだのです。……中略……

祈祷院カルバリでは、妻一人のために一週間正規の断食祈祷聖会をして頂き、悪霊を追い出して頂きました。私はイエス様の御名によって悪霊を追い出す奇跡のわざ、病いのいやしのわざを理屈抜きで目撃し、本当の神様に出逢って、一ヶ月後の十一月一日、息子と一緒に手束牧師先生から洗礼を受け、クリスチャンホームとなる祝福と恵みに与ることができました。この出来事は、妻の救いであると同時に私自身の救いのためであったと心から感謝しております。

……後略」（『ヨルダンの河渡ろう――手束牧師と共に歩んだ二十年』）。

この村田兄の証しの文章の表題は「血の汗の祈り」となっている。どうして、このような表題がつけられたかというと、私が一晩中村田姉から悪霊を追い出すために渾身の力を込めて懸命に祈り込んだ時、いつの間にか私の毛細血管が破れて血が滲み、下着が薄く赤い血の痕跡で染まっていたことを後日妻美智子が語ったことによる。ルカ二二・四四には、受難を予期してゲッセマネの園で「イエスは苦しみもだえて、ますます切に祈られた。そして、その汗が血のしたたりのように地に落ちた」(口語訳) と描かれている。まさにこれに近いことが、私の身にも起こっていたことになる。確かにあの時ほど、文字通り全身全霊を込めて激しく祈ったことはなかった。その結果、私にも〝血の汗〟が体内から滴り落ちたのであった。だがその時から私には、「悪霊を追い出す賜物」と、臭いによって「悪霊を見分ける力」が引き出されることとなり、その後の様々な霊の戦いを戦い抜くことができたのである。その意味で、あの体験は私にとっても教会にとっても、貴重な貴重な体験となったのである。

悪霊の攻撃に対する防御策としてもう一つなしたことは、土曜日の夜に教役者と執事達を聖堂に集め（その頃はまだ勧士職はなかった)、翌日の聖日礼拝のために夜九時から三十分間の執り成し祈る時を持ったことである。しかしこれは私が発案して始めたことではなかった。その頃、私が聖日に他教会で奉仕する時に、「明日牧師先生がいないのに、悪霊が襲ってきたらどうしよう」と恐れを持った執事達が、自主的に集まって祈り出したのを見て、それを制度化していったものである。ところが、ここに困った風評が立った。その頃、会堂の北隣には喫茶店兼お好み焼き屋さんがあったのだが、私達が土曜日の晩毎に、「悪霊よ、出て行け。二度と戻って来るな」と大声で叫び祈っている声を聞いた店主が、教会内でケンカをしていると勘違いをしてしまった。そして、「土曜日の晩になるといつも教会の人達はケンカをしている」という噂になったという。事情の分からない人達には、「出て行け」とか「二度と戻って来るな」

という大声で怒鳴っているのを聞いたら、仲間割れの争いをしていると誤解してしまうのは仕方がなかったのかもしれない。

しかし、そんな誤解をよそに、この土曜日の夜ごとの教役者と執事達の継続した執り成しの祈りの結果、聖日礼拝に悪霊がやってきて礼拝を妨害することがなくなっただけでなく、聖日礼拝の中に常に主の臨在が覆い始めたのである。「高砂教会の礼拝の中には、主の臨在がある」と他の教会からやって来た何人もの方々が証言するところであるが、これは悪霊との戦いの結果もたらされた思わぬ素晴らしい副産物であった。

さらに、この激しい悪霊との戦いを通る中で、ピーター・ワグナー師（フラー神学校世界宣教学部教授。教会成長学の世界的権威）の著書を通して、私が御霊の導きによってなしていた悪霊との戦いは、「地上レベルでの霊の戦い」（個人についている悪霊を追い出すこと）と「オカルトレベルの霊の戦い」（家の中から悪霊を追い出して聖めること等）と言うべきものであり、その上に「戦略レベルの霊の戦い」というものがあり、それこそが教会のリバイバルのためばかりか、日本宣教が大きく前進するためには不可欠なものであることを知るに至った。そして、この「戦略レベルの霊の戦い」を実践することによって、悪霊によって呪縛されていた高砂の地において、その呪縛を打ち破り、高砂教会は大きな成長と復興を遂げていったのであるが、今はそのことについて詳述することは差し控えたい。詳細は後述する。

要するに、新会堂落成直後に見舞われた悪霊の攻撃は、全く想定外のピンチを私と教会にもたらしたのであったが、それが契機となって、「霊を見分ける賜物」と「悪霊を追い出す力」が備えられ、悪霊の攻撃に対処する方法を身につけたばかりか、こちら側から積極的に悪霊を掃討していく仕方を会得することによって、教会にリバイバルをもたらすことができたのであった。よく「ピンチはチャンス」と言われるが、新会堂落成後にやってきた悪霊との様々な戦いは、時として私を死ぬか生きるかという土壇場にまで追い詰めピンチをもたらしたが、このピンチがその後の教会を大きく成長させるチャンスとなっていったのである。さらにもう一つプレミアムがついた。この時の体験を神学的霊学的に考察してまとめたものを、私の主著の一つ『教会成長の勘所』の第五部「悪霊追放（エクソシズム）論」として世に問うた。その結果、日本の教会の成長と復興について、悪霊との戦いが不可欠であることを広く知らせることができたのであった。

十四　台湾伝道――その恵みの広さ深さよ①

――「台湾は手束先生を待っている」の手紙――

教会堂建設のための起工式（一九八七年十一月二十九日）が行われる少し前、台湾より一通の手紙が来た。差出人は台中県和平郷博愛村博愛教会牧師林誠と書かれてあった。全く知らない方であった。手紙を開くと、いきなり「私は台湾の高砂族の牧師です」と書き出されてあった。読んでみると、現在台湾原住民高砂族の教会ではカリスマ運動なるものが興っているが、伝統的長老派の中に育ってきた自分には、この運動にどう対処していったらよいのか困惑してきた。そんな折に、ある原住民の牧師から奨められて、手束正昭著『キリスト教の第三の波――カリスマ運動とは何か』を読んだ。目の覚める思いだった。ぜひ台湾に来てほしい。そしてカリスマ運動について教導してほしい。忙しいとは思うが、何とか都合を付けて来てほしい。「台湾は手束先生を待っている」と結ばれていた。

その懇切溢れる手紙を読んで、私は目をつぶりしばし沈思黙考した。そして結論を下した。「要請に応えたいのは山々だが、今はとても無理だ」。一月初めの建設着工を前にして、しなくてはならない多くのことが目に浮かんだ。ゆえに精神的にも経済的にも海外旅行をする余裕は全くないように思われた。そこで仕方なく、私の方の事情を手短に書いた断り状を送った。ところが、その年の暮れに、再び懇請の手紙が届いた。「今すぐには無理でも、近いうちにぜひ来てほしい。台湾は手束先生を待っている」と。私は二回目の招請状を読んだ時、「台湾が私を呼んでいる」と主の深い摂理を覚えたのであった。「何とかして行かなくては」という熱い願いが起こり、模索し始めた途端、さらに行きにくい出来事が勃発したのである。それは「七、新会堂建設への再挑戦①」にも書いた周辺住民達の教会建設反対運動である。その詳細については、ここでは省くが、要するに、私にとって台湾訪問どころではないさらに困難な状況が立ちはだかり、やはり無理だという思いに閉ざされてしまったのである。ところがまさにその時、そんな私の否定的な思いを覆すかのように、「手束先生、一緒に台湾に行きませんか」と「三日月断食祈祷院」の院長である西海祥子師が執拗に誘い呼びかけてきたのである。私はそこに確かな神の意志のしるしを読み取り、一大決心をし、全てを主に委ねて、台湾に行く決断をしたのであった。

そしてついに私と妻は、一九八八年一月二十五日～二月四日に初の台湾伝道旅行へと赴いたのであった。苗栗にある台湾リバイバルの起点となっていた「中華祈祷院」（戴義勲院長）での奉仕を終えて、私と妻は西海師の牧する新大阪第一アッセンブリー教会の人々と別れて、博愛村から迎えに来た林躍武師と陳アツァン長老の車で、博愛教会に向かうことになっていた。

その時であった。二人の原住民の牧師が私の所に近寄ってきた。「あなたが手束牧師か。私達はあなたが来るのを待っていた。あなたの書いた『キリスト教の第三の波』を読んで、私達は大いに感銘を受け、教えられた。これからも継続して台湾に来てほしい」と握手を求めてきた。彼等は原住民アミス族の牧師たちであり（林誠牧師はタイヤール族）、いただいた名刺には、興昌教会の羅添財牧師、また光復教会の許伊度牧師とあった。いずれもアミス族のカリスマ運動のリーダー達であった。私は台湾においても私ごときの書物がそんなに読まれていることに驚き、ただただ感動したのであった。そしてこの時の感動は、次にやってきた大いなる感動の序章をなすものであった。

一月二十九日（金）は、多少の薄ら寒さは感じるものの日本の春先を思わせる気候であった。その日の朝八時から博愛教会での修養会（台湾では霊修会と言う）が始まった。始まる前から聖霊が礼拝堂を覆っているのが分かった。聖壇の椅子に座っているだけで不思議にも感動の涙が溢れ出た。説教を語り出すと、これまでになく力強く流暢《りゅうちょう》にスラスラと言葉が流れ出し、まるで自分が語っているというよりも、語らされているという感じであった。説教の途中、「説教をやめて、祈らせよ」という聖霊の強い促しが来た。そこで私は説教をやめて、会衆を聖壇の前に招いた。そしてひとりひとりに按手して祈る前に、会衆がまず聖霊の満たしを求めて祈るように命じた。そして会衆が祈り始めた途端、ザアーとばかり聖霊が注がれ、ある者達は異言を語り出し、ある者達は「ワァー」と泣き出した。そこには高砂教会の修養会の席上で聖霊が降った時以上に、ペンテコステ的状況が現出したのである。それは永々と止めやらず、私はただ呆然と眺めているだけだった。山奥の村の教会に凄いことが起こったのである。

帰国後、北村恵姉が旅行中の私達のために祈っていた時に見た幻を教えてくれた。「牧師先生が聖霊の炎に包まれて説教していました。そして天使が雲の隙間からニッコリ笑って器から水のようなものをザァーと注いでいました。そして天使達の讃美と人々の讃美が一つになったのです」。まさにその通りのことが起こったのである。

翌々日の聖日礼拝は、博愛教会の子供教会である同じ博愛村にある哈崙台教会で捧げられた。昨日までの霊修会で通訳をしてくれた林躍武師の牧する教会である。林躍武師は林誠牧師の甥御《おいご》に当たる。当時四十六歳、私よりも二つほど歳上の方であったが、その目の澄んだ美しさが印象深かった。伝道者になる前は、警察官であった。しかし純粋で正義感の強い性格が災いとなり、不正をやらかす人々の恨みを買い、罠《わな》にはめられて濡れ衣を着せられた。何と四年間も獄中生活を余儀なくされた。どんなにか辛く悔しかったであろうか。察して余りある。出獄後、ナザレン神学校で学び、当初は台湾ナザレン教団の教職であったが、叔父の林誠牧師の要請で、林誠牧師の開拓した長老派の哈崙台教会の牧会者となった。その通訳の才能は抜群であった。私の日本語は難しいとよく人々から言われるが、その私の難しい日本語を北京語に見事に通訳してくれた。「林躍武先生はまるで手束先生の通訳をするために生まれてきたみたいですね」とまで言う人もいた。通訳者、特に説教の通訳者というのは、言葉がよく分かるだけでは十分に果たし得ない。その相手の思想（信仰）や人格と一つになってこそ、十分になされる。その点で、林躍武師の通訳は抜群であり、私の台湾伝道、特に高砂族の伝道にとって大いに貢献してくれたのである。

当時、原住民は九部族あると言われていた（二〇二一年現在で十六部族が数えられている）。そして部族ごとに言語を持っていた。そこで日本統治時代は、総督府は山奥に住む原住民達のためにも学校を建て、教育を行い、日本語を教えた。そこで原住民達の共通語は日本語となった。それゆえに今でも高砂族の老人達の間では共通語として日本語が語られることが多い。しかし戦後、日本統治から離れた台湾は中国国民党の支配下に入った。その結果、今度は北京語の教育がなされ、原住民達の共通語も北京語となった。だが平地に住む台湾人達の中には、北京語の公用語化に反発して、従来の台湾語を話そうとする人々も多くあった。特に国民党政権の専制政治に反発する人々にとっては、台湾人のアイデンティティを損なう北京語押し付けには我慢できなかった。そこで彼らは北京語をボイコットし、台湾語を推進する運動を起こした。その中心になったのが台湾基督教長老教会である。博愛教会もそうだが、原住民の教会もその過半はこの台湾基督教長老教会に属している。けれども、原住民にとって台湾語は馴染《なじ》みのない言葉である。そこで北京語教育を受けた若い人達を中心に、北京語が普及していったことは止むを得ないことであった。それゆえに、台湾では主に台湾語を話す教会と北京語を話す教会とに分かれている。当然、私に対する呼称も違ってくる。「手束」という漢字は台湾語では「チューソ」と読み、「手束牧師」を〝チューソ・ボクスー〟と発音する。一方、北京語では「ソースー」と読み、「手束牧師」を〝ソースー・ムース〟と発音してくる。さらに今日では、原住民の人達のアイデンティティ回復の動きが強まり、本来の部族語で話そうとする教会も増えている。その場合、原住民の部族語は、自分達にない言葉を日本語で補おうとする習慣があるので、「手束牧師」を日本語そのままに〝テヅカ・ボクシ〟と語りかけてくる。日本人からすると、三通りの名前で呼ばれるので面白くも不思議な感じがする。

さて、一月三十一日の哈崙台教会の聖日礼拝であるが、一昨日と昨日の霊修会が圧倒的恵みのうちに終わったせいか、感動の喜びで満ち溢れた。あまり大きくはない礼拝堂は立錐《りっすい》の余地もない人波で埋まり、玄関の外にまで人が溢れた。長い間教会を休んでいた人や求道者の人まで も霊修会の恵みの噂を聞いて出席してきたという。

礼拝の中で、林誠牧師の訴えによって、高砂教会の会堂建設のための献金がなされた。そして五万元の献金が捧げられた。私はそれを知らされた時、「えっ、そんなに」と目を見張った。当時の台湾と日本の為替レートは一対五と言われた。すなわち、台湾の一万元は日本の五万円に相当する。ということは、五万元というのは日本の二十五万円ということである。出席していた会衆は百二、三十名くらいであったのに、何という額の大きさであっただろうか。これが平地の台湾人の教会であるならば、それほど驚かない。しかし山地の高砂族の人々の生活はとても貧しい。その収入は平地の台湾人と比べると半分どころか何分の一かである。つまり、高砂族の生活感覚からすると、日本人の百万円近い捧げものがなされたことになるのである。誰が感謝せずにおられるだろうか。その時私は、使徒パウロの次の言葉を想い起こした。「兄弟たちよ。わたしたちはここで、マケドニヤの諸教会に与えられた神の恵みを、あなたがたに知らせよう。すなわち、彼らは、患難のために激しい試練をうけたが、その満ちあふれる喜びは、極度の貧しさにもかかわらず、あふれ出て惜しみなく施す富となったのである。わたしはあかしするが、彼らは力に応じて、否、力以上に施しをした。すなわち、自ら進んで、聖徒たちへの奉仕に加わる恵みにあずかりたいと、わたしたちに熱心に願い出て、わたしたちの希望どおりにしたばかりか、自分自身をまず、神のみこころにしたがって、主にささげ、また、わたしたちにもささげたのである」（Ⅱコリント八・一―五、口語訳）。

しかし神の恵みの御業は、これで終わらなかった。礼拝後、皆で昼食を食《は》みながら雑談をしていると、林誠牧師が私を呼びに来た。礼拝堂に促されて行くと、そこに老夫婦が立っていた。霊修会があまりにも恵まれたので、礼拝の中での献金とは別に、特別に捧げものをしたいということであった。貧しい身なりの御夫婦であった。元々はアミス族の原住民であったが、ゆえあってタイヤール族の博愛村に身を寄せて居住しておられた方々であった。夫の名は陳福来、妻の名は宋開燕と名乗られ、奥さんの方は「祈りのお母さん」と呼ばれる信仰的な御夫婦であった。その差し出された献金の額は何と礼拝で捧げられた額と同じ、五万元であった。「こんなにみすぼらしい身なりの方々が、これほど多額な献金を下さるとは」、私は込み上げる感動を抑えながら、彼らの手を固く握って、「カンシェー・ツー、カンシェー・ツー」（北京語で「感謝します」の意）と何度も繰り返すのみであった。

人間はかくも純粋になれるのであろうか。打算的で功利的な今日の日本人には到底想像できない姿である。こんな尊い捧げものによって建てられた私達の教会は、何と幸いなのであろうか。「あの人達はもしかしたら有り金全部を持ってきて捧げたのかもしれないわね」との妻の言葉に、私は我慢しきれずに、溢れ出てくる涙を抑えることができなかったのである。かくて、私の三十年以上にのぼる台湾伝道は開始されたのであった。その恵みは大きく、とても筆舌に尽くしがたい広さと深さを湛えていたのである。

十五　台湾伝道――その恵みの広さ深さよ②

――「高砂族」を差別語だと言い募る人々の見識を問う！――

私が台湾伝道旅行、特に山地の高砂族伝道で大いに感動したのは、前述したように、第一に、高砂族の人々の犠牲を惜しまない献身的な姿であった。第二には、その讃美の美しさであった。特別に音楽教育を受けている訳ではないのに、彼らは実に見事に讃美を歌い上げていたのである。

かくて、「高砂族の人々の美しい讃美の歌声を日本に紹介したい」という私の願いは、物見事に大成功を収め、高砂教会の新会堂の落成に伴う様々な祝典に、大輪の花を飾ってくれたのであった。そればかりかそこには、日本の高砂教会と台湾の高砂族の教会とのこの世ならざる〝天国の交わり〟が二週間にわたって繰り広げられていった。それはまさにワーシップソングの「主の園のように」（長沢崇史作詞作曲）の後半の歌詞の如く、「楽しみ、喜び、感謝、歌声、絶え間なく満ちあふれ、御霊に触れられ、新しくされる。主イエスの御名にとわに栄光あれ」というありようが実現していったのである。今想い起こしてもあの二週間は、まさに地上において天国の体験をした忘れ難い日々であった。

この「黄金の日々」を過ごす中で、私はさらに決断をして、林誠牧師に提案をした。「私達高砂教会と博愛村の二つの教会と姉妹教会になりませんか」。この急な提案に林牧師は驚いていたが、にもかかわらず「喜んで」とすんなりと承諾され、その翌日、高砂教会は台湾高砂族の二つの教会と姉妹教会締結の調印を行い、相互交流と宣教協力を誓い合ったのであった。それは、私のこの後の台湾伝道を歩み出していくための大きな一歩でもあった。以来、林誠牧師と林躍武牧師とのナビゲートによって、私の高砂族伝道が展開されていったのである。

しかし神の計画はさらに大きく、高砂族に対する伝道のみか、平地民台湾人に対しても伝道するようにと計られていたのである。

博愛村からの一行が滞在している期間に、ひとりの高砂族の婦人が一行を訪ねてきた。劉蘭妹という名の貴金属や民芸品などを日本で売り歩いている方であった。林牧師達と同じ博愛村の出身の方で、台北で店を開いていた。林牧師は彼女を私に紹介して言った。「この人はとても商売が上手で、議員会館を訪れた時、あの竹下登代議士も『この劉さんは日本のお金をみんな台湾に持って行ってしまうんですよ』と言っていたくらいです。けれどもこの人は、同時に牧師や伝道者に対してはとても丁重で、よくサポートしてくれています」。この林誠牧師の紹介の言葉を、彼女は娘のように恥ずかしそうに顔を赤らめて聞いていたのが印象に残った。だがその時、幼い時から彼女を周知している林誠牧師でも、彼女がやがて「台湾の〝おしん〟」

と評されて、テレビや雑誌で広く報道される有名な人物になるとは想像しなかったであろう（一九八三年四月から一年間放映された橋田壽賀子の連続小説『おしん』はテレビドラマ最高視聴率を記録するほど、国民的人気を博したが、親日国家台湾でも大好評を博し、多くの台湾の人々が知っていたのには、私自身大変驚いたことがある）。

一方私の方も、「パウロを敬い、その伝道を助ける紫布の商人ルデヤ（使徒一六・一一―一五参照）のような方なのか」と感心しながらも、やがて私自身が台湾伝道を展開するに当たり、彼女から多大な支援と助けを受けるようになるとは、想像しなかったのである。私にとって、〝台湾のおしん〟ならぬ〝台湾のルデヤ〟の支援と協力は今尚《なお》続いており、大きな支えとなっていることを主に感謝している。

「新会堂建設への再挑戦⑥」でも書いたように、高砂教会の落成を取り上げ、「播州最大の教会完成」と報道してくれた神戸新聞は、高砂教会と博愛村の二つの教会との姉妹提携にも注目し、「〝同名〟のよしみ教会同士が提携」という見出しで、これまた大きく報道してくれたのであった。ところが、神戸新聞が報道した日本の高砂教会と台湾の高砂族の教会との姉妹提携という不思議な絆に、あたかも冷や水を浴びせかけるように物言いがついた。播州地区のある牧師達が批判してきたのである。いわく、「高砂族という呼称は日本総督府が台湾原住民に対して侮蔑的意味合いで名付けた差別語である。それをはばかることなく使うというのは問題だ」と。私はそれを聞いた時、「まさか、そんなはずはない」と思った。なぜならば、台湾の日本統治を経験している林誠牧師や老人達は、何の躊躇《ちゅうちょ》もなく、「高砂族」という言葉を使っていた。しかも、「高砂」という言葉は、日本では〝めでたい〟とか〝美しい〟という含蓄を持った良い言葉である。私が名刺を差し出すと、「良い名前の教会ですね」とよく言われたものである。「それなのに、〝高砂族〟という呼称が差別語だというのは、一体、どういう了見なのか。調べてみなくては」と思い、調査研究をした結果、意外な事実が判明したのである。

日本が台湾を統治する以前、台湾原住民の人達は「蕃人《ばんじん》」あるいは「生蕃《せいばん》」と呼ばれていた。〝蕃〟とは〝夷《えびす》〟と同じ意で、未開人に対する侮りの言葉であり、差別的な言葉である。そこで、台湾総督府はこのような侮蔑的な呼称を改め、「高砂族」と改称したのであった。

それではなぜ「高砂族」なのかというと、織豊時代の頃、台湾に赴いた日本人がその海岸線の美しさを見て、「まるで、日本の高砂のようだ」と嘆じたところから、台湾を〝高砂〟と呼ぶようになっていたからである。それは、かつてオランダが台湾を「美麗島」と呼んだのと同じ意味合いである。そこで、台湾総督府はその「高砂」に元々住んでいた人々という意味で「高砂族」と改称することにしたのであった。だのになぜ「高砂族」は侮蔑語、差別語とされたのであろうか。実はそこにも、中国人の〝歴史改ざん〟という大きな問題が横たわっていたのである。

周知のごとく、一九四五年八月に大東亜戦争は終結を迎え、日本は台湾を放棄した。そして日本人達の台湾撤退にとって代わって、「国共内戦」（中国国民党と中国共産党による内戦）で敗れた中国国民党が台湾にやってきた。彼らは半世紀の日本統治によって、すっかり日本化してしまった台湾を中国化しようと図り、いわゆる「排日政策」を強力に推し進めた。すなわち、日本の統治を貶《おとし》め、台湾人の心を日本から離反させようとしたのである。その一つが、「高砂族」という呼称は原住民の人達に対する侮蔑的な差別語であるから使用すべきでない、代わりに「高山族」と言うべしという布令であった。その結果、「高砂」という言葉の本来的意味合いを知らない台湾の人達の中には、いまだに「高砂族」というのは日本総督府による悪意ある呼称だというひどい誤解がまかり通ることになった。つまり、中国国民党による善意を悪意に塗り替えてしまうという全くの歴史の改ざんの結果だったのである。

ところがである。この歴史の捏造《ねつぞう》を、何と日本のジャーナリズムや学会がそのまま受け取り、使ってはならない言葉としてしまっているのである。これには本当に驚いた。日本人ならば、「高砂」という言葉が良い含蓄を帯びたものであるということを知っているはずである。だから、角界でも伝統ある一門としての「高砂部屋」があり、旅館でも上等な部屋を「高砂の間」などと名付けているのである。にもかかわらず、どうして「『高砂族』という呼称は差別語だ」と言う中国国民党の言い分を鵜《う》呑《の》みにするのであろうか。少し考えればそのおかしさに気付くはずである。

実は、このことの中に戦後の日本の〝言語空間〟の持つ極めていびつで卑屈な性格が暗示されているのである。端的に言えば、中国や韓国、あるいはアメリカが悪いと言えば悪いのであり、日本は思考停止に陥り、黙ってそれに従っていくのが善なのだという構図が生まれているのである。しかも、四十年にわたる戒厳令をもって強権的に台湾を支配してきた国民党の独裁を批判し続けてきたリベラル・左翼系の論者達も、その国民党の尻馬に乗って「高砂族という呼び名は差別語だ」などと言い募っていたのには、開いた口がふさがらない思いである。少なくとも、ジャーナリストや出版に携わる人々は、もっと正確に歴史を検証した上でものを言ってほしいのだが、そうならないのはなぜなのであろうか。実はそこに戦後の日本人達が陥った「自虐史観」の罠《わな》が潜んでいたと考えられる。

もう一つ例を挙げよう。「太平洋戦争」という用語である。当初から、日本は「大東亜戦争」と呼んでいた。「大東亜戦争」と名付けられたのは、あの戦争を「大東亜（東アジア）の新秩序を建設するため」の戦いとして意義づけていたからである。そして日本は原爆を二つも落とされて、完膚なきまでに打ちのめされたが、それと引き替えるようにアジアは欧米の植民地支配から解放され、同時に中国のアジア覇権は崩壊したのである。まさに、当初の戦争目的である「大東亜の新秩序建設」は達成したのである。だから日本自身が「太平洋戦争」などと言う必要はまったくなく、「大東亜戦争」と呼ぶべきなのである。にもかかわらず、終戦直後のGHQの命令によって「大東亜戦争」という呼称の使用を禁じられたからとは言え、戦後七十六年を経た今日でもなお、教科書もジャーナリズムも「太平洋戦争」としか呼ばないというのは、その卑屈さと知的怠慢には呆《あき》れるばかりである。

かくて、私の内にこれまで常識とされてきた歴史認識に対する深い疑惑が生じ、そこから戦後の歴史認識に対する検証が始まった。それはやがて『日本宣教の突破口――醒めよ日本』(マルコーシュ・パブリケーション)という書物として結実し、日本のキリスト教界に、少なからぬ一石を投じることになったのである。

十六　台湾伝道――その恵みの広さ深さよ③

――「高砂族の恩義」に報いるために――

私の神学生時代、小林栄という宗教学の教授がいた。学部一年の時の担任であり、宗教史、宗教学や英書講読の講義を受けたことがある。しかし、いつも遅れてきては定刻前に教室を辞し、しばしば休講となった。はっきり言って、授業に不熱心な先生であった。そこには、将来牧師になろうとしている者達をしっかり訓練して、神と教会のために役立つ人間に育てようとする気概を見ることは難しかった。「あれで、神学部の教授なのだろうか」という批判的思いを、多くの神学生達が抱いていた。

その上、この方は陸軍幼年学校、士官学校出身の生粋の職業軍人上がりであり、その発言は保守的と言うより右翼的色彩が濃く、左翼的傾向の強かった当時の学生達には極めて不人気であった。私は、決して嫌いな方ではなかったが、しかしその講義内容は脳裏に残ることなく、したがって影響を被ることはほとんどなかった。ただ一つだけ、今でも鮮やかに残っている記憶がある。それは一九六〇年代の後半、中国の正統政府は台湾の蒋介石政権にあるのではなく、大陸の毛沢東政権にあるのではないかという国際的議論が起こり、日本の言論界も政界も概してその方向に傾きつつあった。そんな時、ある授業の中で、小林栄教授はこのことを取り上げ、憤怒の念を隠さず、きつい調子で私達学生に向かって語った。「バスに乗り遅れるなとばかり、台湾を切り捨てようとする意見が幅をきかせているが、とんでもないことだ。それでも日本人なのか。高砂族の恩義を忘れたのか」と語気を強め、涙を流されたのであった。私は元軍人には不相応なその涙を、不思議な思いで見つつ、「一体、〝高砂族の恩義〟とは何なのか、どんなことなのだろうか」と心の中で問うていたのである。そしてついに、あれから二十年後の台湾伝道旅行を敢行する中で、私はあの時の小林栄教授の言葉の内容を嫌というほど知ることになったのである。

高砂族の村の教会を訪ねていくと、よく老人達が出てきて、懐かしそうに挨拶をしてくれる。その中には時として手や足がなかったり、身体に傷を負ったりしている人々がいた。大東亜戦争の際に、「高砂義勇隊」の一員として南方戦線に赴き、日本軍の一部として戦い、負傷した人々である。彼らは私に向かって、異口同音に次のように自己紹介をしてきたのである。「私は日本名何の誰それ、大東亜戦争に従事し、このように名誉の負傷をいたしました」と。その顔は誇りに満ち、何のこだわりも見出すことができなかった。この姿には感動したと言うより、大きなショックを受けた。このように潔く格好の良い姿を、日本では見たことも聞いたこともなかったからである。

戦後、日本政府は彼らに何の補償もしなかったし、できなかった。これには複雑な事情があるが、ここでは記さない。しかし一九九〇年代になってから、やっと補償することができるようになった。戦死者に対しては、遺族にわずか二百万円の弔慰金が払われるようになったのである。このきっかけとなったのは、一九七四年にインドネシアのモロタイ島で発見された旧日本兵中村輝夫の存在である。横井庄一、小野田寛郎に続く、三人目の奇跡的に生き残った旧日本兵は、実は台湾の高砂族出身であり、本名スニオン、台湾名李光輝というアミス族の高砂義勇隊の一員であった。そしてここから、それまであまり知られていなかった「高砂義勇隊」の存在が、一挙に日本世論で知れ渡っていったのである。

「高砂義勇隊」は決して強制的な徴兵として生まれたものではない。〝義勇隊〟とあるように戦時中志願兵として組織されたものである。当時、日本が徴兵を課したのは純粋な日本人のみで、台湾や朝鮮の民には徴用（労働奉仕）を課した。ただ、志願兵のみ日本軍の一部として戦地に赴いたのである。これは日本という国の人道主義によるものであり、植民地の人間をも駆り立てて、徴兵し、自分達の戦争の前線に立たせて戦わせた欧米のあり方とは好対照をなすものであった。だが「高砂義勇隊」の場合、その志願のありさまは尋常ではなく、倍率は四百倍以上に上ったという。血書による嘆願書をしたためた者も多く、落選した者は悔しさのあまり、その場で泣き崩れたという。「日本のために戦いたい」という高砂族の青年達の途方もない熱い願いを見る思いである。そして首尾良く日本軍の一部となった「高砂義勇隊」（六千人から八千人）は、その南方戦線において、文字通り〝獅子奮迅の活躍〟を果たしていったのである。

高砂族は台湾の山中の奥深くに居住している場合がほとんどである。それゆえに、ジャングルの生き方には慣れていた。一方、本土出身の日本兵達はジャングルの生活には、全く慣れていなかった。したがって、南方戦線では難渋を極めることになった。そんな日本兵の弱点を補うかのように、食料がなくなると、高砂兵達はどこからか食料を調達してきて日本兵達に食わせ、病気になると薬草を探し出してきては、日本兵達の病を癒やしていったという。しかも彼らは勇猛果敢であり、密林でのゲリラ戦に慣れており、武器弾薬では遙かに優れていたアメリカ兵を悩ませ、撃退していったという。「高砂兵があと五倍いれば、日本は南方戦線において勝利していただろう」と言われている。

その上、彼らは極めて忠誠心が強かった。信じ難い話がある。ニューギニア戦線で、ある日本人将校が負傷した。負傷した将校はにわか作りの担架に乗せられて運ばれることになった。その担架の担い手は四人の高砂兵達であった。彼らが屈強であったからである。沼地を越えて行かねばならなかった。沼地に入って歩いていると、深みにはまった。高砂兵達はズブズブと沈んでいった。それでも彼らは手を離さない。やがて彼らは沼の中にすっぽり沈みこみ死んでいった。ただ、担架の上に寝かされていた負傷した日本人将校だけが生き残ったのである（門脇朝秀編『祖国はるか5　台湾高砂義勇隊――その心には今もなお日本が……』あけぼの会参照）。

何と凄い話だろうか。本当にこんなことがあるのだろうか。高砂兵の日本に対する忠誠心の強さと、勇敢さにはただただ感嘆せざるを得ない。私はこれを読んだ時、しばし目を閉じて、その犠牲の精神の気高さに思いを馳せた。

この高砂族の日本に対する忠誠心と犠牲の精神を証拠立てる公式文書が、今でも残っている。連合国総司令官マッカーサーがアメリカ大統領ルーズベルトに宛てたメモ書きである。その中に、高砂族日本兵士捕虜について、次のように記されていた。

①彼らは教育の有無に関係なく、米側の言うことには耳を貸さない。

②彼らの日本に対する忠誠心は絶大であり、捕虜になったことによる影響はない。

③彼らは自由になったらもう一度日本のために戦うという。日本兵の悪口を言う者は一人もいない。

④アメリカのどんな誘いにも心を動かさない。

さらに、このメモ書きの内容を傍証する高砂族元兵士へのインタビュー記事を、『「南京大虐殺」のまぼろし』で著名なノンフィクション作家鈴木明氏が、その著『高砂族に捧げる』(中央公論社)の中に載せている。

「『日本に対して、或いは日本の軍隊に対して、遠慮のない意見をいって下さい。僕を日本人と思わないで、本当のことをいって下さい』という僕の願いに、彼はこういった。

『戦いは本当に苦しかったが、自分は特に日本を怨んでいるということはない。われわれはたしかに殴られたり、苦しいことに会ったが、それは日本兵も同じで、われわれだけが苦しかったわけではない。日本の軍隊が、われわれだけを苦しい戦場に行かせたなどということは、絶対にない。われわれの父の時代に比べれば、日本時代はずっと生活がよくなったし、現在は日本時代に比べれば、また生活がよくなっている。だから、誰を怨むというようなことはない』」(六〇頁)。

この元高砂兵の返答には、なぜ高砂族があれほど日本と日本兵を慕ったのかという理由が隠されている。その第一は、日本人が自分達を差別しなかったということである。自分達も殴られたが、日本兵も殴られていた。自分達は厳しい戦闘を戦ったが、そこにはいつも日本兵も共にいたという。平等扱いへの感動である。それは、彼ら高砂族がいかに平地の台湾人から激しい差別を受け、屈辱に甘んじていなければならなかったかを想像させてくれるのである。そしてもう一つの理由は、日本統治によって、台湾全体のインフラが整えられ、国民教育が普及していき、生活レベルが大きく向上していったのであるが、特に高砂族については著しかった。原始的な生活をしていた彼らは、日本統治による経済的教育的恩恵を、平地の台湾人達よりも何倍も受けたのであった。

かくて、「高砂義勇隊」に典型的に表されている、高砂族の日本と日本人に対する深い感謝と厚い信頼による愛と献身の情熱は、ごく自然に育まれたのである。そしてこれにより、どんなに多くの日本兵達が彼らによって助けられたであろうか。高砂兵達の日本兵達に対する友情と献身の物語を、私達日本人は決して忘れてはならないであろう。実に高砂兵達の献身の姿こそ、大東亜戦争の本質、すなわち日本が捨て身になって戦った献身によって、有色人種と白人との平等な社会が今や実現したのであったとするなら、まさにその象徴だったのである。それゆえに、かつて小林栄教授が涙のうちに訴えた「日本は高砂族の恩義を忘れたのか」という言葉は、日本という国と民族のアイデンティティに関わる重要な意味を帯びていたのである。考えてみれば、一九八八年から今日まで、実に三十三年間にわたる私の台湾伝道は、主から託された命令であるがゆえに、継続してきたのであるが、同時に「高砂族の恩義」に報いたいという思いが、私を駆り立ててきたのかもしれない。

私は「古風な人間だ」とよく言われる。自分では全く意識していないのであるが、「明治時代の人みたい」などとも、何人もの人から言われてきた。妻も結婚当初そんな印象を持っていたという。「恩義に報いる」という時代がかった意識も、私のそんな古風さのゆえなのかもしれない。しかし、主なる神はそんな私の性格に乗じて、台湾に三十年以上も遣わしてくださったようだ。

最初の頃の高砂族の伝道は、決して楽なものではなかった。乗り心地の悪い自動車で、何時間もガタガタ道を山から山へと移動していかなくてはならなかった。山奥なので当然ホテルなどない。教会か信徒の家に宿泊した。時には私ひとりが畳の上で寝、同行の人たちは土間で休むこともあった。風呂などもなく、簡単なシャワーがあるだけというところが多かった。それも狭い場所なので、体を洗うこともできなかった。睡眠をとるにもくつろぐにも難渋を極めた。既述したごとく、私は二歳の時栄養失調による瀕死の状態でやっと満州から帰還してきた。その影響からか、体力においては他の人達よりもずいぶんと劣っていた。そのため旅行の途中で力尽きて三度ほど倒れ、病院に担ぎ込まれた。その時の高砂族の人達の看病の手厚さには、今でも胸がこみ上げる。そして私の内には、高砂族の人達に対する親愛の情がいよいよ培われていったのである。「高砂族の恩義」に報いたいという思いと共に。

最近分かったことであるが、この高砂族の諸教会のカリスマ刷新とリバイバルを目指していた私の小さな働きは、いま興りつつある台湾のリバイバルと深く関わっていたということである。そのことを教えてくれたのは、霊糧堂の周神助牧師と、タイヤール族出身の顔金龍牧師である。彼らは語った。「原住民というのは、ドミノの最初のコマであり、これを倒すと、やがて全体が倒れていくように、原住民のリバイバルが今日の台湾のリバイバルをもたらしたのだ。やがてこれは日本のリバイバルと深くつながっていく」と。その説明に私は興奮した。そうだったのか。知らずして、リバイバルドミノの最初のコマを押すという、そんな大事な役割を担わせていただいていたのか。今も続いている私の高砂族伝道の地味な働きは、神の大きな摂理の御手の中に置かれていたのだ。私はなんという幸せ者なのだろうか。そう思った時、大感謝と大歓喜が、私の体を貫いていった。

十七　台湾伝道――その恵みの広さ深さよ④

――素晴らしい福音歌手達とのコラボ――

一九九三年十一月五日から七日までの三日間、西宮甲子園球場において、「全日本リバイバルミッション」（甲子園ミッション）なるものが開催された。日本のリバイバルを求めて、超教派的にクリスチャン達が結集して行われた一大祭典であった。何人もの説教者が次々と立って語り、何人ものクリスチャンミュージシャンが歌い奏でた。その多彩なプログラムの中に、一人の若くかわいらしい女性が、群がる子ども達を相手に、保育士さんのように歌を歌って聞かせていく企画があった。全く知らない女性であった。ところが不思議なことに、その女性の周りには輝く光が覆っており、私は歌の美しさというより、ただその神秘的光景にうっとりとさせられたのであった。そして「あの人は神からの特別な選びを与えられている人だ」と思わされたのである。それが、私と福音歌手森祐理さんとの初めての出会いであった。

後に知ったのであるが、彼女はその頃にはNHK教育テレビ「ゆかいなコンサート」の〝歌のお姉さん〟として知られていた方であり、劇団「四季」でミュージカルを演じていた演劇者でもあった。そんなことも知らずに、甲子園ミッションで見た彼女を包んでいた神秘的な天来のオーラにひたすら魅了され、翌一九九四年七月、壮年会主催の加古川プラザホテルでの伝道集会〝サマーナイト・メモリーズ〟にゲストとしてお招きしたのであった。その時のことが、月報を繰ると、「牧師の日記」に次のように記されていた。

「昨年から始めた〝サマーナイト・メモリーズ〟にNHKの〝歌のお姉さん〟としてその名を馳せた森祐理姉を迎える。明るく可愛いキャラクターがとてもいい。それに加えて商売気のない純な信仰がさらにいい。しかも歌がとても上手だ。これまで高砂教会で呼んだゴスペルシンガーの中では、最高だ。高砂教会の雰囲気にピタッとマッチしている。『私、手束先生のお説教を聴いて、先生のファンになりそうです』と帰り際に彼女は爽やかに語っていかれたが、なんのなんの、私の方こそあの娘のファンになりそうだ。今後の活躍を祈る」。

以来、一九九九年までの毎年、森祐理姉を迎えてコンサートを開いたり、高砂教会製ミュージカルなどで演じていただいてきた。さらに、一九九六年からは、私の台湾伝道旅行に同行してもらい、私のメッセージの前に美しい讃美の花束を添えていただいたのであった。

その二回目であった。私と祐理さんは、台湾長老教会の中心教会の一つである、台北市にある雙連教会に招かれて、聖日礼拝と特別集会で奉仕をした。雙連教会は台北市のオフィス街に建つ十階建ての大きなビルの教会であった。八～十階を教会が使い、七階以下にはテナントが入っていた。宿舎には、教会近くの〝アンバサダーホテル〟という立派なホテルがあてられていた。その一日目だっただろうか、夜中に電話がかかってきた。受話器を取ると、祐理さんの悲痛な声が聞こえてきた。「手束先生、助けてください。悪霊が襲いかかってきたみたいです。体が重く急に冷たくなって、寒くて仕方がありません」。そこで私は「私の部屋に来ることができますか。悪霊追い出しの祈りをしますから」。「はい、何とかして参ります」。少し経つと、彼女は這《は》うようにして私の部屋にやって来た。聞くと、目尻の上がった細い目をした猫のような動物が幻のうちに襲いかかってきて、急に体調が悪くなったという。そこで私は彼女をソファに座らせ、頭の上に手を置いて、祈った。「我々の伝道旅行を妨害しようとする台湾の悪霊よ、おまえの妨害行為を許さない。森祐理姉妹からすぐに出て行け。二度と戻って来るな」。思いっきり大きな声で、全身全霊を込めて命じた。夜中ではあったが、一流ホテルでしかも広い部屋だったので、近隣の宿泊者への迷惑を考える必要がなかった。すると、祐理さんは「あら、どうなったのかしら、軽くなったわ。暖かくなったわ。嘘みたい」と叫んで立ち上がり、解放された喜びをまるで幼な子のように全身で表すのであった。

私はこの出来事を通して悟った。台湾の悪霊の働きは、日本以上に強いものがあるということが一つ。もう一つは、台湾の悪霊は私と祐理さんが組んで台湾伝道することを極端に嫌がっているということである。確かにそれ以後にも祐理さんとの伝道旅行の途次、悪霊は何度となく襲ってきた。しかしそのたびごとに、「主イエスの御名」の力によって、それらを撥ね除けていったのである。

それではなぜ、私と祐理さんのコラボを、悪霊はそれほど嫌がったのであろうか。それはもしかしたら、祐理さんの美しい讃美によって台湾の人々の心が解きほぐされている時に、私のメッセージが極めてスムーズにかつ有効に人々の心の中に入っていくことになったからかもしれない。親日的な台湾の人々が祐理さんの歌の中に、また立ち居振る舞いの中に、古き良き時代の日本の美しさを想い出して感動している姿を何度見たことであろうか。彼女が日本の童謡を歌うと、高齢の方々が涙を流しながら一緒に歌うのであった。それは日本でもあまり見ることのない光景であった。かくて、祐理さんの讃美が台湾の人々の心をほぐし、潤した直後に語る私のメッセージが、どれほど容易に感動的に受けとめられることになったかを想像することは難くない。

このことを証しする出来事が二つある。一つは、一九九九年三月に雙連教会で行われた松年大学（日本で言う老人大学）礼拝である。雙連教会ばかりではないが、台湾の大きな教会では老人大学を開催し、老人福祉に寄与するとともに、老人伝道を推進している教会が多くある。その中で、伝道礼拝なるものも時として行い、老人達を信仰に導くことを図る。その時も、約二百名の老人達が集まり、広い雙連教会の礼拝堂をほぼ満たしていた。そして祐理さんが美しい讃美を披露した後、私が続いて説教した。説教が終わった後、私は老人達に向かって招いた。「今の私のメッセージを聞いて、自分もイエス・キリストを信じようと思う方は、手を挙げてください」。するとなんと七、八割の人達が手を挙げたのである。クリスチャンもいたが、せいぜい二、三割くらいであったであろう。それには、私もビックリしたし、雙連教会の牧師達も驚いたという。礼拝後、主任牧師の彭徳貴牧師は「こんなに多くの人達が決心するとは」と首を傾《かし》げた。日本でもそうだが、台湾でも老人というのはなかなか自らの信念や思想を変えないものである。にもかかわらず、これほど多くの老人達が一挙に決心したというのは、もちろん聖霊の働きではあるが、祐理さんと私のコラボの絶妙さによる効果でもあったであろう。

もう一つは、二〇〇〇年三月に訪れた台中の刑務所でのキリスト教集会であった。東洋一と言われるこの刑務所には五千八百人が入獄中であったが、そのうち約五百名が出席してくれた。私は刑務所での集会でメッセージするのは初めてであったので、正直言って緊張した。下手なことを言って、囚人達が暴れだしたらどうしようかなどと思ったりもした。しかしここでも祐理さんの讃美は囚人達の心を解放し、溶かしていった。私がちょっとジョークを入れると、囚人達は大声で笑ってくれた。典獄（刑務所長）鄭安雄氏によると、囚人達が何度もこのように大声で笑うのは珍しいということであった。「落語家」でもない私のメッセージにこれほどよく笑ってくれたのは、祐理さんの歌声がいかに囚人達の心を溶かし癒やしていったかを物語っている。さらには、メッセージ後「イエス・キリストを信じる人は手を挙げてください」と促すと、なんと四十名の人達が手を挙げて応答してくれたのである。ここでもこのように多くの人達が決心をするのは珍しいことだという。これもまた聖霊が働かれたからに他ならないが、同時に祐理さんの讃美と私のメッセージのコラボが囚人達の心を動かしていったからであろう。

このありようを見て典獄の鄭安雄氏は、深く感動し、二〇〇〇年十一月に迎える高砂教会の創立百周年記念日には囚人達の書いた絵を贈りたい旨表明され、実際に実行してくださったのであった。

しかし悪魔は、このような私と祐理さんのコラボによる恵み多き働きをぶち壊すために、巧妙に働き、ついに私たちは別々に台湾伝道を展開するはめになった。「ソースームース（手束牧師）とユリ（祐理）のコンビは絶好だったのに残念だ」といつも応援してくれていた劉蘭妹さんは何度も嘆くのであった。実はこの裏には、雙連教会内のカリスマ刷新推進派と反対派の対立、さらには台湾独立派と親中国派との対立という、極めてデリケートな問題が絡んでいることを後で知ったのである。雙連教会内のカリスマ刷新反対派と親中国派にとっては、祐理さんは良いが、手束は危険だとみなしての策謀があったというのだが、その真相は一体どこにあったのだろうか。

かくて、私は祐理さんのマネージャー岡兼次郎氏からの別離の提案を受け入れ、別々に台湾での働きをするようになった。一抹の寂しさが残ったが、「この方が祐理さん達にはいいんだから、仕方がないんだ」と自らに言い聞かせた。ロトと別れなくてはならなかったアブラハム（創世記一三章）も、もしかしたらこんな気持ちだったのかもしれないと勝手に想像したりした。

しかし、またもや神の恩寵の御手が働き始めた。二〇〇三年三月に開催された「教会作り共同研修会」に、沖縄の他の二組の牧師夫妻と共に、急遽《きゅうきょ》泡瀬バプテスト教会の具志堅昭・ナオ子夫妻がおいでになった。研修会の最中、具志堅昭牧師と二人だけで話す機会があった。「奥さんの讃美は素晴らしいですね。聖日礼拝での讃美の見事さには驚きました」と言うと、昭牧師は「妻は武蔵野音楽大学の声楽科で学び、とても才能があるんですよ。もっといろんな場所で用いてもらいたいと思っているんです。ぜひともよろしくお願いいたします」と懇請された。その時のことを思いながら、月報二〇〇三年の「牧師の日記」に次のように書いている。

「それにしても、具志堅ナオ子夫人の讃美の素晴らしさには感心した。〝琉球讃美〟（琉球民謡に讃美の歌詞をつけたもの）をまるで歌曲のように歌いこなしていくのは見事という他はない。牧師夫人だけに留まっているのは、もったいない気がする。何とかもっと広く用いられないものかと思う」、と。

それが機縁となり、二〇〇五年の十二月には〝クリスマス・フォー・ナイスレディース〟でご奉仕いただき、それに続いて当教会のタンバリンダンスチーム〝グレーシータンバリンズ〟と共に台湾伝道旅行に出かける予定であった。しかしその夏に台湾を何度も襲った台風被害の大きさゆえに、中止のやむなきに至った。聖書の神は時として「出鼻をくじく神」である。出鼻をくじかれたその後には、素晴らしい祝福が待っているというのが皮肉な霊の法則である。確かにその翌年の二〇〇六年七月から始まった台湾伝道旅行での具志堅ナオ子師と私とのコラボは、毎回大きな主の恵みの御手の中で進められていったのである。祐理さんと同じく彼女の讃美は会衆の心を潤し和らげ整えていった。特に原住民高砂族の人々の心をとらえていった。

だが、それ以上のことが起こったのである。彼女の讃美は単に会衆の心を開くだけでなく、私の説教をも引き上げていくという不思議な現象をもたらしたのである。祈りが説教を引き上げていく効果があるということはよく聞くし、私自身も体験してきた。しかし讃美が説教を引き上げていくというのは聞いたことがないし、初めての体験だった。以後私は、彼女を〝沖縄の歌姫〟と呼ぶようになった。それは私の説教を引き上げてくれる彼女の讃美の威力への敬意からである。

劉蘭妹さんは言った。「ソースームース（手束牧師）は優れた歌手を見いだし、引っ張り出すのが上手だね。ユリといい沖縄のスーム（牧師夫人）といい」と喜んでくれた。しかし彼女達とのコラボは、私の人材発掘能力のなした業ではなく、ひとえに神の恩寵のなした結果だったのである。主なる神は、このように素晴らしい福音歌手達を良き協力者として与えてくださることにより、台湾伝道の働きを応援してくださったのである。

十八　台湾伝道――その恵みの広さ深さよ⑤

――台湾語の名通訳者周和志長老よ――

台湾という国の複雑さは、その使う言語に表されている。日本統治時代、主に二つの言葉しかなかった。台湾語と日本語である。このように言うと、異議が出そうである。原住民高砂族の部族語があったではないか、また客家《はっか》の人々は客家語を使っていたではないか、と。確かに、その通りである。しかし、原住民高砂族のそれぞれの部族語は、日本語教育の普及によってマイナーになりつつあり、日本語が共通語として広く用いられつつあった。ある台湾のガイドブックに、面白い一つのエピソードが載っていた。戦後から少し経った時期（恐らく一九六〇年代だろうか）、一人の日本人旅行者が高砂族のある村の教会に行った時、他の部族からやってきた牧師が説教をした。北京語かと思いきや、何と日本語で語ったのである。しかもその村の住民達は違和感なく聴いていたというのである。それには度肝を抜かれたという。それほどまでに当時の原住民高砂族の間では、日本語が普及していたのである。それゆえに、私を招聘《しょうへい》する手紙を下さった林誠牧師は、日本語で書き送ってきたのである。

他方、平地に住んでいる台湾人（平地民）は台湾語を使っていた。台湾語は元々中国の福建省で話されていた閩南《びんなん》語から派生した言葉だという。福建省は台湾の対岸にあり、一七世紀頃から一九世紀にかけて福建省から台湾に徐々に移住してきた人達が大半であったので、閩南語（台湾語）が話されていた。しかし、日本統治がなされるようになって、当然日本語教育が徹底して施され、原住民高砂族は共通語として日本語を話すようになり、平地の台湾人も台湾語と平行して日本語を話すようになった。ところが、大東亜戦争で敗れた日本が台湾を放棄した後に、中国大陸での「国共内戦」に敗れた蒋介石率いる国民党軍とその家族百万人が台湾に移住してきた。当初は同じ漢民族だということで、これを歓迎した台湾人達であったが、やがて急速に反感に変わっていった。中国人達の権力に物を言わせた横暴ぶりと無秩序さに怒った台湾人達が、ついに抗議運動を起こしたのであったが、軍隊による大弾圧を受けて、大勢の台湾人達が虐殺されていった。正確な数字は今なお分からないようであるが、三万人近い人々が虐殺されたという。その中には、将来台湾の国家再建のために尽くすであろう多くの知識人や学生達が含まれていた。これを台湾では「二・二八事件」と呼んでいる。

その後、約四十年間に及ぶ世界史上最も長い戒厳令がしかれ、秘密警察や密告制度を通して十四万人に及ぶ人々が逮捕・投獄され、そのうち九十五パーセントが冤罪《えんざい》であり、何人が死刑になったのかも未だ分からないという。このような圧制の中で、台湾人達は溜め息をつきながら語り合ったという。「これならば日本の統治が続いていた方がどんなに良かったことか」。かくて、「世界一の親日国家台湾」が誕生することになったのである（詳細は拙著『日本宣教の突破口』参照）。やがて、台湾人達は国民党政権による北京語強制に反発し、台湾語や日本語を好んで話すようになったのであった。台湾に行くと、やけに日本語を話す人が多いのは、そのためである。

特に、国民党の圧制に抵抗した団体の中で最も有力だった〝台湾基督教長老教会〟では、北京語を排除し、専ら台湾語を使うことを推進した。ただ、同じ〝台湾基督教長老教会〟に属している原住民高砂族の教会は別であり、戦後の国民党政権による北京語教育によって、台湾語よりむしろ北京語の方が圧倒的に馴染む言語となっていたことにより、日本語に代わって北京語が共通語になっていった。それゆえに、一九八八年から始まった私の伝道旅行の十年間は、ほとんどが高砂族の教会だったので、例外はあったが、北京語の通訳でなされることが多かった。その北京語の通訳者として助けてくださったのは、前にも書いたように、当時博愛教会の枝教会である哈崙台教会牧師の林躍武師であった。その名通訳ぶりは見事であり、言語能力ばかりか、霊的に全く私と一体となって力強く通訳してくださったのであった。

ところが、一九九九年から私の台湾伝道旅行の主な舞台は、高砂族（北京語）から台湾人（台湾語）の教会へと移っていった。その時、名通訳者として私のそばに常に立ってくださったのが、雙連教会の長老周和志氏であった。彼は私よりも十四歳上であり、元々貿易商人であったので、投資なども上手でよく貯財をなし、私と出会った頃は、教会での奉仕を主にした悠々自適の生活をしていた。しかも、貿易商であったからか、英語も堪能であり、台湾語はもちろんのこと、北京語にも日本語にも通じていた。特に私の「難しい日本語」（台湾の人々がこう評する）を巧みに台湾語に通訳することには右に出るものはなかったらしく、劉蘭妹さんを始め日本語を知る台湾の人々は、「周長老の通訳は凄い」といつも感嘆の声を上げていた。彼は雙連教会内のカリスマ刷新推進派の代表的人物でもあったので、私と信仰的霊的にも一致していたためか、「手束先生の説教は通訳していると自分自身が恵まれる。あなたは本当に神の人だ」と何度も過分とも思われる賛辞を下さるのであった。

ある時、通訳のお礼にと思い、私の説教集『命の宗教の回復――キリスト教の第三の波説教集』（キリスト新聞社）を差し上げたことがあった。早速にそれを読んでくれた周長老は、思いもかけない提案をしてきた。「手束先生とても感動しました。この説教集を台湾で出版しませんか。私が北京語に翻訳しますから」と。一年後、長女の周欣々さんの協力を得て翻訳を完了した周長老は、早速に『教会的復甦（教会のリバイバル）』という表題で出版してくださったのである。後で聞いた話だが、この本を読んだクリスチャン実業家の林元生長老（エレクトロニクス会社の社長）が深く感銘を受け、この本を大量に買い込み、台湾基督教長老教会の全牧師（恐らく千名以上）に贈呈したという。もちろん送料も林長老持ちである。私はその話を聴いた時、本当に喜び、主に感謝した。それは何も私が台湾で有名になったからというわけではない。拙著が台湾の教会のカリスマ刷新に用いられ、台湾の教会にリバイバルを促すための一助となるのではないかと思ったからであった。そしてそれは、現実のものとなったのである。

二〇一一年六月、具志堅師母と共に台湾伝道旅行に赴いた折、桃園県にある龍潭教会での集会が終わった時であった。二組の若い男女が駆け寄ってきた。そしてそれぞれ一冊の書物を取り出し、サインを求めた。それは何と私の『教会的復甦』であった。自分達は数年前にこの本を買って読み、深く感動した。そして今回、その著者である日本の牧師が自分達の教会に来てくれるというので喜び、ぜひともサインをしてほしいと思った、というのである。私はこんな若い信徒達にも、私の本が読まれていることに驚くとともに、台湾のリバイバルのために役立っていることに、喜びがこみ上げてくるのであった。

さらに、この翻訳をめぐって神の恩寵の御業は思わぬ方向へと展開していった。米国ニューヨークに長老派の中華人教会グレースクリスチャンチャーチがあった。そこの主任牧師は台湾人のジョン・チャン（張約翰）という人物であった。彼もまた、私の『教会的復甦』を読んだ。「へぇー。日本の牧師が台湾でこんな素晴らしい説教集をだしたのか」と思ったという。彼はアメリカの長老派牧師達によって組織されているＰＲＭＩ（Presbyterian Renewal Ministries International、日本語にあえて訳せば、「長老派聖霊刷新国際委員会」とでもなるのであろうか）に属し、やがて議長になった。その後、私が創設した「日本キリスト教団聖霊刷新協議会」は、ＰＲＭＩの講師達を招いて「デュナミス・コース」を日本で約九年間開催し、大きな啓発と挑戦を頂くことになったのである。その中で、ジョン・チャン師により、私の『命の宗教の回復』

をアメリカでも出版する話が持ち上がった。そしてついに二〇一一年、アメリカでも、〝The Restoration of Life in the Holy Spirit〟という表題で出版されたのである。この翻訳のために労してくださった、当時ルーテルときわ台キリスト教会の牧師であった橋内明裕師に心より感謝申し上げたい。

さて、話を周和志長老に戻す。彼は聖霊に満たされたリーダー的信徒であり、彼の尽力により、台湾長老教会でもカリスマ運動を推進する団体である「台湾教会更新服事団」なるものが創設された。その代表者として周長老は、なんと、かの有名な高俊明牧師（元台湾基督長老教会総幹事、台湾の民主化と独立運動家として知られ、国民党政権により四年間獄中生活を強いられた。ノーベル平和賞にもノミネートされたことのある人物で、台湾では厚い信望を一身に集めている。高砂教会にも二〇〇二年来訪された。元台湾民進党最高顧問）を据えたのである。周長老の社会的実力のほどが窺《うかが》える。同時に彼は、大の親日家でもあり、伝道旅行に通訳として同伴してくれた折に、よく言っていた。「今の台湾があるのは、日本のおかげです。日本は私達台湾人に礼節と秩序を教えてくれました。日本についていけば台湾はどんどん良くなるのです。私は、小学生時代の立派な日本人教師の教えを忘れることができません。その先生がいつも励ましてくれました。『塵《ちり》も積もれば山となる。霧も昇れば雲になる。いいか、塵になるな、山となるんだ。霧に留まるな、雲となるんだ』と。そこで私は決心したのです。自分は必ず山となり、雲となるんだと」。そう語る周長老の凜《りん》とした横顔には、日本人に対する深い尊敬と感謝の念がほとばしっていたのである。それもまた、多くの台湾人が経験した戦後の国民党支配の圧制への反動としての、日本と日本人に対する郷愁がもたらしたものなのかもしれない。

そのことを想わされる小さな出来事があった。二〇〇七年五月、台湾の北の港玄関である基隆の教会で奉仕した時であった。なぜかその教会ではPA（拡声装置）の調子が悪く、私のメッセージと周長老の通訳の声が大きくなったり小さくなったりして、聖会が全く盛り上がらずに終わってしまった。集会後、私が「PAの調子が悪くて、残念でしたね」と言うと、周長老は首を横に振って、「いいや、あれはあの教会の国民党の奴等《やつら》の妨害工作だ」と吐き捨てるように言った。「まさか」と私は思ったが、周長老は直感的にそう悟ったという。そう言ったあと、彼は急に大粒の涙を流しながら叫んだ。「あの二・二八事件で、ワシの友達もみんな殺されてしまった。みんな若くて優秀だったのに」。いつも高笑いしている朗らかな方なのに、突然の慟哭《どうこく》に私は戸惑い、ただ黙って見ている他はなかった。その時私は思いだした。年輩の台湾人達の心を今なお疼《うず》かせる「二・二八事件」では主にこの基隆の港で大虐殺が起こったということを。そして、周長老の心の中にも癒やし難い若き日の心の傷としてずっと残り続けているのだということを（一九八九年ヴェネツィア国際映画祭で金獅子賞を受けた侯孝賢監督の『非情城市』は、この「二・二八事」を取り扱った映画であり、必見の価値あり）。

二〇一三年十二月五日、周和志雙連教会名誉長老はがんが全身に回って召天していった。三月の訪台の折には、安養中心（雙連教会立の看護付きの大きな老人ホーム）での二回の集会で、私の通訳をいつものように元気にしてくれていたので、仰天した私は妻と共に急遽台北に飛んだ。マンションのお宅に奥様の張秀女さんと三人の娘さん達と共に、静かに偲ぶ時を三時間ほど持ったが、クリスマスの時節であったので、トンボ返りをしなくてはならなかった。帰り際、劉蘭妹さんが伝えてくれた。周長老が亡くなる十日ほど前に、中古ではあるが、良い車に乗って、雨の中、劉蘭妹さんを訪ねて来られた。「この車は手束牧師の台湾伝道旅行のために使ってもらおうと思ってつい最近買ったものだ。手束牧師の説教をできるだけ多くの人達に聞かせたい。自分はもう手束牧師と共に廻るのは無理だ。劉さん、あなたに託したい」と言って、六十万元(約百八十五万円)を預けていかれたという。なんという深く大きな配慮。なんという気高い信仰の姿。「周長老、本当に本当にありがとうございました」と、天を見上げて心の中で叫びながら、しばし周長老との摂理的な尊い出会いを、主に感謝したのであった。

十九　韓国伝道――感嘆と落胆の交錯①

――それは申賢均牧師との出会いによって始まった――

一九八八年十一月に新会堂が落成し、関連する諸行事もすべて終えてホッとした一九八九年が明けて間もない頃、すぐ近くに住んでいた牧師から一つの提案が私になされた。その牧師というのは、その一年ほど前に、高砂教会旧会堂から百メートルほどの所に居を構え、韓国からやって来て開拓伝道をしていた鄭燦俊《チョンチャンジュン》という方であった。七十歳を迎える老牧師であった。高砂教会の旧会堂のあった場所から南側に隣接していたのは、いわゆる〝被差別地区〟と呼ばれていた町であり、そこには多くの在日韓国朝鮮人の人々が住んでいた。「手束先生、春に申賢均《シンヒョンギュン》先生を迎えて一緒に伝道集会をしませんか。ぜひ協力をお願いします」という提案であった。

申賢均牧師。この方について、私は少しばかり知っていた。その頃、「聖霊セミナー関西協力会」というカリスマ運動を推進する超教派的教職者の集まりで知り合った西村哲也牧師（日本アドベント・キリスト教団上野芝キリスト教会）から薦められ、申賢均牧師の説教集『見張り人の使命』（いのちのことば社）という興味深い書物を読んでいたからである。「興味深い」と言うのは、その語り口がユーモラスであるとともに、韓国の長老派の牧師でありながら、〝聖霊のバプテスマ〟とか〝異言〟とかということについて、その大事さを堂々と主張していたからである。私は一も二もなく共同開催を承諾したのであった。

かくて、五月五日から八日までの四日間、日本キリスト教団高砂教会と在日大韓姫路開拓教会（後に、在日大韓姫路教会に改名）共催の「韓日合同伝道集会」（本来ならば、日本の高砂教会を会場にして開催され、「日韓合同伝道集会」とすべきなのだが、鄭牧師は私に相談もなく「韓日合同……」というポスターやチラシを作ってしまったので、苦笑しつつこう銘打ったことを了承せざるを得なかった。日本人と韓国人の常識感覚の差なのであろう）が開催挙行されたのである。

前日の五月四日、私と鄭牧師は申賢均牧師を新幹線姫路駅まで出迎えた。そこで初めて私と会った申牧師はいきなり流暢な日本語で語りかけてきた。「手束先生、あなたのことはここに来る前の教会で毎日新聞の記事を見せていただき、よく知っています。お会いできて嬉しいです」とガッチリとした体の大きな手でギュッと握手をしてきたのであった。「何と温かく、大らかな人柄なのか。まるで西郷隆盛のような人だ」。そんな第一印象だった。

そしてすぐに伝道集会を開催する高砂教会にお連れした。聖堂に入り、祈り終わった時、申牧師は私に語った。「素晴らしい会堂ですね。この会堂は私の知る限りでは日本で五本の指に入る立派なものですよ。先生はこの教会で何年牧会されているのですか」。「十六年になります」と答えると、「ほお、もうすぐ二十年ですね」と感心したように呟かれた。するとそばにいた鄭牧師が「堂々とした元老牧師ですよ」と割って入った。その会話を聞きながら、「一体元老牧師って何なのだろう」という問いが心の内に起こっていたことを今でも印象深く覚えている。しかし、その時には、私自身がやがて元老牧師なるものになっていくことなど露程《つゆほど》も思わなかったのである。

後に韓国の教会との深い交わりを通して分かってきたことは、韓国では同じ教会で二十年以上牧会をし、その教会に多大な貢献があったことを認められる牧師に対し、七十歳の定年後、教会の総意を得て〝元老牧師〟という立場を与えられていくということである。〝元老牧師〟というのは、いわゆる〝名誉牧師〟とは異なる。〝名誉牧師〟というのは、引退後単に称号と記念品を頂くにすぎない。しかし〝元老牧師〟というのは、主任牧師引退後も、その教会で牧会に携わっていくことができる立場に居続けることができるのである。分かりやすく言えば、会社の〝会長〟のような立場になることなのであるが、〝会長〟の場合は任期があるが、〝元老牧師〟の場合、永久職だということである。このような〝元老牧師〟制度を韓国の教会が設けたのは、一つには、長年苦労してこれまでに教会を大きく育て上げてきた牧師に対する尊敬と感謝を表すということがあるであろう。もう一つは（この理由が大きいのだが）、大きくなった教会が次期主任牧師によって急激に路線変更がなされるような場合に起こる混乱を、少しでも緩和して、順調に教会が継続して成長していくことを目指していくためであろう。言わば、韓国教会の知恵が生み出した制度と言える。かくて私達の教会も、それゆえに現在〝元老牧師〟制度を採用しているのである。

最近の教会成長学では、「河口理論」なるものが脚光を浴びている。これまでは、引退した老牧師は後継の主任牧師のことを考え、教会の新しい前進と発展の邪魔にならぬように、静かに当該教会を去って行くのがよいのだとされてきた。事実、これまで、「従容《しょうよう》として去り行く」という姿が、日本人の美意識にも則した美しい引き際とみなされてきた。だが、そこには重大な見落としがあるのではないかという問題提起がなされたのである。というのは、これまで引退する老牧師が培い蓄えてきた貴重な経験と知恵とが、死蔵されたまま主の栄光のために用いられずに終わってしまうことになりはしないかというのである。それはあまりにも勿体《もったい》ないことではないか。確かに新しい主任牧師には、情熱とエネルギー、さらには新しい感覚と発想があるかもしれない。だが、そこには未熟ゆえの暴走が常に付きまとう。そこで、その上に引退した老牧師の蓄えている経験と知恵とが合流した時、大きな成果を収めることになるのではなかろうか。それはちょうど、とうとうと海に流れ込んでいる大河（主任牧師）を広く深い海（元老牧師）が受けとめていくようなものである。そこにはやがて夥しいプランクトンが発生し、多くの魚が集まってくることになる。それゆえに、「河口理論」と名付けられた。元老牧師制度というのは、まさにこの理論を実現化するための格好の制度と言うことができる。かくて、高砂教会は恐らく日本の教会では初の元老牧師制度を採用した教会となったのである。

さて、話を元に戻す。五月七日が日曜日であった。そこで、聖日礼拝は高砂教会で姫路開拓教会との合同礼拝として捧げられた。その時、申牧師はエペソ五・二二―二七から「教会を愛そう」という説教題で伝道集会の時と同じように、〝ゴスペル・コメディアン〟の渾名《あだな》に相応しく、身振り手振りを交えながらユーモラスに語られ、私も含めて会衆は哄笑《こうしょう》しながら聴き入った。その内容は教会が成長し復興するためには信徒達にどのような心得と作法が必要であるかを具体的に提示するものであった。たとえば、教会の執事たる者は、ともすれば未熟な信徒が牧師の言動を誤解して不平や呟きを漏らす時、決してそれに同調してはならず、「牧師先生はあなたをこんなふうにとても評価していましたよ」と言うことによって、サタンの働きを封じなさい。さらには、説教に感動したら、牧師にその旨を告げるだけでなく、家族や友人達にも「牧師先生からこんな良い話を聞いて感動した」と言い広めなさい、というふうに、実に具体的でリアルに話されたのである。それも厳しく注意するというのではなく、漫談を聴いているように面白く笑いを取りながら語られるので、信徒達の心の内に抵抗なく自然に入っていったのである。「さすがだ。韓国で一番人気のある大衆伝道者だけある」と、私はほとほと感心したのであった。そして私の心の内に、「この方ともっと親しくなり、色々と教えてもらいたい」という強い願いが起こってきたのである。私が四十四歳、申賢均牧師は十六歳上の六十歳の時であった。

そんな私の心を主はご存じだったのか、中牧師を講師とした諸集会がすべて終わって、八日（月）の夕刻、ある料亭で私達夫婦と鄭牧師夫妻、それに裏方で頑張ってくれた鈴木真副牧師、三上明伝道師、新谷和茂伝道師が臨席し、中牧師を囲んで感謝会を開いている時だった。突然に中牧師が提案をしてきた。「私の牧するソウル聖民教会と姉妹教会になりませんか」と。その言葉を聞いて、跳び上がらんばかりに驚いた。「こんなことがあるのだろうか」という思いであった。中牧師は韓国のみならず世界的にも有名な牧師である。一方、私の方は日本の田舎牧師にすぎない。またソウル聖民教会は三千人の教会である。他方、高砂教会はというと、当時不在陪餐会員合わせても百数十人の教会にすぎなかった。「どう見ても格が違い過ぎる」と思うと、たじろいだ。それにもかかわらず、私は静かにその提案を受諾した。神の御旨として受けとめたからである。帰り際、鄭牧師に「中先生はどうして、こんな田舎の教会に姉妹教会を望まれたんですかね」と尋ねると、「手束先生のことを、すっかり気に入られたんですよ」と答えられた。私の心の内に、温かいものが溢れた。

ソウル聖民教会との姉妹教会提携の調印式は、九月十六日（土）の午後、私達の宿泊所として用意されていたソウル聖民教会の近くにある、ソウル・パレスホテルの最上階にある貴賓室にて行われた。天国を思わされるような美しい部屋だった。聖民教会側の出席者は、中牧師夫妻と共に三人の長老の方々。そのうち一人は大学の学長、一人は前国会議員、もう一人は中堅企業の社長というそうそうたる顔ぶれ。他方高砂教会側は、私と妻美智子の他に秋山ひふみ姉と畑野寿美代姉の若い女性執事達である。恐れをなしたのか、畑野執事が隣の美智子に小声で問いかけた。「美智子先生、これだったら男の執事の人に来てもらうべきだったですね」。それに対する美智子の答えがふるっていた。「これでいいのよ。男の人達が来たら、見劣りしてしまうわ」。今思い出しても、笑いがこみ上げてくるアイロニカルな返答である。要するに、それほど格式の高い教会と私達の高砂教会は姉妹教会となる光栄に与ったということなのである。これもまたひとえに神の恩寵の賜物と言う他はない。そしてここにも、神の壮大な計画が張り巡らされていたのである。

翌十七日は聖日であった。メインの第三部礼拝（十一時から十二時半まで）で、姉妹教会提携の調印を刻んだ碑の贈呈式が行われ、私が感謝の挨拶をした。その後、美智子が韓国語で挨拶をし、かのA・H・マロット（米国の作曲家）の「主の祈り」を韓国語で歌った。すると、私の挨拶の際の拍手よりも倍する大きな喝采の拍手が起こった。その礼拝に姫路開拓教会の朴慶鎬《パクキョンホ》執事と奥さんの沈相愛《シムサンエ》執事のお母様である趙南効《チョウナムホ》姉が出席しておられた。上品な老婦人であった。朴兄は、私達が言葉の分からない韓国で戸惑うことのないように、わざわざ日本から同伴しガイドしてくれたのである。とてもありがたかった。また沈相愛姉の要請で、母教会の東光教会（金輝泰《キムサンテ》牧師）の水曜礼拝（日本の水曜祈祷会に当たる）で説教することになっていたので、東光教会の勧士であられたお母様が、事前に挨拶に来られたのである。聖民教会の礼拝後、彼女は私達に語った。「サモニム（牧師夫人）の韓国語の讃美、とても良かったです。

隣に座っていた方も涙ぐんでいましたよ」。

かくて、ソウル聖民教会との姉妹教会提携調印式は感動のうちに終わった。そして「手束先生、これから毎年韓国にいらっしゃい。歓迎しますから」という中牧師の言葉を素直に受け取り、私は毎年韓国を訪問することにしたのである。それは私の牧会に新しい視野と刺激を与え、大きく飛躍させるという結果をもたらした。実にそれは特別に神から私に与えられた大きな特権でもあった。しかしそれと同時に、私は韓国と日本の間にある歴史認識の差という壁にも大きくぶち当たり、難儀し喘《あえ》ぐことにもなったのである。

二十　韓国伝道―感嘆と落胆の交錯②

――真実な歴史認識への目覚め――

「毎年、韓国にいらっしゃい」という申賢均牧師の言葉に甘えて、私は毎年韓国を訪問することになった。そこで分かったのは、申賢均牧師は、無類に親切な方であるということである。ほとんどの場合、二、三人の信徒達を連れての訪問であったが、いつもソウル・パレスホテルという一流のホテルに全員を泊めていただいた。しかも教会の費用ではなく、自分のポケットマネーで支払われたのである。恐縮する私に、「先生、心配しないでいいですよ。私は半額使用の優待カードを持っているのですから」と答えた。

また、観光に連れて行ってもらった折なども、土産店などで「高砂教会の皆さん、どうか好きなものを買ってください。私が支払いますから」と太っ腹なもてなしをしてくれるのであった。私が「申し訳ありません」と言うと、笑いながら「なんのなんの、私には趙鏞基先生のような癒やしの賜物はないのですが、経済の賜物はあるようで、お金がどんどん入ってくるんですよ」と語った。

まさに、そのことを裏書きするような出来事があった。ある勧士の方の接待で昼食を御馳走《ごちそう》していただいた時、食後にその婦人が「中先生、もうすぐ誕生日ですね。これは私からのプレゼントです」と真新しいワニ革の財布を差し出した。何とその財布には、ぎっしりと札束が入っていたのである。それを見た中牧師は「あれ、こんなにたくさんお金が入っている。嬉しいねー」と子供のようにはしゃぐのであった。日本では決して見ることのできないその驚きの光景を前にして、「韓国人というのは、何と気前がいいのだろうか、また何と牧師を厚遇してはばからないのだろうか」と、私は唸った。そしてやがて私もそのことを体験することになったのである。

それは韓国で体験したのではなく、日本で在日韓国人の女性から体験したのである。それは前章でも取り上げた姫路開拓教会の沈相愛執事によってであった。沈相愛姉は元々韓国では身分の高い家柄出身の方であったが、縁あって高砂に住む在日韓国人の朴慶鎬氏と結婚して日本で生活することになった。しかし慣れない異国の生活に、随分と苦労したらしく、何度も高砂教会の門を叩こうとしてためらい、周囲を歩き回ったという。後にそのことを彼女から聞いて思い出したことがある。四十年ほど前に、旧会堂の庭の立木に水をやっていた時に、ひとりの若く綺麗《きれい》な女性が立って中を窺っているのに気が付いた私は、「何か御用ですか」と問うと、彼女は「いいえ」と言ってそそくさと立ち去って行った。その時彼女は、私を牧師だと思わず、〝会堂守〟だと思ったという。あまりにも身成りが貧素だったからである（笑）。やがて彼女は高砂市にできた在日大韓姫路開拓教会に通うようになり、家族も皆救いに導かれていった。

そして中賢均牧師を迎えての合同伝道集会を機に親しくなり、何年か経った時、彼女が牧師館に訪ねて来て申し出た。「手束先生にプレゼントをしたい」と。何のプレゼントかというと、「健康な体」という贈り物をしたいというのである。彼女の話によると、手束牧師は確かにただの牧師ではない、「神の人」である。しかし体が脆弱《ぜいじゃく》だ。そこで肉体を強化するために、手束牧師の体に合った高麗人参を煎じて作った薬を差し上げたい。ぜひ飲んで丈夫な体になって、神様のために末長く働いてほしいということだった。そして私の内臓の調子などを聞き質《ただ》してメモを取り、私だけのための高麗人参薬を作ってくれた。後で分かったのだが、それを長期間飲み続けるためには、三十万円以上の費用が必要であるそうで、「えっ、そんなに高価なものなのか」と驚き慌てた。

確かに、その高麗人参の薬を飲んで以来、私の体は本当に強くなった。それまでは、幼い時に栄養失調で死にかかった状態で引き揚げ船で帰ってきたせいか、すぐに疲れ、すぐに病気になって倒れた。しかし、今は違う。人並みに、否それ以上に強くなり、「牧師先生、いつもお元気ですね」と言われるほどになったのである。心から感謝したい。チンシムロ・カムサハムニダ（日本語に訳すと「心から感謝します」の意）とお礼を申したい。

さて話は戻るが、中牧師の親切は単に経済に絡むことだけではない。私を様々な場所に連れていき、説教や講義をさせてくださったのだが、それは本当に牧師冥利《みょうり》に尽きる貴重な体験であった。日本ではしたことのない何千人という会衆の前での説教や、大きな大会での日本代表としての挨拶などに指名してくださり、無事やりこなすと、「手束先生は、なかなかのメッセンジャーだね」と褒め励ましてくださるのであった。その意味では、申牧師は私にとって〝偉大なメンター〟であった。それはまさに初代教会において、隠れた逸材とも言うべきパウロを発見し、宣教の表舞台に引き出したバルナバのごとく、温かく大きな気持ちで「こいつを育て、こいつを神の栄光のために役立つ人間に仕立ててやろう」という意気と男の愛に満ちていた。

二〇一九年の十二月初め、私は「韓国キリスト教宣教大賞」なるものの受賞に与ったが、このために尽力してくれたのは、申賢均牧師の秘書室長とも言うべき金斗植《キムドウシュク》牧師であったが、金牧師の内には「申牧師が生きていたなら、恐らくこうしたに違いない」という思いがあったのかもしれない。大賞授与者選考委員会では、私が日本の牧師であるにもかかわらず、誰ひとり異論を述べる者がなかったという。それは選考委員の牧師達のほとんどが私の説教か挨拶スピーチを聞いたことのある方々だったからである。ということは、私はいつの間にか、申牧師を通して、韓国では日本の牧師としてかなり知られていたのかもしれない。そう思った時、図らずも私の牧師としての視野を広げさせ、新しい次元へと引き上げてくれた、申賢均牧師とその腹心であった金斗植牧師の愛と友情に感謝が溢れたのである。

かくて私は五十回にのぼる韓国教会訪問を通して、二百回以上の説教や講義をしてきたのだが、その上に重大なプレミアムがついた。それは「韓国キリスト教宣教大賞」に与ったことではない。そうではなくて、韓国の実力派の牧師の申賢均牧師でも果たし得なかった韓国の三大神学校（総会神学大学、長老会神学大学、監理教神学大学のことで、いずれも二千人以上の学生を擁するマンモス神学校である）の礼拝に招かれ、説教する機会が与えられたことである。恐らく日本の牧師の中で、この栄えある務めをなしたのは私だけではなかろうか。しかも、それは、中賢均牧師の威光による斡旋《あっせん》ではなく、不思議な聖霊の導きによるものであった。

総会神学大学の場合、かねてから知己であった田村一郎教授と朴初枝《パクチョエ》師夫妻の計らいである。また、長老会神学大学については、在日大韓姫路薬水教会牧師であった李応善《イウンソン》師の長女である李明信音楽部教授（学生を連れて三度ほど当教会を訪問）の推挙であった。そして、この時には中賢均牧師が通訳の労を取ってくださったのだが、いかなる理由かその時の私と中牧師の説教している写真が、長老会神学大学の入学案内のパンフレットの表紙に飾られるようになった。もう一つの監理教神学大学は、後に姉妹教会になった仁川市にある桂山中央監理教会（会員五千人）の崔世雄《チェセウン》牧師（当時、監神大理事長）の導きによって与えられた特権であった。これら韓国キリスト教を代表する三大神学校のチャペルで、一千人を超える若い神学生達と共に高らかに讃美を歌い、礼拝した時の感動は、今でも忘れ難い鮮烈な想い出として心を潤しているのである。そして日本にも、早くこのような状況が現出しないものかと切に祈らされたのであった。

だが、私の韓国伝道旅行が何もかも喜びと祝福のうちに進んでいったというわけではない。バサっと冷や水を浴びせられることにも時として遭遇した。その胸の引き締まる出来事は、その突端から起こった。聖民教会との姉妹教会提携の翌日の聖日礼拝が終わっての午後、近くの世界福音化協議会の建物にある宣教師養成学校での講義後の質疑の中で、「あなたの属する日本キリスト教団は、かつての日本の不当な朝鮮支配について、いかなる見解を持っているのか」と厳しく迫る質問が出され、私は面食らった。また東光教会の水曜礼拝後にも、ひとりの長老が私に向かって次のように難詰した。「日本キリスト教団が戦時中軍部の手先になって、韓国のクリスチャンに対して神社参拝を勧めたことを、あなたは悔い改めているのか」と。当時の私は、この怒りと恨みに満ちた問いに答える術《すべ》もなく、ひたすら謝罪と詫《わ》びの言葉を述べるのみであった。

しかし、韓国伝道の少し前から始まっていた台湾伝道において、台湾の人々の日本と日本人への尊敬と感謝の念を体験していた私は、なぜ同じ日本統治を受けた二つの国民が、こうも違うのかということに疑問を持ち、真剣に研究を開始した。その結果に、私は愕然とした。と言うのは、当初の私の推測とは全く違っていたからである。その推測とは、きっと日本は台湾には手厚くし、朝鮮には苛酷であったので、台湾は親日になり、韓国は反日になったと思っていた。ところが事実は逆だったのである。むしろ日本は朝鮮を重視し、台湾を軽視して扱ったのである。その証拠に、日本はインフラ整備のために朝鮮に台湾よりも多額の拠出をなし、その額たるや日本の国家予算の二割にも及ぶことがあったという。また、朝鮮からは国会議員が選出されたが、台湾にはなかった。

にもかかわらず、なぜ中国の属国状態に置かれてひどい目にあっていたところから救い、インフラ整備のみか、各種学校を建てて教育を奨励し、さらには「内鮮一体」のスローガンの下に、朝鮮を差別せずに内地（日本本土）並に引き上げようと懸命に努力した日本に対して、今なお怨嗟《えんさ》のみをぶつけてくるのか。この疑問に対して、韓国出身の評論家呉善花《オソンファ》氏は答える。それは、韓国人が〝小中華意識〟にいまだ呪縛されているからであると。〝小中華意識〟とは中国を世界の文化的中心とみなし、そこから遠い（距離的にも文化的にも）国ほど、野蛮な国だという中華思想に立ち、朝鮮は中国に次ぐ文化国家（優れた国家）としての自意識を持っていたことをいう。しかし明治以降、その優れた国のはずの中国も朝鮮も、野蛮国日本の膝元に置かれた。それが悔しい。そこで自分達のアイデンティティとプライドを確立するために、どうしても反日活動によって日本を貶めなくてはならないのだ、と。

現在問題になっている朝鮮半島労働者問題（いわゆる「徴用工問題」）において露わになった「日韓併合不法論」など、どうみても無理があるし、国際社会もそれを認めていないにもかかわらず、「あの併合は不法だったから賠償せよ」という判決を盾に、一九六五年の「日韓基本条約」をも反故《ほご》にしようとする態度は、あまりにも手前勝手な空理空論にすぎない。かくして、このような韓国の歴史認識を、二〇〇八年米国の歴史学の殿堂スタンフォード大学のアジア太平洋研究センターは「ファンタジー」として性格付けた（ちなみに中国の歴史認識は「プロパガンダ」、日本の歴史認識のみ「ヒストリー」と言えるとした）。つまり、「ファンタジー」

というのは、自分がこうあれかし、あるいはこうありたいという願望を歴史にしているということである。

このことを知った私は、以後時としてなされる謝罪と詫びを求める問いかけに対し、真っ向から反論し、時に激しい論争になった。そんな様子を見て、申牧師は「日本の牧師の中で、手束先生のように日本の立場を前面に押し出して反論する牧師も珍しいね」となかば感心し、なかば呆れた様子で語っていたことを、懐かしくも想い起こすのである。

二十一　韓国伝道―感嘆と落胆の交錯③

―〝日韓和解〟の舞台となった「ソウル聖歌大合唱祭」―

申賢均牧師は、一九六五年に「日韓基本条約」が結ばれ、日本と韓国の国交正常化がなされて間もなくから日本を訪問するようになった。そのきっかけは、記述したごとく祈っている時に主から幻を見せられたことによる。いかなる幻かというと、「東京で大地震が起こる」という幻であった。この幻を「日本へ行け」との主の命令として受けとめた申牧師は、その後二〇〇六年五月に召天されるまで、毎年絶え間なく日本伝道を続けられたのである。そして、多くの日本の教会が恵みを得、復興と成長を遂げることになった。その代表が当高砂教会であろう。

しかし、このような主の命令に従って日本伝道を続けた申牧師の姿を、少なからぬ数の韓国の牧師達は快く思わず、冷たい視線と言葉を浴びせかけた。「あいつは親日派だ」と。「親日派」という言葉は韓国では、「売国奴」と同じ意味合いで用いられた、憎しみと蔑《さげす》みの込められた言葉なのである。二〇〇五年韓国では「親日反民族行為者財産の国家帰属に関する特別法」（俗に、「親日派処罰法」と言われている）なるものが成立し、一九四五年以前に〝親日派〟として想定された人物の財産が没収されることになった。これはひどい「事後法」であり、近代法理論においては決してなされてはならない違反行為なのである。にもかかわらず、〝親日派追求〟のためには何をやっても構わないという、韓国社会全体を覆っている常軌を逸した反日意識が、このような前近代的な無茶な法律を可能にさせた。韓国の政治家達は近代法理論を知らないのであろうか。

このような〝常軌を逸した反日意識〟が渦巻く韓国社会において、申賢均牧師の〝日本の救いのための献身〟がどれほど陰で批判され非難されてきたかは、鈍感な私でも容易に推察がつく。事実、私自身もまた、そのような申牧師に対する悪口を耳にしたことがある。

申賢均牧師の願いは、〝日韓の和解〟であった。申牧師が私と高砂教会を気に入ってくれ、姉妹教会提携の提案をしてくれたのも、私達の教会が在日大韓姫路開拓教会と一緒に「韓日合同伝道集会」を持ったことも、一つの理由であったようだ。ところで、なぜ申牧師がそれほどまでに〝日韓の和解〟を望んだのであろうか。それは、恐らく彼の子供時代の日本統治が決して不快なものではなく、郷愁として残っていたからであろう。私が訪韓中、申牧師は、子供時代に小学校の日本人教師からかわいがってもらっていたことなどを時々語ってくれた（かつて盧泰愚《ノテウ》大統領も訪日の折、小学校時代の恩師に会いに行ったというエピソードがある）。しかしそれ以上に、和解者キリストに倣って、クリスチャンたる者は和解の務めを果たす責任があるという信仰的確信を得ていたからであろう。そして、〝日韓の和解〟を願う申牧師の祈りは、やがて我が高砂教会を国際的大舞台へと引き上げていったのである。

一九九六年十月の訪韓の折、申牧師は私と同行の北村隆志、小森由美子の両執事を素適な場所へと連れて行ってくれた。ソウル中央文化会館における「ソウル聖歌大合唱祭」である。二年に一度行われるこの合唱祭には、韓国においても選《え》り抜きの八つの教会の聖歌隊が出場を許され、それぞれの教会が威信をかけて磨き上げた美しい讃美が披露される、光栄ある発表の場なのである。そしてこの大合唱祭は韓国の公共放送局KBSの衛星放送でも録画して放映され、韓国人の多くが深い関心をもって見るという。そしてその年、ソウル聖民教会がトップで出場したので、申牧師は私達をも誘ってくれたのである。そこに臨んだ私達は、まるで天国からの美しく豪華な讃美の歌声に酔いしれた。韓国教会の実力の凄さを、まざまざと見せつけられたのである。ところが、合唱祭直後の夕食会の席上、申牧師はまたもや驚きの提案をしてきた。「手束先生、二年後のこの合唱祭に出場されませんか。私が知っている限り、日本の聖歌隊の中で高砂教会が一番うまい。大丈夫ですよ」。呆気にとられている私を見て、「大丈夫、大丈夫」とばかりニコニコ笑っている申牧師に対し、私は「分かりました。トライしてみます」と答える他はなかった。

帰国するや否や、私はこの旨を執事会で了承してもらい、「百人聖歌隊」の結成に向けて走り出した。第一の関門は、翌一九九七年暮れに挙行される申牧師の「元老牧師推戴式」である。

この式典にはＫＢＳの社長も列席する。その折、高砂教会聖歌隊が歌い、「これなら、よい」というお墨付きを頂かなくてはならなかった。そこで、私は一計を案じた。聖歌隊と共に、和琴合奏団ビューティフルハーピスツを出場させよう。歌唱力では韓国の聖歌隊にとうてい太刀打ちできない。ゆえに、我が聖歌隊だけならば魅力を感じないであろう。ならば、まずハーピスツの琴の演奏によって珍しい日本の音楽を奏でて惹《ひ》き付け、その後に韓国語で歌うならば、きっと韓国の人達は感動するに違いない。そしてこの私の作戦はまんまと大成功を収めていったのである。

かくて、私と聖歌隊とハーピスツのメンバー計四十名が暮れも押し迫った一九九七年十二月二十六日（金）に訪韓し、翌日の申牧師の元老牧師推戴式にて、祝いの讃美を演奏し、歌い上げたのであった。式典後、申牧師はＫＢＳの社長に問うた。「どうです、『ソウル聖歌大合唱祭』に高砂教会聖歌隊を出場させてみませんか。韓日親善のためにとてもいいと思うんですが」。「とてもいいですね。そうしましょう」。かくて二十九日（月）の夕刻の帰国直前、申牧師が私達の所に来て、「今、ＫＢＳの社長から報告がありました。一九九八年十月二十四日の『ソウル聖歌大合唱祭』に高砂教会の出場が決定しました」と知らせてくださった。その報告に接し、歓声と拍手に包まれ、私達は互いに喜び合った。

ところが、一九九八年は韓国の経済危機により、「ソウル聖歌大合唱祭」は一年間延期になった。少しばかり拍子抜けしないではなかったが、実はこれが幸いした。と言うのは、盛谷耕三兄が学校の音楽教師を辞めて、一九九八年四月より当教会の専任音楽主事となり、高砂教会の讃美のレベルを引き上げ、同時に、聖歌隊や和琴合奏団の指導も十分に行き届いた指導がなされることになったからである。もし、予定通り一九九八年十月に「ソウル聖歌大合唱祭」が実行されていたならば、準備のための時間が足りなくなり、当日あれほどに見事な演奏と合唱をこなすことはできなかったであろう。

そしてついに迎えた一九九九年十月二十三日（土）。高砂教会八十三名は、「ソウル世宗《セジョン》文化会館」（三千人収容）に向かった。その時のことを、ハーピスツの一員として参加した霜村茂美姉は、次のように月報に綴っている。

「当日、早天祈祷会で、今回の通訳その他色々とお世話いただいた朴初枝先生より、聖歌大合唱祭は礼拝ですから、クリスチャンの兄弟姉妹達が来られています。韓国の人達は、日本から一つの教会で八十名もの人達がやってきて、日本の文化としての着物を着てお琴を弾いてくれることを喜んでおられます。また、聖歌隊が韓国語で讃美することは、これまでの日韓の歴史の事柄の中で意味深いことであって、とても歓迎され期待されているということをお話し下さいました。私達高砂教会が日本代表として、日韓親善の大切な役目を頂いている光栄を感じました。そして成功を祈りつつセジョン文化会館へと向かっていきました……」（一九九九年十一月号）。

そして、いよいよその時がやってきた。廻り舞台が止まり、高砂教会聖歌隊の姿が会衆の前に現れた時、静かなどよめきが起こった。美しい和服を着たハーピスツ六名が聖歌隊の前に着座し、その背後に韓国製の上品なガウンを着た七十六名が並び立ったことが、あまりにも華麗に映ったからであろうか。一瞬置いて、盛谷兄指揮の下、和琴の静かな前奏が流れ出し、小川のせせらぎのような繊細な音色が会衆の耳を釘付けにしていった刹那、聖歌隊が「しずけき河のきしべを」（讃美歌五二〇番）をゆっくりと日本語で歌い出す。そして美しい日本語の讃美が次第に高まっていって終わりを告げる。恐らくはそのほとんどが日本語の讃美を聴いたことのない韓国人会衆は、韓国語の讃美とは違ったソフトなハーモニーにうっとりと酔いしれてしまったことだろう。だが間髪を入れず、突然米田恭子姉のピアノの音が雷鳴のように轟《とどろ》く。聖歌隊が韓国語で大声で歌い出す。「チュニメノップコ　ウィデハシムル」（「輝く日を仰ぐとき」〈聖歌四八〇番〉）と。恐らく、会衆は日本人が突然韓国語で堂々と歌っていることに驚嘆したことであろう。「しかもあんなに上手な韓国語で」と感動したに違いない。なぜなら、多くの会衆が涙を流しながら聴いていたからである。一方、私はただひとり客席で、必死に祈りながら聴いていた。「主よ、歌わせてください。天使が共に歌ってください。韓国の兄弟姉妹達に深い感動をもたらすことができますように」と。

歌い終わるや否や、文字通り万雷の拍手が湧き起こった。「ブラボー」と叫んで立ち上がる人達も何人かいた。その年の出場チームは、永楽教会、ヨイド純福音教会、東安教会、ドリム教会、水原中央バプテスト教会、中央聖潔教会、ＫＢＳ少年少女合唱団であったが、何百人もの人数で、しかも音大出身者の多いそれらの有名な聖歌隊の、どれよりも大きく長く、称賛の拍手と歓声が続いた。そして私も感動して泣きながら「主よ、ありがとうございます。感謝します」と祈ったのであった。

かくて、私達の教会の「ソウル聖歌大合唱祭」は、言葉で言い表せない大感動のうちに終わった。恐らく、私を含めて参加者全員が、人生のうちであれほどの感動を味わうことは、そうないであろう。それは、単なる人間的な感動ではなく、聖霊が与えてくれた〝天よりの感動〟だったからである。またそれは中牧師や私の〝日韓和解〟の厚い願いの実現でもあった。あの時ほど、日本人と韓国人の心が和解し融け合ったことはないのではなかろうか。それはまさにパウロの言う「敵意を十字架につける和解」（エペソ二・一六）以外の何ものでもなかった。だが、日本のクリスチャンも韓国のクリスチャンも、〝真の和解〟は聖霊によってのみもたらされるのであって、決して人間的努力によるのではないことを、今なお認識してはいないようだ。

日本のクリスチャンの中には、根深く「日本はかつて侵略をして、韓国に対してひどいことをしてきたのであるから、謝罪すべきである」という主張がある。そのようないわゆる〝謝罪派〟の人々は、事あるごとに大勢の韓国人の前で土下座して謝罪することがクリスチャンとして良心的で立派なことだと思い込み、他のクリスチャン達をも巻き込んでいこうとする。しかしそれは、本当に正しいことであろうか。「否」である。それは、日本が韓国に謝罪すればするほど、日韓関係がますます悪化してきている事実を見ればじきに理解できるはずである。今日の日韓関係のどうしようもない悪化の原因は、謝れば何とかなる、そして、謝罪のしるしとして賠償すれば韓国も気を取り直してくれるはずだ、という日本外務省や政治家達の奇麗事主義や無知がその理由をなしている。そして、そのような日本政府の愚かさを側面から煽り立ててきたのは、実にキリスト教界の〝媚韓派《びかんは》〟の人達である。これら〝媚韓派〟の人達は、韓国の歴史認識が〝ファンタジー〟であることも知らず、その言うことを鵜呑みにし、ひたすら「謝らなくては、補償しなくては」と強迫観念的に思い詰め、呆れたことには、韓国だけでは不十分だとばかり、北朝鮮にまで何千万円ものお金を集めて持って行ったのである。だが、これらのお金は〝媚韓派〟の人達が意図したはずの飢えた民衆に使われることなく、北朝鮮の核開発のために使われていった。彼らの善意は知らずして犯罪行為に加担していたのである。

私は韓国との親善友好を願っている〝親韓派〟である。しかし、〝媚韓派〟ではない。だから韓国側の間違った主張や要求には、断固としてこれを撥ね除ける。時には激論を闘わせることもある。武者小路実篤は言う。「君は君　我は我也　されど仲よき」と。これこそが、日本と韓国の友好親善の道である。〝媚韓派〟の人達よ、早くこのことに気が付いてほしい。

二十二　韓国伝道――感嘆と落胆の交錯④

――申賢均牧師の死とその後の聖民教会――

二〇〇六年五月七日（日）の夕刻、突然の訃報が入った。申賢均牧師が七日早朝に天に召されたという。その訃報に接した時、「えー」と思わず声を出した。「糖尿病を患っていることは知っていたが、あの元気な方が、まだ八十歳にもならないのに亡くなられるとは」という思いであった。後に聞くところによると、六日（土）の夜遅くに伝道集会の奉仕から帰宅して、「あぁ疲れた。すぐに寝る」と奥様に言って床に着き、翌朝奥様が気付いた時には、事切れていた。その顔は、静かに微笑んでいたという。それはまさに、走るべき行程を走り尽くして、忽然《こつぜん》として世を去って逝った姿である。真に伝道者申賢均牧師に相応しい見事な死に様であり、多くの人達に感動を呼び起こしたという。

この「巨星落つ」の報を聞き、私と妻はすべての予定をキャンセルして、十日（水）の夜の前夜式に間に合うべく韓国に飛んだ。前夜式はソウルの三星《サムスン》病院の大きな霊安室において行われ、私が弔辞を語った。その後、聖民教会の金戴集《キムテス》長老（元陸軍中佐）の夕食の接待に与って、再び病院に戻り、近親者ばかりの前夜式に臨んだ。ところが、今度は私が急遽《きゅうきょ》説教する羽目になった。そこには、長男の申栄俊《シンヨンジュン》師の姿があった。彼は約一年前に事情があって父親から継承した聖民教会の主任牧師を無念にも辞めざるを得なくなったのだが、礼儀正しくかつよく気の利く好漢であった。それゆえか、開拓伝道一年で若者中心にすでに百名ばかりの人々を集めるほどに急速な成長を遂げた「ドリーム・チャーチ」を形成していることに安堵しながらも、韓国教会のドンとも言うべき父親の後ろ盾を失い、悲嘆にくれているその姿は痛々しかった。「申栄俊牧師よ、これからがあなたの正念場だ。頑張ってほしい」、と心の中で語りかけた。

　翌十一日(木)十時から行われた聖民教会での本葬には、満堂の人々が詰めかけていた。説教は、毎朝数千人の早天祈祷者が集まっている明声教会の主任牧師、金森煥《キムサンファン》牧師。弔辞のトップバッターにはヨイド純福音教会主任牧師の趙鏞基師、続いて南ソウル教会主任牧師の皮鐘振《ピジョンジン》師。三番目には日本から滝元明師、四番目に奥山実師と続いた。実は前日の夜、聖民教会の尹佶重《ユンカジュン》長老（元ソウル市警察署長、日本で言えば警視総監）と二〇〇三年に立ち上がったばかりの「日本民族総福音化運動協議会」の側面支援のために「韓国民族総福音化運動」（総裁＝申賢均牧師）から派遣されていた李炳鎬《イビョンホ》牧師との間に、激しい言い争いがあった。私を本葬の弔辞者として立てようとした尹長老の意向を無理に李炳鎬師が奥山師に代えようとしたために起こった対立だった。結局、私が身を引く形でことは収まったのであったが、尹長老が執拗に私を表に立てようとしたのは、それほどまでに高砂教会と私に対する親愛の情が培われていたということの表れでもあった。

その約一年半後の二〇〇七年十月、私は杉田良英、小嶋弘美の両執事と共に、聖民教会を訪問した。申栄俊主任牧師の辞任、申賢均元老牧師の召天という大激震の後に、新しく主任牧師に就任した韓弘信《ハンゴンシン》牧師とは一体どんな方だろうかという不安と、これまでどおり姉妹教会として親しくお付き合いできればよいのだがという期待とがないまぜになった複雑な気持ちを抱きながらの訪問であった。そしてその答えは、仁川空港に着いて間もなく明らかになった。私達の滞在宿舎として用意されていたのは、何と長老会神学大学の学生寮の中にあるゲストルームであった。これまでは、申賢均師の時も申栄俊師の時も、聖民教会の近くにあった快適なソウル・パレスホテルであったが、学生寮は聖民教会からは遠く離れた郊外の不便な場所であった。その上、私のあてがわれたのは上階に位置する割合静かな部屋であったが、同行の杉田執事も小嶋執事も学生の騒音が聞こえる落ち着かない部屋であった。私達は以前とはあまりにも違う待遇に愕然とした。

さらにその上に、申栄俊師在任の時は、聖日には二部礼拝（九時半〜十時半）とメインの三部礼拝（十一時半〜十二時半）の二回の礼拝で説教させてもらったが、その時はメインでない二部礼拝のみの説教であった。また以前は、食事の時などは、長老や勧士の方々が次々と交代でもてなしてくださったのであったが、その時は韓弘信牧師と、かつて新潟大学で勉強したことのある金静姫《キムジョンヒ》勧士が通訳を兼ねて同席することがほとんどであった。そこには、かつてのような和気あいあいとした楽しい雰囲気はなく、仕方なくもてなしているという感じであった。以前とは打って変わった接待のされ方に、心が冷やされる思いであったが、私は必死で自分自身に言い聞かせた。「この程度のことで、これまで創り上げてきた聖民教会との関係を壊すな。韓牧師はまだ若いし、彼の御祖父《おじい》さんは日本統治時代に神社参拝を拒否して投獄された牧師だったので、なかなかわだかまりが解けないのは仕方がないかもしれない。きっとこれまでの高砂教会と聖民教会との素晴らしい交わりを知ったならば、変わってくれるだろう。来年高砂教会に招待して大いにもてなそう」。そう思って気を取り直し、屈辱の思いを撥ね返した。

しかし、聖民教会の長老達は見過ごしにできなかった。彼らは韓主任牧師に対し、厳しく意見することを控えなかった。「韓牧師先生、私達は七年前、高砂教会百周年記念祝賀会に招かれ、五十一名が大挙して訪問しました。その際に、一週間の滞在期間全員をきちんとしたホテルに泊めて歓待してくれました。私達は皆高砂教会の厚いもてなしに感動して帰ってきたのです。それなのに手束牧師先生達一行を神学校の寮に泊めるとは何事ですか。高砂教会よりも十倍以上も大きな教会が、そんなことをして恥ずかしいと思いませんか」。高砂教会を訪問したことのある長老達は声を震わせながら抗議したという。その長老達の剣幕《けんまく》に韓牧師は深く驚きおののいたようだ。

十七日（火）、帰国便に乗るために仁川空港に行くと、意外にも韓牧師が見送りに来ていた。手には私達に対するたくさんのおみやげを携えていた。そして、不十分なもてなしを詫びて、深々と頭を下げられたのだった。私は彼の手を固く握り、その場で再度来年の高砂教会の訪問を要請し、韓国に別れを告げたのである。

翌二〇〇八年六月二十三日（土）から二十六日（火）まで、韓弘信牧師と奥様の金芝姫《キムジヒ》師母、それに金静姫勧士の三名が来訪。加古川プラザホテルに宿泊してもらい、二十四日の聖日は午前十時半からのメイン礼拝で説教していただき、七時からの夕拝では金勧士による証し、二十六日（火）のグレースワーシップでは、金師母による証しを頂いた。二十五日（月）には、姫路城に案内するなど精一杯のもてなしをし、帰国の途につかれた。特に奥様の金芝姫師母がことの外喜んでおられたのが強く印象に残った。「これで、韓牧師の反日意識も大きく変わってくれたらいいのだが」と期待しながら見送ったのであったが、「そうは問屋が卸さない」ということをやがて思い知ることになったのである。

その後、別用で韓国に赴いた折に、聖民教会を訪問した。その際の韓牧師の態度は確かに以前のように冷たいものではなかった。彼なりに懸命にもてなしてくれている様子が伺えた。気の毒なほど、気を遣ってくれてはいたのだが、それは心から喜んでしているのではないことを肌で感じた。日本語がよくでき、それゆえに親しく交わっていた尹信重長老や金戴集長老やクロマ・ハープ合奏団団長の徐勧士などとも、以前のように親しく接触はさせてもらえなかった。申賢均・栄俊親子の時代とは、随分と雰囲気が変わってしまった聖民教会のありさまに、私は強い違和感を抱いた。〝昔の光、今いずこ〟という思いであった。

もしかしたら、これが韓国の国柄あるいは韓国人の性格なのかもしれない。トップに立つ人が変わると、ガラッと色々なことが一気に変わってしまう。それゆえに、日本に親しげに近づいてきたかと思うと、何かの拍子に敵意を露わにしてくる。豹変《ひょうへん》の下手な日本人には、大いに戸惑うところだが、韓国人にとってはごく自然のことなのかもしれない。かくて、高砂教会と聖民教会との長年の「金石の交わり」はいつの間にか失われていった。残念極まりないことであった。

私は以上の残念な経験を基にして、『リバイバル・ジャパン』誌（地引網出版）の二〇〇九年八月十五日号と九月一日号の上下二度に分けて、「韓国教会の日本宣教の可能性と課題」という論考を寄稿している。上篇の方では、「日本の福音化に真に寄与できるのは韓国キリスト教」と題して、なぜ韓国でキリスト教が伸びていったかの理由を明らかにし、日本の教会は欧米のキリスト教よりも、韓国のキリスト教に学ぶことを勧めている。韓国でキリスト教が民衆に受け入れられていった最大の理由は、韓国のキリスト教が韓国の民族性（主義）と深く結びつき、文化適応したからである。日本と同様韓国にも根深くある儒教・仏教の伝統、さらにシャーマニズム的要素をもうまく取り込んで、〝韓国のキリスト教〟を提示してきたことである。それは、儒教的伝統に根差した牧師の権威の尊重、また仏教的伝統に根差した山中の断食祈祷院の建立の数々等。

さらに重要なのは、韓国ではキリスト教が韓国人の民族的アイデンティティを支える柱として、堂々と提起できたということである。つまり、韓国のキリスト教は国家と民族との運命を共にする宗教、すなわち韓国の民衆にとって味方となってくれる宗教として広く受容され、信頼されてきたのである。戦前においては、日本統治下における日本の支配と文化に抗う〝対抗イデオロギー〟として、また戦後は北朝鮮の共産主義に対するそれとしての役割を担っていったのである。

だが、日本の場合は、不幸にも韓国のように民族的国家的アイデンティティを支える宗教として意識されることはなかった。むしろ、日本の民族的国家的アイデンティティを脅かし対立するものとして受けとめられていったのである。その意味で、日本と韓国とでは国家と民族に対する立ち位置は、真逆だったのであり、日本のキリスト教が多くの日本人達の支持を得られなかったのはしごく当然だったのである。かくて、日本のキリスト教会は大いに反省をし、韓国のキリスト教のこのような大胆な〝文脈化〟に倣うことにより、宣教の壁を突破する可能性が開かれてくるはずであると結論付けた。

けれども、下篇では逆に韓国教会の孕《はら》んでいる致命的欠如を指摘した。それは一言で言うと「日本への恨みを捨て去ることこそ日本宣教成功の鍵」という副題において表現している。伝道とは愛の事柄である。その国の民を愛せずして、決して伝道に成功することはあり得ない。韓国では七十年以上も前より、幼い頃からの〝反日教育〟が行われ、韓国のマスコミは毎日のように大げさな〝反日報道〟を行い、韓国人の無意識の中には〝反日憎悪〟のルサンチマンが山のように貯め込まれていっている。それを除くことは至難である。その結果、「自分は日本を赦したがゆえに、日本人を救いたいと思って日本宣教に来たのだ」と公言しながらも、何かの拍子に〝反日憎悪〟の感情が引き出されてしまっている場面に何度遭遇したことだろうか。

しかし、聖書の神は〝赦し〟の神である。人を赦すことの大事さが繰り返し説かれている。赦すことは祝福を引き寄せる。それゆえに、日本人を赦さずして、深い部分で恨み憎み続けているならば、決して韓国教会の日本宣教は成功することはできない。そればかりか、韓国の国家と民族自体が神の祝福から引き離されていく。あれほどよく祈り、あれほど主への捧げものを惜しまない国民は他にはいない。にもかかわらず、国家と民族が祝福されない真因はここにあると結んだ。〝親韓派〟である私には、韓国がこのまま衰退の一途を辿り、滅亡へと向かっていくのを見るのが、たまらなく残念であるという思いの表出であった。主よ、韓国のクリスチャン達に一日も早く悟りと気付きを与えたまえという祈りでもあった。

二十三　韓国伝道―感嘆と落胆の交錯⑤

―桂山中央監理教会との出会い、そして姉妹教会提携に―

あれは確か二〇〇四年の夏だったと思う。中賢均牧師に連れられて、韓国の第三の都市仁川に赴き、ある教会の水曜礼拝（日本の祈祷会に当たる）に臨んだ。その教会は仁川市のメイン通りに面した小高い丘の上に立つ、古い赤レンガのクラシカルな威風堂々とした建物であった。桂山中央監理教会という。〝監理教会〟というのは、日本で言えば〝メソジスト教会〟のことであり、〝監理〟とは〝監督〟と同じ意味である。そう言えば、日本でもかつて〝メソジスト教会〟を〝監督教会〟などとも呼んでいた。ちなみに、私の卒業した関西学院神学部も、この〝メソジスト派〟の流れを汲《く》んでいる。それゆえに、〝監理教会〟と聞くと、不思議にも親しみを持つのは自然の趣なのかもしれない。

桂山中央監理教会に急ぐ途次、私は中牧師に尋ねた。「主任牧師はどのような方なのですか」。すると、中牧師は「崔世雄という方で、少し前まで監理教会の監督の立場にあり、教派を超えて多くの人達から尊敬されている人格者です」と紹介してくれた。私はそれを聞いて、俄然《がぜん》関心を持った。お会いしてみると、確かにその言葉どおり、地味ではあるが篤実な人柄であることは、私たちを接待してくださる態度の中に滲み出ていた。日本の歴史上の人物にたとえるならば、中賢均牧師が西郷隆盛だとすると、さしずめ崔世雄牧師は大隈重信に匹敵するであろうか。華々しくはないが、着実に物事を築き押し進めていくタイプである。それゆえに、両者とも教育に関心があり、人材育成に力を入れてきた。周知のように、大隈重信は早稲田大学を創設し、将来の日本を担う多くの有為な青年達を育成した。また崔世雄牧師も長年監理教神学大学の理事長として、将来の国内外のキリスト教宣教を担う伝道者育成に尽力してきたのである。私は既述したごとく、一九七七年に初めて韓国を訪れてから、それまでの三十数年間に、多くの韓国の牧師達と出会ったが、その中でも崔世雄牧師との出会いは、なぜか印象深く心に刻印されることになった。そしてそれが聖霊の深く介在された仕業であると分かったのは、その一年後の二〇〇五年六月のことであった。

その頃、韓国民族総福音化運動から日本に派遣されていた李炳鎬師の創設した「ユニオン神学大学教会成長大学院」の研修ツアーに、二十数人の日本の牧師や信徒と共に参加したのであったが、何とその夜宿泊所となったのは桂山中央監理教会の霊修所「御言葉と祈りの家」であった。一つの教会が運営するにはとても贅沢《ぜいたく》な、優れた研修施設であった。そこを拠点にして、主に監理教会のいくつかの教会を訪問し、教会成長の研修を受けたのであった。監理教会の牧師達の多くは、私が関西学院神学部出身だと知ると、親しく歓迎してくださった。関西学院神学部の韓国教会への影響力の大きさを、つくづく思い知ったのであった。

当然聖日礼拝は桂山中央監理教会で守ることになった。そしてメインの三部礼拝において、私が説教する光栄に与ったのだが、桂山中央監理教会がその頃新会堂建設を進めているということを聞き及び、私の得意とする会堂建設を励ます説教「山に登り、木を持ってきて主の家を建てよ」（ハガイ一・八）を語った。それを聞いて、会衆全体が大きく感動に包まれた。すると、崔牧師が立ち上がり、私達日本人参加者を聖壇に招き上げ、続いて教会の長老達をも聖壇の上に登ることを指示した。そして私達が互いに手をつないで日本宣教のために祈ることを求められた。輪になって熱心に祈ったその時、聖霊が聖壇の上にザアーッとばかり注がれてくるのが見えた。私達は感動にむせんで泣き、共に祈った会衆達も、何人もの人々が涙を流していた。私はその時、はっきりと悟った。崔牧師と桂山中央監理教会を、主は日本のリバイバルのために用いようとしておられるということを。そのために私と桂山中央監理教会を結びつけようとしておられるということを。

それから二年後の二〇〇七年十月、桂山中央監理教会の新会堂はいくつもの難関をクリアしてついに完成した。旧会堂よりさらに良い場所（メイン通りの交差点の角地）に堂々と、しかも旧会堂とは打って変わって、超近代的な全面ガラス張りの明るい会堂として生まれ変わった。それはまるでモダンな音楽堂のような佇《たたず》まいであり、一階席と二階席・三階席を合わせると三千五百人を収容できるほどの巨大な芸術的な建物であり、献堂式に招かれてその新会堂を見た時、私と妻は思わず「おーっ」と声を上げた。

献堂式は十月二十一日（日）の午後四時から開かれ、劇場の舞台のように広い聖壇の来賓席には私ひとりが招き上げられた。もうひとり仁川市長が座ることになっていたのだが、遅れに遅れて式典の終わり頃に駆けつけ、私ひとり満堂の衆目を集めることになった。実は参加者の中には十人近い国会議員等の政治家達がいたのだが、その人達は誰も壇上に上げてもらえず、ただひとり私だけが壇上に座らせていただいたのは、いかに崔牧師はじめ桂山中央監理教会の方々が、私を大切に考えてくださっているかの証左であり、感動に胸の熱くなる思いであった。

私の祝辞に先立って、妻が韓国語で短い挨拶の言葉を語り、聖歌二三二番（つみとがをゆるされ）を韓国語と日本語で歌った時、大きな喝采を浴びた。それは私の祝辞の時よりもさらに大きなものであり、妻の演出力の見事さには、またもやほとほと感心させられたのである。

翌二十二日（月）の午前中、献堂記念講演会として私が立って「日本宣教の現実と展望」と題して語る。約百名の牧師達や長老・勧士達、さらには婦人伝道師達が、私の講演にじっと耳を傾けてくれたのだが、果たしてどれほどか桂山中央監理教会がこれから成そうとしている日本宣教に役立ったであろうか。その晩私達夫婦は、充実した爽やかな思いを抱きながら帰国したのであった。そしてそれ以後、崔世雄牧師の「伝道力向上セミナー」は、日本民族総福音化運動とのタイアップにより、日本各地でさらに大きく展開されていくことになったのである。

その六年後の二〇一三年十一月、私達夫婦は再び桂山中央監理教会の招待に与った。それは全く思いもかけない趣旨の招きであった。その年の四月二十九日（昭和の日）に日航ホテル姫路で開催された「手束牧師牧会四十周年記念祝賀会」にわざわざお越しくださって祝賀の言葉を下さった崔世雄牧師は、「素晴らしい祝賀会で感動しました。私の教会でもぜひとも手束先生のお祝いをして差し上げたい」と申し出られた。しかし、当時のいわゆる「従軍慰安婦問題」の錯雑化に伴う日韓関係の悪化を考えると、「ありがたい言葉だが、まあ無理だろうな」という思いであった。だが、私の予想は外れた。これはまさに崔世雄牧師の人徳によるものであろう。当時はすでに主任牧師を退き、後任をご長男の崔信成《チェシンソン》牧師に譲っていたにもかかわらず、崔世雄元老牧師は主任牧師や長老会を動かし、私達夫婦の牧会四十周年の祝賀会を、教会を挙げて開催してくださったのである。

十一月十日（日）の当日、午前の礼拝は桂山中央監理教会の一室で行われている「在韓日本人めぐみ教会」（金興奎《キムフンギュ》牧師）で説教し、午後二時半からは大聖堂での「手束正昭牧師牧会四十周年祝賀礼拝」に臨んだ。この時もまた私のメッセージに先立ち、例によって美智子が韓国語で短い挨拶をした後、韓国語と日本語で韓国産の有名な讃美歌「神の恵み」（ハナニム ウチ）を歌うと、これが大受け。「アンコール」の声鳴りやまず、そこでもう一曲有名なマロッテの「主の祈り」を韓国語で歌うことになった。その後私が立ち、崔世雄師のリクエストに応えて、なぜ高砂教会が低迷状態にある日本の教会の中で、しかも地方小都市にあって、著しく成長できたかについて語った。その内容を一言で要約すると、「聖霊と赦し」となる。

その祝賀礼拝には、懐かしい方々がわざわざ参席してくださった。かつて、在日大韓姫路薬水教会牧師であった李応善師の愛娘である長老教会神学大学音楽科教授の李明信師とその親友である藤田北子姉である。李明信師は高砂教会に学生達を連れて何度かおいでくださったことがあるが、その頃は交流が途絶えていた。しかし私の「牧会四十周年祝賀会」と聞いて、ソウルから忙しい合間を縫って駆けつけてくださったのであった。そして、美しい祝歌をもって、祝賀礼拝に感動の花を添えてくださったのである。その歌の見事さは、満席の会衆を酔わせて余りあるものがあった。

さらに、昼間の霊的感動に加えて、夜には肉的な感動が待っていた。教会の長老達のふるまいなのであろうか、市の郊外にある〝王宮料理〟の店に案内されて、日本では決して食べることのできない珍しい韓国高級料理のもてなしに与ったのであった。今回の旅に同行してくれた四十周年祝賀委員長の伊藤信義執事、秋山ひふみ勧士、林田多香子勧士、砂山ゆかり執事にとっては、この料理の馳走に与っただけでも、同行した甲斐《かい》があったことであろう。恐らく二度と食べる機会はないであろうから。

姉妹教会同士でもないのに、このあまりにも丁重なもてなしを受けた私は、ごく自然に崔世雄牧師と崔信成牧師に提案した。「このような熱いもてなしは、姉妹教会以上ですから、いっそのこと正式に姉妹教会になりませんか」。お二人は静かにうなずいてくださった。こうして高砂教会と桂山中央監理教会（教会員七千人）とは、聖霊の自然の導きの中で姉妹教会提携へと導かれていったのである。

調印式は、翌二〇一四年五月十八日（日）、桂山中央監理教会の十一時からのメイン礼拝の中で行われた。その礼拝の中では、主任牧師の崔信成師と私が、それぞれ二十分を目安に説教をしたのであったが、不思議にも二人の説教は事前に打ち合わせしたかのように調和のとれたものであった。このことに触れて、同行した北村恵勧士は、月報に次のように綴っている。

「以上、二つのメッセージがまるで一つのメッセージとなって私の胸に響きました。そして神様はこの姉妹提携を喜ばれており、これからの日本宣教と民間レベルでの日韓の友好が必ず祝福されたものとなることを確信しました。……中略……さあ、新しい歴史が始まります」（二〇一四年六月号）と。

確かに北村勧士の言うように、桂山中央監理教会との姉妹教会提携は、〝新しい歴史の始まり〟なのかもしれない。かつては、ソウル聖民教会との姉妹関係の中で、日本では決して得られないたくさんのことを学ばせていただき、珍しい体験の数々をさせていただいた。しかし、最後には冷や水を浴び、落胆に終わった。

だが、そんな私の失意落胆をよそに、主なる神は桂山中央監理教会と出会わせてくださったのであった。それはまるで、「手束牧師よ、落胆せず、これからも韓国の教会との交わりを大切にしていきなさい。おまえには、これから後もなお、韓国教会との親善友好をつなぐ役割を与える。それが、私の意志なのだから、新しい気持ちでもう一度立ち上がりなさい」と語りかけられているようであった。そこで私は、引き続いて桂山中央監理教会を通して、韓国の諸教会への奉仕をしていった。やがて主なる神はこのことを喜ばれ、私に大きな御褒美を下さったのである。それは既述したごとく思いもかけぬ「韓国キリスト教宣教大賞」の受賞というあまりにも晴れがましくも光栄な出来事によってであった。

二十四　聖霊刷新（カリスマ）運動への挺身 ①

――出版による運動の拡大と思わぬ妨害――

元アメリカ大統領だったバラク・オバマの大統領就任式に際して、式を司ったのは当時アメリカで最も成長している教会、サドルバック教会の主任牧師リック・ウォレンであった。その彼の代表的著書は『健康な教会へのかぎ』（いのちのことば社、原題は The purpose driven church で、直訳すれば「目的主導の教会」となる）として日本でもよく知られている。その書物を通してリック・ウォレンが強調しているのは、「なぜこの教会は存在するのか」という問いに、教会は明確に答えねばならず、教会の存在理由を明確にすることこそが教会の成長と復興のために不可欠だというのである。私はその主張に大いに共鳴した。実に、そのゆえに私達の高砂教会もまた播州の田舎の教会にありながら、都会の伝統的大教会と肩を並べるほどに成長と復興を遂げ得たのである。

ところで、リック・ウォレンの言う〝目的主導〟（purpose driven）という言葉は、言い換えると、〝教会のアイデンティティ〟となるのではなかろうか（あるいは「教会の理念」とも言えるかもしれない)。今では、子どもでも年寄りでも使うようになった〝アイデンティティ〟という言葉は、ドイツの心理学者E・H・エリクソンによって初めて提唱された言葉である。この言葉が最初に日本に紹介された時、直訳的に「同一性」などと訳されていて、私には何のことだか分からなかった。しかし今になってみると、案外こう訳す方が事柄をしっかり汲み取っていたかもしれないと思う。要するに、〝アイデンティティ〟というのは、「自分もあのような人になりたい」と願い、その模範とすべき人物と同一化することを通して、その人生を大きく飛躍させ、切り開いていくことになるからである。そしてそのことが、単に一個人に対して適用されるだけではなく、教会という集団(共同体)に対しても適用され得るというのが、リック・ウォレンの意図するところであろう。

そこで、私達の教会に与えられた〝アイデンティティ〟とはいかなるものであろうか。それは、すでに「一、助っ人達の登場①」で記述したごとく、オーストラリアのシドニーのカリスマ集会の中で、聖霊に満たされたカトリックの修道女と修道士が突然に語った二つの預言の言葉の中に極めて明確に示されたのであった。ここでもう一度繰り返すが、シスター・パウリンを通して主は次のように高砂教会に語られた。

「万軍の主は言われる。高砂教会は日本のための神の真実と愛と祈りの松明であり、炎なのです。丁度オリンピックの聖火ランナーのように、高砂教会は日本のための神の真実を運んでいるのです。……それは次の主の言葉が実現するためなのです。『わたしは、火を地上に投じるためにきたのだ。火がすでに燃えていたならと、わたしはどんなに願っていることか』（ルカ十二・四九、口語訳）」。

この預言を読んだ時、最初はそのあまりにも大きな神から託された使命に感動というより、呆気にとられ、おののいた。分裂に分裂が続いて、教会員の半分以上がいなくなってしまった惨めな状況にあるのに、主なる神は何という途方もない御旨を示されるのだろうか。この預言を本当に信じてよいのだろうか、と疑った。しかし、確かにこれは私のまったく見ず知らずのカトリックの修道女が聖霊の促しによって語った預言である。とするならば、この預言を真実なものとして信じ受け入れる他はないのだ。そう思った時、私の心の内に温かいものが溢れでてくるのであった。そして私は決意した。「聖霊刷新（カリスマ）運動を進めることは、高砂教会の使命であり、アイデンティティなのだ。ならば、どんなにカリスマ運動に対して批判攻撃があったとしても、恐れず意気阻喪《いきそそう》することなく、〝日本の松明〟の務めを果たす以外にないのだ」と。かくて、聖霊刷新（カリスマ）運動を推進することが、高砂教会のアイデンティティとして確認確立されていったのであるが、同時にそれには執拗な戦いを通らせられるということでもあったのである。けれども、リック・ウォレンの言うごとく、聖霊刷新（カリスマ）運動を推進することによって降りかかった多くの苦悩に、何倍にも優る豊かな祝福を受けることになったのである。

主から託された〝日本の松明〟として「聖霊刷新（カリスマ）運動を推進する」というアイ

デンティティの具体化として、私が最初に手がけたと言うより、手がけさせられたのは、カリスマ運動についての書物を書くことであった。カリスマ刷新是か非かを巡って教会内に起こった分裂を、何とかして収めようとして、言わば牧会上の必然から書き綴った「カリスマ運動とは何か」が思わぬ形で日の目を見、『キリスト教の第三の波』として世に出され、これまた予想を大きく超えて売れに売れていった。恐らく、出版元のキリスト新聞社もビックリしたであろう。「神学書はよく売れて三千部」というジンクスを遥かに突破し、一万部を超えていったのだから、驚くのも無理はない。以後、キリスト新聞社は「手束牧師の書いたものは売れる」と信用してくれたようで、『続・キリスト教の第三の波――カリスマ運動とは何か』、『命の宗教の回復――キリスト教の第三の波〈説教集〉』、『キリスト教の第三の波・余録――講演と証し集』、『信仰の表現としての教会建築』、『聖なる旅――キリスト教の本質を抉る』、『続・聖なる旅――キリスト教の新たな可能性を探る』、『恩寵燦々と――聖霊論的自叙伝（上）雌伏の時代』と、全部で八冊を数えている。そして、これらの書物のいずれも「カリスマ運動とは何か」ということを、時には教会建築という場面において、時には旅行記という体裁を通して、啓蒙していったものである。

私はこれらの書物を世に出すことによって（これ以外にも、他の出版社から出した七冊をも含めて）、書物というものがいかに大きな影響力を行使できるのかということを、つくづく覚えさせられたのであった。色々な場所で、「あなたが『キリスト教の第三の波』を書いた手束先生ですか」と尋ねられ、また「先生の書いた『聖霊の第三の波』、私も読ませていただきました」という言葉に、「ピーター・ワグナーの『聖霊の第三の波』と間違えて言っているな」と苦笑しながら、「ありがとうございます」と礼の言葉を述べた。さらに、その影響力は単に日本国内に留まらなかった。既述したごとく、台湾に多く存在する日本語を読める牧師達も『第三の波』を読んでおり、「待っていました」とばかり私の訪台を歓迎してくれた。以来、三十四年間台湾伝道旅行を続け、今日に至っている。その上、思いもかけず『命の宗教の回復』と『信仰の表現としての教会建築』は、台湾で北京語に翻訳されていったのである。

実は、韓国においても同じようなことが起こっていたのである。二〇〇二年十月、森祐理姉を伴って韓国伝道旅行に赴いた時だった（伴奏者として森仁美教育主事、音響調整者として杉田良英執事も同行）。趙元吉《チョウウォンギル》牧師率いる南城教会の特別讃美聖会に臨んだ。南城教会訪問は三回目だったが、その時の通訳者は二回の日本留学経験を持つ老牧師の趙姜出《チョウカンデ》師ではなく、権賢燦《グォンケンサン》という隠退牧師であった。そこで私の名刺を差し出したのだが、しばし私の名前を食い入るように見つめた後、「先生は教会建築の本を書かれたことはありませんか」と尋ねてこられた。「はい、書いたことはありますが」と答えると、「実は私はその本を韓国語に訳したことがあるんですよ」と言われ、ほんとうにビックリした。聞くと、喫茶店の数ほどあると言われる教会の多い韓国でも、教会建築の実際について書いた本は極めて少なく、日本に手ごろの本があるというので取り寄せて訳してみたというのである。しかし出版はまだだということであった。その後、韓国で『信仰の表現としての教会建築』が出版されたという報告はない。恐らく、権牧師は幾つかのキリスト教出版社に当たったのであろうが、どこも日本の牧師が書いた本など出版を引き受けるところがなかったのであろう。他にも『続・キリスト教の第三の波』と『命の宗教の回復』を他の二人の人物から韓国語に翻訳したいという申し出があり、「どうぞどうぞやってください」と許可したのだが、この二冊もまたいまだ韓国で出版されたという報告はない。そこに、台湾と韓国の対日感情の歴然たる相違を覚えて、寂しくも残念に思ったのである。

ところが、私の本に対する思いもかけない妨害が国内で起こった。それは、なんと日本キリスト教団出版局発行の『信徒の友』によるものであった。キリスト新聞社は私の『命の宗教の回復――キリスト教の第三の波〈説教集〉』を一九九二年十二月に上梓《じょうし》するに当たり、『信徒の友』誌にその広告を載せようとした。ところが、『信徒の友』誌は「あの人の本は広告として載せられない」と広告掲載を拒否してきたという。私はその報告を当時のキリスト新聞社社長米窪博子氏から聞き及び、思わず「え！」と声を上げて仰天した。「そこまでやるか」という思いであった。と言うのは、どの雑誌でもそうなのだが、それを継続的に発行し続けるためには広告収入ということが大事となる。それゆえに、出版社は広告を取ることに東奔西走することになる。シェアの少ないキリスト教雑誌の場合、なおさらである。そこで、相手の方から広告費を払って載せてほしいと言ってくる顧客ほど、ありがたい存在はないはずである。にもかかわらず、『信徒の友』が私の本の広告掲載を拒否したのは、聖霊刷新（カリスマ）運動に対する差別と偏見を、それほど強く持っていたということを意味している。

実は、その約十五年前の一九七七年五月号の『信徒の友』は〝カリスマ運動批判〟の特集を組んだことがあった。その特集を当然私も目を皿にして読んだ。その特集記事は〝カリスマ運動〟を「度はずれた聖霊運動」と規定し、一応アカデミックな体裁をとりながら、予断と偏見と誤りに満ちた内容であった。私はすぐに電話を取り、編集長の石井錦一師（当時松戸教会の牧師）に抗議した。「カリスマ運動を批判するのは構わない。しかし日本キリスト教団の場合、『イエスをキリストと告白する限り、あらゆる立場を切り捨てない』と常に言っているのだから、批判・反対の論説だけ載せるというのは一方的で不公正なのではないか。賛成・推進派の意見も載せるべきではないか」と。しかし、石井錦一師は「そんなことはない。『信徒の友』は正統的な信仰の立場を貫くのであるから、正統的でないと思われるものは載せられない」と言い放った。だが、〝正統的〟であるか否かは一体誰が、どこで判断するのだろうか。クリスチャンにとって共通する唯一の基準は聖書のはずである。だとするならば、カリスマ運動は、聖書本来のキリスト教に戻ろうと主張しているのであるから、最も正統的な信仰と言える。〝度はずれている〟のは、むしろ今日の教会ではないのか、と私は強い憤りを押さえることができなかったことを記憶している。そしてまたもやこの度の、私の書物の広告掲載拒否である。憤慨した私は、早天で主の前に立って叫び訴えた。「主よ、こんなことがまかり通ってよいのでしょうか。聖霊の聖名が汚されています。何とかしてください」と。すると、不思議なことに明瞭な主からの応答が即返ってきた。「分かった。わたしはお前の祈りを聞いた」と。それから間もなく、石井錦一師は長い間君臨し続けた『信徒の友』編集長を更迭された。カリスマ運動差別のゆえではなく、女性差別の記事の責任を問われたのであった。私はそのあまりにも厳正な主の取り扱いに驚き、おののきをもってそのニュースを聞いた。

二十五　聖霊刷新（カリスマ）運動への挺身②

――バルナバ現わる、そして高砂聖霊アシュラムの発足――

一九八六年十一月に、私の『キリスト教の第三の波――カリスマ運動とは何か』が出版されると、間もなく反響の手紙が次々と舞い込んできた。そのほとんどは、感動と共鳴と称賛の手紙だった。私はその反響の大きさに嬉しい悲鳴を上げつつ、その一通一通を丁寧に読んだ。その中に、東北学院大学教授であり、ディートリヒ・ボンヘッファー研究の権威でもある森野善右衛門氏の手紙もあった。高名な神学者でもある森野氏の広い視点からの高い評価は、関学大神学部の山内一郎教授や国際基督教大学の古屋安雄教授以外の他の日本の神学者達の冷ややかな態度に比して、私を大いに励まし慰めて余りあるものがあった。私は早速に感謝の返事をしたためた。そして、それから三年後に出版した『続・キリスト教の第三の波――カリスマ運動とは何か』の論評を、神学に関する新刊書の紹介誌『本のひろば』（キリスト教文書センター）一九九〇年三月号に執筆していただいたのである（正編の論評者は、一九八七年一月号にて関学大社会学部チャプレンの熊谷一綱教授）。その論評はまさに正鵠《せいこく》を得たものであり、「さすがだ」と唸らされたのである。かくて、森野教授は、その論評の末尾をグローバルな視点から次のように結ぶ。

「東方正教会や第三世界のキリスト教からの影響によって、キリスト教理解における『知性』と『霊性』のバランスのとらえ直しの重要性が再考され、WCC第七回大会の主題にも聖霊の問題が掲げられるようになって来ている時代において（一九九一年、キャンベラ）、キリスト論を聖霊論の方向に展開することは、神学的にも実践的にも、今日の世界教会の緊急な課題の一つとなりつつある。この問題に関心ある教職・信徒の方たちに本書を広くおすすめしたい」（一九頁）。

しかし私は、その他にも多くの感想や励まし、また質問等の手紙を頂きながら、その全部に懇切に返事を書くことができなかった。日常の伝道と牧会、その上に加わったカリスマ刷新是か非かの教会内外の批判に応えることに忙殺されて、疲労困憊《こんぱい》し、時間的にも精神的にも余裕がなかったからである。今さらながら、当時返信を期待しながら手紙を下さったにもかかわらず、きちんと応答できなかった方々には、申し訳なかったという詫びの念と共に、その不明を恥じている。さらに手紙だけでなく、わざわざ高砂まで来訪された方も何人かいた。そのうちの一人は長谷川英雄という方である。下さったお手紙の中には七十七歳という年齢が記されており、かの賀川豊彦先生の弟子であることを誇りとし、「国鉄福音同志会」の一員でありつつ信徒伝道者として活躍したことのある〝老雄〟であった。その見事な文面と筆致には、思わず

「何という優れた手紙か」と感嘆せざるを得ない風格があった。その文中にいわく。

「今日のキリスト教会の現状はまことに憂うべきものがあり、なんとか血路を開くのでなければばと日夜祈ってまいりました者にとり、先生の一語一語、私の心の奥まで届き、『これだ』と叫ばずにはおられません。近ければ飛んで行き、祈って頂き、教え導いて頂きたい気持ちで一杯であります。主、許し給わば、ぜひお目通り致したいと願っています」。

その文面には、あの生まれたばかりのイエスと出会えて喜びにあふれた老シメオンのごとく（ルカ二・二二以下）、なんとか老体にムチを打って私に出会いたいという思いが滲み出ていた。しかし七十七歳で山陰の奥に位置する米子から出向いてくるのは、無理だろうなと私は思っていた。だが老雄はついにやって来た。しかも一度ならず二度までも。二度目は一九八八年十一月に落成した新会堂を見にどなたかと一緒に礼拝に参加され、「素晴らしい会堂ですね。よかった」と、満面の喜びをもって言い残して行かれたのであった。今思えば、あの時無理にでもお留めして、昼食を一緒にとりながら、お交わりすべきだったと後悔している。その頃の私は、その未熟さゆえに、突然の来訪だったこともあって、そこまでは気が回らなかったのである。もしかしたら、せっかくの他の来訪者にもこんな気配りのなさを気付かずにしていたのかもしれないと思うと、今さらながら慚愧《ざんき》に堪えない思いである。

もう一人いた。『キリスト教の第三の波――カリスマ運動とは何か』を読んで手紙を下さった老雄が。石神勇《たけし》という方である。この方も、長谷川英雄氏と同様、信徒伝道者である。当時八十三歳。若き日にアシュラム運動に共鳴し、榎本保郎牧師の〝榎本アシュラム〟から学び続けていたが、ゆえあってそこから離れて、ご自分で〝バルナバ・アシュラム〟なるものを創設し、毎年開催。さらに、毎月『アシュラムの群れ』なる新聞を発行し、自費でアシュラム参加者に送付していた。

石神氏もまた、私の『第三の波』を読んだ時、これこそ自分が求めていた本当のキリスト教信仰だと膝を打ったという。そして何とかして多くの人にこの本を読んでもらおうと、百冊以上も買い込み、半額で販売していたという。石神氏は自分を〝バルナバ〟と自任し、それゆえに自らの創設したアシュラムの会を〝バルナバ・アシュラム〟と名付けていたのだが、まさにバルナバが当時の原始教会ではほとんど知られていなかったパウロを見出し、表舞台に引き出したように、私を人々に知らせ、引き出すために躍起になってくれたのであった。そして次々と手を打ってくれたのであった。

最初に行ってくれたのは、上述したごとく、私の本の販売推進であったが、第二は、東京で「『キリスト教の第三の波』著者を囲む会」を開こうという提案であった。そして皆川尚一牧師（キリスト公会相模大野教会）や野沢満雄牧師（日本キリスト教団要町教会）の協力を取り付け、それに当時東京に在住していた高砂教会員の内海正雄・なお美夫妻などもこれに加わり、一九九〇年六月二十三日、東京「早稲田奉仕園」を会場に、「第一回『キリスト教の第三の波』著者を囲む会」が開催されたのである。そして、高砂からも十名近い人々が同行してくれたのである。この時の私の講演題は「神の革命としてのカリスマ運動――『キリスト教の第三の波―カリスマ運動とは何か―』（正・続）をめぐって」であった。特に司会に当たってくれた野沢満雄師が語っておられた言葉「この本を読んだ時、私は興奮して部屋中グルグル歩き回り、妻に向かって『凄い本が出た、凄い本が出た』と叫んだのです」を、その時の野沢牧師の表情と共に、鮮やかに記憶している。かくて一回目の「『キリスト教の第三の波』著者を囲む会」は大成功のうちに終わった。

これに気をよくしたのか、石神氏は翌年一九九一年に、二回目の「著者を囲む会」を東京で開催することを提案してきた。そして七月二十日に大正セントラルホテルで、「第二回『キリスト教の第三の波』著者を囲む会」の開催となった。その時の講演題は「現代教会への挑戦としてのカリスマ運動――『信仰の表現としての教会建築―その大いなる記録―』をめぐって」であった。その中で、高砂教会の新会堂建築に込められているカリスマ的意味を追求しながら、「カリスマ運動とは何か」を解明していったのである。この講演は同時に、その頃ピーター・ワグナー（米国フラー神学校の教会成長学教授）によって書かれた『聖霊の第三の波』（暁書房）という本が、しばしば私の『キリスト教の第三の波』と混同されていたので、その是正と釈明を意図していったのである。ピーター・ワグナー師の『聖霊の第三の波』とは、第一の波を一九〇〇年に起こったペンテコステ運動、第二の波を伝統的教会に二十世紀半ばに起こったカリスマ刷新運動とし、福音派教会に一九七〇年代以降に起こった聖霊の賜物を回復する運動のことを「聖霊の第三の波」と呼んだものである。そして私の場合、ピーター・ワグナー師の言う、聖霊の第一の波、第二の波、第三の波をひっくるめて「キリスト教の第三の波」と総括したのである。かくて〝カリスマ運動〟と言う場合、それが広義の意味で使われているのか、あるいは狭義の意味（伝統的教会のカリスマ刷新運動）で使われているのかを明瞭にしないと教義的混乱に陥るので注意するようにと訴えたのであった（『キリスト教の第三の波・余録――講演と証し集』参照）。

かくて、石神氏のバルナバ役、すなわち私と私の著作を東京の牧師や信徒達に広く知らせたいという企ては恵み深く終わったのであった。そしてさらに、石神氏は三番目の手を打ってくれたのである。それは、石神氏が主催する「バルナバ・アシュラム」の講師として、私を招くことであった。

一九九二年五月三日の二部礼拝後、私は急いで姫路駅から新幹線に飛び乗って東京に赴いた。東京都日野市にあるカトリックの施設ラ・サール研修所で行われる「バルナバ・アシュラム」の講師（アシュラムでは助言者という）を務めるためである。私を講師として立てるために、石神氏は随分と根回しをされたようだ。と言うのは、「バルナバ・アシュラム」には、日本キリスト教団ホーリネスの群の重鎮である島隆三牧師（後にホーリネスの群の「東京聖書学院」院長）や何冊も著書を書き、神学者としても著名な淵江淳一牧師なども協力者としていたからである。それゆえに、私を講師として迎えての「バルナバ・アシュラム」が、果たしてどんな結果をもたらすのかハラハラものだったであろう。しかし結果は、聖霊の恵みが注がれた素晴らしいアシュラムとなったのである。

かくて石神氏は、この時のアシュラムのありようを、自ら主筆として発行している『アシュラムの群』誌に、次のように報告している。

「手束牧師の『預言的』聖書講義は会衆に深い感銘を与え、参加者全員の満たされるところとなった。特に二日目夜の『いやしの時』は多くの癒しを経験し、三日目の『恵みの座』の時に聖霊を受ける者あり、胸の熱くなるのを覚える者あり、招きに応じて二人を残して全員前に進み出てひざまずく、手束牧師はそれぞれの頭上に手を置いて祈られる。そのように祈りだしたがしばらくすると祈りがことばならぬ美しい声となって全体を包み込み、やがては玉を転がすがごとき美しい声の輪となった」と。

だが、このような聖霊の注ぎと共に起こった素晴らしいカリスマ的現象に対して、予想しないではなかったが、厳しい批判の声が起こった。しかし石神翁《おきな》は怯《ひる》まなかった。「ならば、これまでのバルナバ・アシュラムとは別な、手束牧師を講師とした新しいアシュラムを創ろう」。そう決心した石神翁は、一九九三年秋に、同じラ・サール研修所を会場にして、「第一回新生バルナバ・アシュラム」を開催したのである。テーマも、そのものずばり「カリスマ運動について」と打ち出し、誰がなんと言おうと、私の『キリスト教の第三の波』を埋もれさせてなるものかという凜とした心意気を示してくれたのであった。そこには、戦後の日本人が失ってしまった打算や保身を越えて信念に生きようとする〝美しい日本人〟の姿があった。日本で活躍している元台湾人の評論家金美齢氏は、その著書や講演において、何度も叫んでいる。「かつて台湾の者達が憧れていた凜とした日本人はどこにいったのか。意気地がなく事なかれ主義に陥っている現在の日本人は何とも情けない」と。だが、もし金美齢氏が石神翁と出会っていたならば、「ここに自分達の知っている本当の日本人がいる」と喜んだかもしれない。

その「第一回新生バルナバ・アシュラム」に引き続いて、私は新潟県栃尾市（現在の長岡市）にある日本キリスト教団栃尾教会に足を伸ばした。実に不思議なことに、そこには榎本保郎牧師からアシュラムの薫陶を受けた酒井春雄牧師がいた。私の集会でカリスマの恵みを体験した酒井師は、カリスマ運動とアシュラム運動が合体するならば、どんなに素晴らしいかを提唱してくれた。かくて、まさに石神翁と酒井師と私のビジョンが一つに結び合い、その結果、翌一九九四年から、高砂教会を会場にして、「高砂聖霊アシュラム」なるものが毎年秋に開催されるようになり、今年で二十五回目を迎えようとしている。かくて石神翁は私にとっても高砂教会にとっても、中賢均牧師と共に大きな引き立て役すなわちバルナバとしての役割を見事に果たし、二〇〇五年十一月一日、天に帰っていかれたのである。

二十六　聖霊刷新（カリスマ）運動への挺身③

――日本キリスト教団聖霊刷新協議会の結成――

石神勇翁の尽力によって創立された「高砂聖霊アシュラム」が、酒井春雄牧師（栃尾教会）や野沢満雄牧師（要町教会）などの協力を得て、聖霊の恵みによって導かれ、順調にも順調に進んで四回目を迎えた一九九七年十月の時だった。私と酒井師と野沢師の三人が別室で昼食を囲んでいる時に、自然のうちにある重要な事柄に話が盛り上がっていった。それは、教団の中に聖霊刷新（カリスマ運動）のグループを発足させ、教団内に聖霊刷新を押し進めようではないかという内容であった。私も個人的には、以前そのような願いが興っていたこともあったのだが、決意ができなかった。それは教団の中によくある徒党を組んで様々な政治的圧力を行使して、自分達の主張を押し通そうとする人々と同じように受け取られはしないかという懸念があったからである。それゆえに、そのような肉的・政治的なあり方を果たして聖霊が喜ばれるだろうかという躊躇があった。しかし、その時は聖霊の強い促しを覚え、三人のうちに「聖霊様の願いだ。立ち上げよう」という一致した情熱が湧き起こったのである。

折しも、その年の十二月三日から、当時アメリカのフロリダ州にある港湾都市ペンサコーラで興ったリバイバルが注目を集めており、そのリバイバルの指導者達を招いて、浦安市の東京ベイヒルトンホテルで「ペンサコーラ聖会」なるものが開催されていた。私も妻と共にそれに参加した。日本キリスト教団からの参加者は自分達だけだろうと思っていたのだが、さにあらず、予想を超えて十人もの教団の牧師達が参加しているのを知り、急遽私達の宿泊していた部屋に集まってもらった。そこで「聖霊刷新協議会」創立構想を説明し、賛同と協力を要請し、その席が事実上の準備会となった。そしてその一カ月半後の一九九八年一月二十六日、高砂教会において第一回世話人会をもって、「日本キリスト教団聖霊刷新協議会」は本格的にスタートしたのである。世話人代表に不肖私が就任し、書記に酒井春雄師、会計に野沢満雄師、他に津村友昭師（新松戸教会）や小栗昭夫師（小樽聖十字教会）などが世話人として立ってくれた。ここに「日本キリスト教団聖霊刷新協議会」が結成されたのであるが、その際私が渾身の力を込めて執筆した「結成趣意書」は次のごとくである。

「今世紀半ばから全世界において、プロテスタント教会だけでなく、カトリック教会においてさえも文字通り教派を越えて聖霊の新しい御業が起こり始めました。この新しい聖霊の運動は『カリスマ運動』の名で広く知られています。私達もまたその新しい聖霊の恵みに与った者達です。しかしながら、私達の属する日本キリスト教団においては、まだまだ新しいこの聖霊の運動について正しい理解が乏しく、かつて『信徒の友』では二度に渡り、予断と偏見に満ちた差別的扱いをしてきた経緯があります。
それだけではなく、折角カリスマの恵みを体験しても、周囲の無理解による様々な圧力や攻撃に耐えかねて、担任教会を辞任したり、果ては教団から離脱してしまうケースも後を断ちません。私達はこのような状況を憂慮し、今日の新しい聖霊の御業が正しく教団の中で理解せられ、またカリスマの恵みを体験した者同志が互いに助け合い、励まし合い、祈り合う必要を覚え、ここに『日本キリスト教団聖霊刷新協議会』を結成することにいたしました。この会を通して、日本キリスト教団のカリスマ刷新が推進され、二十一世紀に向けて日本キリスト教団が主の御意にかなう教会として整えられ、日本の信仰復興に貢献できるよう祈念するものです。教職・信徒を問わず同志の方々の結集を期待いたします」

かくて、公に旗揚げした「聖霊刷新協議会」は、翌年の一九九九年七月二十日（海の日）に第一回全国大会を高砂教会にて開催する運びとなったのである。ゲスト・スピーカーには奥山実師（世界宣教会議議長）、メイン・スピーカーには不肖私が講師として立ち、証し者として酒井春雄師と小栗昭夫師が立つことが決定された。だが、この第一回大会の準備を進めていたその矢先、突然に思いもかけないことが起こった。酒井春雄師の心筋梗塞による自動車事故死である。この酒井春雄牧師の急逝について、私はすでに詳述している（新会堂建設への再挑戦

⑤)。そこでは、この突然死を、栃尾市の中心部に立派な会堂を建立したことに対するサタンの妬《ねた》みの攻撃による贖いの死として霊的に解釈して書いている。その理解は誤っていない。しかし、もう少し広い視点から見てみると、もう一つの側面があることが分かった。それは、酒井師の突然死が起こったのは、その前日ある方々と共に徹夜で「聖霊刷新協議会」のために祈り込んだ直後であった。ということは、酒井牧師の「贖いの死」は、単に立派な新会堂の建立に対するサタンの妬みによるものだけではなく、「聖霊刷新協議会」の創立に対するそれでもあったことになる。つまり、酒井師は二重の意味での贖いとなって、頑強な身体をサタンに奪われていったのである。日本的な言い方をすると、酒井師は日本キリスト教団のカリスマ刷新のための「人柱」となって死んでいかれたのである。サタンにとって酒井師の存在は、これ以上許しておくことのできない重要な役割を負っていたからである。なぜなら、私がヨシュアだとすると、酒井師はカレブであり、霊的な盟友であったからである。もしかしたら、サタンは本当は私の命が欲しかったのかもしれないが、執り成しの祈りを捧げてくれていた人達のおかげで、幸運にも守られたのであろう。その代わりに酒井師が「人柱」となってくれたとも考えられる。そう思った時、私の胸に熱いものがこみ上げてくるのを押さえることができなかった。

大会は恵みに恵まれ、聖霊の聖い臨在が高砂教会全体を覆った。その中で、酒井師の証しに代わってなされた栃尾教会執事の高林清兄の証しは、酒井師の死を乗り越えて栃尾教会が新たな前進を誓う悲壮感漂うものであり、会衆全体の心に迫った。そしてこの大会は、キリスト教ジャーナリズムの注目を浴び、キリスト新聞、クリスチャン新聞、リバイバル新聞などが報道。そのうちリバイバル新聞は「日本キリスト教団に『聖霊の波』」と題して一面トップで報道し、「参加者は北海道から九州まで、同教団の教職・信徒を中心に二百名を越え、『海の日』のこの日、同教団における聖霊の波が、さながら新たな力強いしぶきを上げる時となった」と報じた(一九九九年八月一日付)。他方、日本キリスト教団のジャーナリズムである『信徒の友』は何度か大会の広告をもらいながら、一行も報道することはなかった。しかし、このような活きた聖霊に対する頑《かたく》なな排除の姿勢は、やがて教団をして大きく衰退へと導くことになったのである。

大会の数日後、栃尾教会の吉田隆一君という青年から手紙が届いた。彼は亡き酒井牧師の秘蔵っ子とも言うべき人物であり、幼い時から栃尾教会に出入りし、酒井牧師を父親のように慕っていた。彼は大会の二日前の土曜日から手伝いに参じてくれたほど、この大会に期待を寄せていたのであった。その手紙を開いて読んでみると、そこには大会の中で見たという不思議な幻について記述されていた。

「天に一つの両開きの扉があって、酒井先生ともう一人の人がその扉を開け放ちました。すると、たぶん水だと思うのですが、中から勢いよく流れ出ていきました。また天にはもう一つの扉があって、先ほどの扉が開いたのを受けて、ひとりでに開きました。ここからは黒い竜のようなものが出てきました。とても長い胴体だったのですが、全身が出てこないうちに宙に剣が現れて上下に動き、その竜の胴体を切断しました。それから剣がもうひとつ現れて、今度は竜の口から横方向に竜の胴体を真っ二つに切断しました。……後略……」

天の扉を開け、教団に聖霊刷新協議会を創らしめた酒井先生と〝もう一人の人〟とは、一体誰なのか。イエス様なら、吉田君はただちに分かったはずなのだがと思った時、ハッとした。〝もう一人の人〟とは、妻の父三島実郎牧師ではなかったか。そうに違いない。吉田君は義父に会ったことがない。だが、義父の祈りと信仰によって、高砂教会に聖霊降臨の出来事が起こされたばかりか、義父の励ましと祈りによってついに今日のカリスマ運動の一大拠点としての高砂教会が成立してきたのだ。さらにその上に、酒井先生の提言と尊い「贖いの死」があって、「日本キリスト教団聖霊刷新協議会」はサタンの妨害を撥ね除けて成立したのだ。このお二人の尊い犠牲によって、天の扉は開かれ、日本キリスト教団にも聖霊の御業が開始することになったのである。そう思った時、どっとばかり涙が溢れ出てくるのであった。

かくて「日本キリスト教団聖霊刷新協議会」は結成され、隔年ごとに全国大会と教職者研修会を交互に開催し、教団内に聖霊刷新の業を進めていった。全国大会の講師として奉仕いただいた方々は、第一回の奥山実師以外に次の通りである。

第二回大会　（二〇〇一年）彭徳貴師（台湾・雙連教会牧師）
第三回大会　（二〇〇三年）申賢均師（韓国・ソウル聖民教会牧師）

第四回大会（二〇〇五年）ディター・コイヒャー師（ドイツ・聖霊刷新協議会議長）
第五回大会（二〇〇七年）ブラッド・ロング師（アメリカ長老改革聖霊刷新議長）
第六回大会（二〇〇九年）崔世雄師（韓国・桂山中央監理教会牧師）
第七回大会（二〇一一年）ジミー・ウントロ師（インドネシア・国際フルゴスペルフェローシップチャーチ牧師）
第八回大会（二〇一三年）手束正昭（聖霊刷新協議会代表）
第九回大会（二〇一六年）周神助師（台湾・霊糧堂牧師）
第十回大会（二〇一八年）張茂松師（台湾・新店行道会牧師）
第十一回大会（二〇二〇年）池田恵賜師（日本福音キリスト教会連合本郷台キリスト教会牧師）、岡本依子師（ヴィジョン教会牧師）

二十七　聖霊刷新（カリスマ）運動への挺身④

――「台湾教会更新服事団」との連携と高俊明師との出会い――

「手束先生、私は先生の教会が大変気に入りました。次に来る時には、妻を連れて来てもいいでしょうか」とその方は問うてきた。「もちろんです。ぜひお連れください」と私は応えた。二〇〇二年八月十三日、JR加古川駅にその方を見送った時のことである。そしてその方は深々と頭を下げて改札を通っていった。私はその姿を見えなくなるまで見送った。再会の時がいつかまた来ることを祈りながら。〝その方〟というのは、当時台湾総統（大統領）陳水扁氏の最高顧問という台湾政治の要職を担いつつも、台湾のカリスマ運動を推進する「台湾教会更新服事団」の代表でもあった高俊明牧師（当時七十三歳）である。日本のクリスチャンの中では〝知る人ぞ知る〟高名な方であったが、台湾では誰でもが知っている超有名な人物であった。

高俊明牧師の名を台湾中に知れ渡らせたのは、一九七九年十二月十日、台湾南部の中心都市高雄市で起こったほとんどの日本人が知らない「高雄事件」によってであった。それは何も高俊明師がこの事件を起こした首謀者であったからではない。この「高雄事件」の首謀者とみなされていたのは、当時『美麗島』という政治雑誌の主筆をしていた施明徳という人物であった。国際人権デーに当たって、雑誌を通して彼の呼びかけに応じて集まった四万人の民衆と警察・軍隊が衝突してしまったのである。

本来平和的デモとして計画されていたはずのものが、なぜこのような悲劇的暴力事件になってしまったかということについては、今なお様々な憶測がなされている。これを当時の国民党政権の陰謀として、最初から仕組まれていた罠に、施明徳を始めとする〝台湾民主化〟を叫ぶ人々がうまく嵌められてしまった結果だという見方がある。その一方で、それまでの国民党独裁政権の圧政の下で苦しんできた台湾民衆の溜まりに溜まった鬱憤《うっぷん》がついに爆発したのだという見解も根強い。どの見解が正しいかは別にして、この事件は結果として、当時の国民党政権による台湾民主化運動の弾圧の口実とされ、多くの人達が逮捕され、獄中生活を余儀なくされていったのである。

高俊明師は集会に参加していたわけではなかった。〝暴乱首謀者〟と見なされ警察に追われていた施明徳氏を、台北のカルヴァン神学院長（女子聖書神学校長）の林文珍師に匿《かくま》ってくれるように依願したにすぎなかった。にもかかわらず、林文珍師と共に逮捕され、裁判に付され、結果高俊明師は懲役七年、林文珍師は懲役五年の刑期を負うことになったのである。匿ってくれるように依願しただけなのに、懲役七年というのは、何ともひどい判決だが、このありさまは当時の台湾がいかに非民主的な国家であり、「国共内戦」に敗れて台湾に逃げてきた中国人（外省人）達がどれほど無茶な暴政を台湾人達に強いていたかを物語っている。かつて、私の台湾語の名通訳者であった周和志長老は、よく言っていた。「我々台湾人は、五十年間の日本人の統治と同じ五十年間の中国人の統治を比較してよく見せてもらいました。結果、日本人の統治がどんなに優れていたかを肌身で知ることができたのです。チャンコロ達に我らの国を好きなようにされてたまるか」と。〝チャンコロ〟という言い方は、戦前日本人達が中国人達に向けて叫んだ蔑みの言葉であるが、不思議なことに、今でも台湾ではこの言葉を時として耳にする。そこには、国民党（中国人）の暴政に対する台湾人達の怒りとその反動としての日本人への思慕が込められているのであろう。

高俊明師に対してあまりにもひどい重罰が課せられた背後には、当時台湾基督教長老教会の総幹事という要職にあった高師を獄に閉じ込めることにより、台湾の民主化を主張している台湾基督長老教会を押さえ込もうという意図があったようだ。しかしこのような目論見《もくろみ》は完全に外れ、むしろ台湾基督教長老教会は一致団結して祈りつつこの弾圧に対抗し、高師の七年の刑期を四年で終わらせていったのである。一九八四年八月、高俊明師は保釈されたのだが、その後四年間に台湾の民主化は驚くべき勢いで進み、まさにその時期に私は高砂族の〝カリスマ刷新〟のために招かれることになったのである。

やがて原住民高砂族教会における〝カリスマ刷新〟の運動は、平地の台湾人諸教会にも及び、平地台湾人の教会にも次々と聖霊の働きが興されていった。そしてついに台湾長老教会中にも、カリスマ刷新を押し進めようとする団体「台湾教会更新服事団」が成立したのである。周和志長老もまた、この団体創設に重要な役割を担っていたひとりであり、彼の努力により「台湾教会更新服事団」のトップに高俊明師を擁立することに成功したのである。高師は異言を伴う聖霊のバプテスマの経験はなかったようであるが、その信仰姿勢は日本のいわゆる〝社会派〟とは異なり、実に敬虔《けいけん》であり、活きた聖霊の働きを認めるものであった。その高師の敬虔な信仰姿勢は、彼が軍事法廷最終意見陳述でなした言説に、十分に伺い知ることができる。それはその場で傍聴した全ての人々に感動を与えるものであった。

「そこで、あらためて私は、謹んで裁判長に申し上げたい。どうかこの九名の被告たちに課せられるべき刑罰のいっさいを、私に課して彼らを自由にしていただきたい。そのために私は、自分の生命、財産の一部を放棄する用意があります。……中略……

おわりに私は、天の父なる神がこうした艱難《かんなん》によって、私の魂を鍛え上げて下さっていることに深く感謝しているものです。私は、神の義と愛が最後の勝利であると確信しております。神が台湾に住む一七〇〇万の同胞のすべてを祝福したまいますように。外省人、本省人の別なく、私たちはみな一つの家族であり、みな兄弟であると、私は心から思っております。……中略……

みなさんの上に神の祝福が豊かにありますように」。

これは実に聖霊に導かれて語られた意見陳述である。その崇高な言説は、〝国家反逆罪〟に問われた被告人のそれではなく、まるでパウロを審《さば》こうとした権力者達が逆にパウロの陳述によって深くおののかされたように、預言者的響きを帯びており、裁判長も検事もまるで自分達が審かれているような錯覚に陥ったことであろう。

かくて、高俊明牧師は台湾における民主化運動の〝英雄的存在〟として一躍注目を浴びるようになり、やがて陳水扁総統からも破格の信頼と厚遇を受けるようになったのであった。私は以前によく、「あなたと高俊明先生が親しい間柄であると聞いたが、信じられない。どうして、そうなるのか」という質問を受けた。この質問の中には、二つの疑問が込められている。一つは、私のような田舎牧師がなぜあのような世界的に知られた台湾を代表する有名な牧師と親交があるのかという疑問。もう一つは、高俊明牧師は台湾の民主化運動に挺身《ていしん》した結果、四年間の獄中生活を余儀なくされた、言わば社会派の牧師として知られた方である。しかるにお前は社会派に背を向ける聖霊運動を提起している人間ではないのかという疑問である。確かに、この二つの疑問はもっともである。そしてこの疑問に対して、私は次のように答える。「ひとえに聖霊の導きによって、高俊明牧師と私とは出会うことになった。だがあなた方の決定的誤解は、高牧師は日本の社会派とは質が異なる。日本の社会派は本質的にキリスト教をヒューマニズムによって把握しようとしている。しかし高先生は〝神を畏れる信仰〟(神中心の信仰)によって圧制と戦ったのだ。だから、高先生と私とは、〝神を畏れる信仰〟を大事にするということにおいて一つなのだ」と。

このようにして、我が「日本キリスト教団聖霊刷新協議会」と「台湾教会更新服事団」との宣教協力が実行に移されるようになった。それまでの森祐理福音歌手と組んでなされた伝道集会タイプのあり方から一変して、純粋にカリスマ刷新を目指した伝道旅行に転換していったのである。

このために旅行の手配をしてくださったのは、「台湾教会更新服事団」の執行幹事である謝嬉明牧師であった。この謝牧師の協力により、私の説教集『命の宗教の回復』が周和志長老によって翻訳され、『教会的復甦』という表題で台湾で出版を見たのである。さらにその上に、謝牧師は知己のコンピューター会社社長（林元生長老）に推挙して出資させ、台湾基督長老教会の全教職者（約二千人）に無償配布されていったのであった。以来、私の台湾伝道旅行は山地高砂族の教会から平地台湾人の教会へとその軸足が移っていった。

「更新服事団」との連携協力による台湾伝道旅行は、私にとって平地台湾人の教会との交わりが拡大されていくという恵みに与っただけでなく、「聖霊刷新協議会」の牧師達にも大きな祝福となった。それは、それまであまり台湾のことを知らなかった協議会所属の牧師達（主に世話人）を台湾にお連れすることができたからである。それは、「更新服事団」の方で、渡航費やホテル代を工面してくれたからである。これは不思議なことなのだが、その頃韓国への旅行に関心を持ち赴いた日本人は多いのだが、台湾への旅行に関心を持ち実際に行った人となるとグーンと少なかった。日本のある雑誌に「台湾の片想い」という特集記事が掲載され、台湾人の日本への思い入れに比して、日本人の台湾に対するつれなさを嘆いていたが、本当にそうだと思った。漫画家小林よしのり氏も名著『台湾論』（小学館）において、日本人のアイデンティティにとって台湾を知ることがどんなに大事かを訴えてやまない。彼は叫ぶ「日本人に台湾のことをもっと知らしめよ」と。

そして私も親台湾派の人々のこれらの主張に大いに共鳴するがゆえに、高俊明師をお迎えした時に、日曜夜の夕拝に公開講演会「愛と正義の国―苦難の証人として―」を催し、教会外からも人々を招いた。また翌月曜日には午前中は高砂市長へ、午後には加古川市長への表敬訪問。続いて市議会議員真田千穂氏のお骨折りで、加古川市議会議員に向けての講演会を「美しい国―日本」というテーマで行っていただいた。これらの一連の私の取り計らいを通して恐らく「手束牧師は単に聖霊運動の人ではなく何とかして台湾のことを日本人にもっと知らせたいと願っている人なのだ。ありがたいことだ」と感じ、冒頭で書いた加古川駅での別離の言葉となったのであろう。

しかし、高俊明師は再び高砂教会を訪れることはなかった。察するに、その後起こった台湾の政変、すなわち国民党にうまうまと嵌められた陳水扁総統の失脚と民進党内部の混乱と再建に忙殺されることになったからであろう。そして、三年前に台湾独立派の蔡英文総統の誕生を見届けた後、二〇一九年二月に天に召されていった（八十九歳）。

私は高俊明師のことを想い出すたびに、彼が作った有名な詩を同時に想い起こすのである。

「わたしは求めた
美しい花束を
しかし　神さまは　とげだらけのサボテンをくださった

わたしは求めた
愛らしい蝴蝶を
しかし　神さまは　ゾッとするような毛虫をくださった

わたしは
なげき　悲しみ　失望した

しかし　多くの日が過ぎ去ったあと
わたしは目を見張った

サボテンが多くの花を開いて　美しく咲き乱れ
毛虫が愛らしい蝴蝶となって　春風に舞い舞うのを

すばらしい神さまの御計画」

(『サボテンと毛虫――高俊明詩集』高俊明詩集刊行委員会、教文館、九七―九八頁)

二十八　聖霊刷新（カリスマ）運動への挺身⑤

――ＰＲＭＩの働きを通して見たアメリカ人の凄さ――

二〇〇二年三月、私は小樽聖十字教会の小栗昭夫師と新松戸教会の津村友昭師と共に、「台湾教会更新服事団」招聘による台湾伝道旅行に赴いた。その折、雙連教会で行われていたカリスマ集会に臨んだ。その集会の講師はアメリカから来たブラッド・ロングという人物であり、顔はサンタクロースのような柔和な顔をしていたが、髪の毛は茶褐色で、背が高く大柄な人物であった。集会後、周和志長老からの誘いによりブラッド・ロング師を囲んでの食事会に与ったのだが、帰り際、周長老は私の耳元に囁《ささや》くように言った。「ブラッド・ロングはアメリカの大統領をも動かす人物なんですよ」。「へえー、そんな大物なのか」と心の中で呟き、深く印象付けられたのであった。かくして、二〇〇七年七月に行われた聖霊刷新協議会第五回全国大会のメイン講師として彼を迎えるに至ったのである。

大会は予想以上に恵まれたが、喜んだのも束の間、ブラッド・ロング師に同行し、高砂まで連れて来てくれた周和志長老が軽い脳梗塞で倒れ、大いに心配したが大事に至らずに済んだ。

そんな心配を吹き飛ばすかのような朗報が、間もなくブラッド・ロング師から届いた。それは、ブラッド・ロング師が総幹事を務めている「長老・改革教会聖霊刷新国際委員会」（Presbyterian Reformed Ministries International、略してＰＲＭＩ）の〝Dunamis Fellowship〟と呼ばれる大会への招待状だった。そこで私は、一昨年の「ドイツ聖霊刷新協議会」大会に同行してくれた津村友昭師と額田浩師（日本キリスト教団赤磐教会牧師）に共に参加してくれることを要請したが、結局私と妻と額田師の三名が、二〇〇八年一月十四日（月）から二十二日（火）まで八日間の〝デュナミス〟の旅をすることになった。

ＰＲＭＩの本部事務所はノースカロライナ州の田舎町ブラックマウンテン市にある。まず関西空港からデトロイトまで約十二時間かけて飛び、そこから乗り継いで約三時間飛んでやっと着いたのが、アッシュビル空港。そこに四人の人達が待ち受けていた。ブラッド・ロング師の他に私とメールのやりとりをしていた大会委員長の婦人牧師、シンディー・ストリックラー師。さらに当時ＰＲＭＩ委員長だったマイク・シュロワング師、そしてもうひとり、私たちの通訳として奉仕してくださる片山進悟師（日本ウィクリフ聖書翻訳協会宣教師）であった。実はこの片山師は、元防衛大学出身のエリート自衛官であり、四十三歳まで航空自衛隊の教官も務めていたが、召しを受けて宣教師になった人物である。実はここに不思議な導きがあった。その一つは、片山師は何と額田師と同郷であり、しかもその少し前に日本に帰国していた二人の娘さんが額田師の牧する赤磐教会に出席しておられたのである。額田師と片山師はここで初めて出会い、そのことを知ったのである。こんな奇遇は滅多にあるものではない。聖霊の御業と言う他はない。

このことを確認する出来事がやがて起こった。これらＰＲＭＩの幹部の人達と会議をしていた時だった。日本とアメリカの友好親善について語り合っている中で、私は率直に一九九一年の十二月にあったある出来事について年来の疑問を呈した。その年、日米開戦即《すなわ》ち真珠湾攻撃五十周年を記念する式典が米国軍人会によってハワイのホノルルで開催された。この式典に際して、当時真珠湾攻撃に加わった日本の軍人会も、かつては戦った敵同士だったが今では強力な同盟国、友好国となったのだから、将来も仲良くやっていきたいという願いを込めて参加の申し入れをしたのであった。ところが、米国軍人会はこれを怒りも露わに拒否したのである。私はこの報道に接した時、呆然とした。「何ということだ。日本人だったら絶対にそんなことはしないのに、それが『キリスト教国』を標榜《ひょうぼう》するアメリカのすることだろうか」とやりきれない気持ちに陥った。

以上のことを私が「とても残念だった」と語った時、シンディー・ストリックラー師は間髪を容れず「それは日本が『真珠湾の〝騙《だま》し討ち〟』をしたからよ」と批判してきた。私はムッとして言い返した。「真珠湾攻撃で死んだアメリカ人は約三千人だ。しかし二つの原爆投下で死んだ日本人は約三十万人だ。あなた方アメリカ人は百倍の報復をしても、まだ足りないというのか」と。この私のことばを通訳してくれていた片山師は、私以上に激しい口調で通訳しながらストリックラー師に迫った。それはまるで「よくぞ言ってくれた。私もまさにそのことが言いたかった」という感じであった。その刹那そこにいたブラッド・ロング師が大声をあげて叫んだ。「赦してくれ。我々が悪かった。原爆を二つも落として。しかもクリスチャンの多い長崎に落として罪のない多くの市民を虐殺してしまった。本当に申し訳ない」と泣き出しそうであった。その心からの慙愧《ざんき》の姿は、その場を圧倒し、それ以上誰も言葉を発することはなかった。帰り際、片山師は私に向かって言った。「日本の牧師で、手束先生のようにはっきりアメリカの非を指摘する方を初めて見ました。日本人が本当の意味での愛国心を持たなければ、リバイバルはやってきませんよ」。それはまるで、その三年ほど前から、私が教会の月報に書き綴っていた「私は日本のために、日本はキリストのために」の連載（後に『日本宣教の突破口――醒めよ日本』として集録）の趣旨と軌を一にするものであり、大いに励まされたのであった。

　他方、このときのデュナミス・フェローシップの参加を通して、私はいやと言うほどアメリカ人の凄さを知ることになったのである。というのは、このフェローシップの各場面で、しきりにSynergyという言葉が用いられていた。日本で一般には「相乗効果」と訳されて用いられているが、信仰の世界、祈りの世界では少し用いられ方が異なる。「神人協力」を意味する。「神人協力」とは、神の恵みだけに依存するのではなく、人間の側でも精一杯応答し努力するという信仰姿勢のあり方のことである。つまり、神百パーセント、人間百パーセントという信仰姿勢のことである。まさにＰＲＭＩという組織はこの「神人協力」の信仰姿勢によってでき上がったものであった。

アメリカの長老・改革派（カルヴァン派）内にカリスマ運動が起こった時、賛同者達はこのすばらしい働きを継続的拡大的に展開するために組織を作っただけでなく、「デュナミス・コース」という体系的教育的プログラムを生み出し、全米各地でセミナーを開催。そればかりか、それを海外にまで拡大し、セミナーの受講修了者を様々な地域に遣わし、年に一度全世界から招集して、報告し合ったり祈り合ったりして励まし合うために、〝デュナミス・フェローシップ〟なるものを行っていたのである。そして私達もまたその壮大なプロジェクトの中へと招かれていったのである。「さすがだ」と私はほとほと感心した。

他方、我々日本のカリスマ運動を振り返ってみると、私が聖霊のバプテスマを体験した頃、全国的に聖霊の働きが顕著であり、関東にも関西にもカリスマの恵みを分かち合い励まし合い祈り合うフェローシップができあがった。そして、「毎日新聞」という一流新聞も大きく報道してくれるという幸運にも与った。しかし、二十年ほどすると、両方とも消滅し、したがってカリスマ運動は低迷していった。今思えば、「神人協力」という信仰理念が欠如しており、一方的な神の恩寵と聖霊の御業に依存し、人間の側の決断的応答を重視しなかったからであろう。元来、日本人はグランドデザインを描くことが不得手であり、なかなか長期ビジョンを持ち得ないという弱点を持っている、と言われる。まさに聖霊運動でも、この日本人の弱さが露呈されてしまった。かくて、日本のカリスマ運動はＰＲＭＩのように継続的拡大的発展を展開することができず、今では個別的体験に終わってしまっているようだ。なんとも情けないありさまに、大いに反省し悔い改めさせられたものである。

かくて、このPRMIとの出会いを通し、私もまた〝デュナミス・プログラム〟を学びたいという意欲に駆られ、聖霊刷新協議会の世話人会の了承のもと、ついに翌二〇〇九年二月より、高砂教会を会場にして〝デュナミス・コース〟が開始されたのであった。

この「デュナミス・コース」は四日間かけて毎年一課ずつ学び、全部で六課あり（したがって六年かかる）、一課ごとのテキストブックも大部なるものであった。にもかかわらず、この「デュナミス・コース」に魅《ひ》かれて、全国から教派を超えて多くの人達が受講するために集まってきて、事務局は毎回大わらわとなった。この学びのすばらしいところは、単にカリスマ的信仰についての理論（神学）を学ぶだけでなく、その実践をも重視し、教会現場での現実的適用を促していったところにある。そして何よりも大きな恵みは、セミナー期間中に聖霊が豊かに臨まれ、受講者一人一人に対してなにがしかの取り扱いをしてくださったことである。

講師として立ってくれたのは、総幹事のブラッド・ロング師を始めに、ジョン・チャン師、シンディー・ストリックラー師、ペイトン・ジョンソン師、スティーブ・タイヤー師であり、通訳として毎回有賀喜一師が御奉仕くださった。繰り返し言うが、内容はとても豊かで高度であり、しかも実践的であるという三拍子も四拍子もそろったすばらしいものであった。しかし我々の側でその豊かな溢れる内容を充分にこなして自分のものにしていくだけの体力がなかった。それはちょうどたくさんの御馳走を出されても、それを食べきれない子どもや老人のようなものであった。言わば、食傷ぎみになり、二〇一五年のアドヴァンスト・コースの第一回「聖霊の力によって成長する教会」をもって、「デュナミス・コース」は終わりを告げた。それは私が高砂教会の主任牧師を降りて元老牧師になり、そのために聖霊刷新協議会の代表の座を次世代の方に譲り渡すことと無縁ではなかった。ところが、その一抹の寂しさを味わっていた最後の「デュナミス・コース」に、初めて参加してきた日本キリスト教団の宣教師クリスチャン・ゼブリン師が、次のような啓示的夢について言い残していった。

「昨晩夢を見ました。一人の日本人が何か重いものを引っ張りながらキリストの所に赴こうとしていました。やがて彼はその重荷を手放して下に置き、キリストと出会って抱擁し合う。その後彼は、その重荷を引っ張るのではなく後ろから押して、キリストの元に運んで行ったのです」。

一体、この啓示的夢は何を意味しているのだろうか。もしかしたら〝一人の日本人〟というのは、他ならぬ〝私〟のことなのであろうか。するとこの夢は、一七年間協議会を引っ張ってきた私のこれまでの努力を主が喜んでくださり、これからは後進の方々の後押しをしなさいと命じておられるのだろうか。だがゼブリン師は「その人物の引っ張っている重荷とは〝文化的重荷〟だと示された」と付け加えている。すると、霊的感受性の鋭い北村恵姉は次のような解釈を施した。〝重荷〟とは、日本の歴史、文化、伝統のことであり、それらもキリストの恵みの中で見直していく時、決して重荷ではなく、キリストの救いがその中に隠されている宝庫となる。だから、それらをキリストの前に喜んで差し出しなさいということなのだと。とすると、私が『日本宣教の突破口――醒めよ日本』で展開した日本宣教論を神が嘉《よみ》し給うたということになるのだが。いずれにしても、私に対する神よりのねぎらいなのかもしれない。慰め主なる主に感謝せよ。

二十九　「日本リバイバル同盟」への大きな期待と深い失望 ①

――「聖霊による一致」という高貴な理念のはずなのに――

一九九六年五月二十七日、東京神田の東京YMCA国際奉仕センターで、画期的な大会が開催された。「日本リバイバル同盟」（NRA）の設立総会である。「日本リバイバル同盟」とは、当時の世界的な聖霊の傾注によって生み出されていた〝カリスマ派〟（伝統的教派の中に起こった聖霊の賜物を回復する運動のことで、概してリベラルな神学の立場に立っている）と〝第三の波派〟（福音派の中に起こってきた聖霊の賜物を回復する運動のことで、概してファンダメンタルな神学の立場に立っている）、その上に従来から聖霊の賜物を強調してきた〝ペンテコステ派〟を加えた、言わば〝聖霊派の大連合〟を目指した一大組織の誕生であった。そこには、これまでともすれば〝聖霊派〟に向けられた偏見による差別的取り扱いに対して、団結してしっかりと対応していくとともに、日本のリバイバルの道備えをしていく目的があった。

この「日本リバイバル同盟」（以下NRAと略す）設立の声を、その一年くらい前から聞き知っていた私は、大いに心が踊った。それは以前から私自身も願っていたことであり、「ついにとうとうその時が来たか」という思いであった。もしこのことが実現するならば、世界的に見ても類を見ない「聖霊による一致」という高貴な理念の実現であり、ヨハネ十七章の主イエスの祈りの成就でもあったからである。

そこで私は呼びかけに応えていち早く参加を表明し、当日は数名の信徒達を連れて上京し、精一杯の献金を捧げさせてもらおうと計画していたのである。

ところが、その直前全く思いもしなかったことが起こった。ひとりの人物が、私がNRAの評議委員に就任することに必死になって反対しており、そのために〝カリスマ派〟からの評議委員が出せないでいるというのである。その人物の名前（N牧師）を知って、私は本当に驚いた。

この方は以前改革派の牧師であったが、聖霊体験をして日本キリスト改革派教会から追い出されるという憂き目にあった。私と同じく毎日新聞紙上でも取り上げられたことのある方で、私は彼を尊敬し同志のように考えていた。一、二回の手紙のやりとりをしたこともある。そこで私は、東京葛飾区へと転勤で引っ越していった高砂教会の信徒一家を「少し遠いがN先生の教会にぜひ行ってください」と勧め送り出したほどであった。にもかかわらず、そんな私の好意に気付かなかったのか、私を排斥することに彼は躍起になっていたのであった。

彼が私を排斥しようとした理由は個人的な理由ではなく、神学上の理由であった。一つには、私が〝リベラル派〟出身だから駄目だというのである。彼にとって〝リベラル〟とは、聖書を神の言葉と信じない人々のことであり、そうでない〝ペンテコステ派〟や〝福音派〟とは土台が違うのであるから、そのような〝リベラル派〟をもＮＲＡに入れるのは「道ならぬ合同」であるからやめるべきである、というのである。

二つ目に彼があげた理由は、私の『続・キリスト教の第三の波』で、異端とされていたネストリウスを擁護しているのがけしからんというのである。なぜ私がネストリウスを擁護するかというと、まず彼が異端とされていった教会会議のプロセスの不当性がある。さらに「イエスは神だ」と一方的に断言することによって、イエスを私達人間と非連続にして隔ててしまうより、その人間性を顧み、私達人間とイエスを聖霊によって〝非連続の連続〟となし、「聖霊による可能性の宗教」として回復することこそ、カリスマ運動にとって大きな意味を持つことを言いたかったのである。よく読んでもらえば、聖霊のバプテスマの経験者ならば私の「ネストリウス擁護」の意味が理解できるはずなのだが、あのように激しく反発してくるのは、要するに彼は従来の所謂《いわゆる》正統派的教義の中でしか神学的思考ができなかったことを表している。残念と言う他はない。

もっと残念だったのは、ＮＲＡから神学的理由により〝カリスマ派〟を締め出すということは、「聖霊による一致」という主イエスが願いながらも二千年の間実現できなかった〝高貴な理念〟が、今や日本で実現しようとしているのに、それをＮＲＡ内部からぶち壊してしまうことになるからである。「何という勿体ない、悪魔が喜ぶような所行をするのか」と私は嘆息した。Ｎ師にしてみれば、自分が確信する神学的理念を遵守することこそが、聖霊運動の正しい発展には不可欠だと思ったのであろうが、そのような神学至上主義、教義至上主義こそが、キリスト教を幾重にも分裂させてきたのである。そのような教会の現状を嘆かれて、二十世紀になって、主なる神は聖霊を「後の雨」（使徒行伝にある聖霊降臨を「前の雨」と呼ぶ）として注がれ、教会をして聖霊によって一致させようとしたのである。そしてその主なる神の願いは、全世界の至る所で実現をし始め、同じキリスト教ではありながら戦争までして対立したことのあるプロテスタントとカトリックの人達が、同じ場所に一緒に集まって主を礼拝するという夢のような事柄が実現するようになったのであった。

このことを、ＮＲＡの設立総会の講師として来日されたインドネシアのリバイバリストのパウロス・オクタビアヌス師は、そのメッセージの中で次のような適切な譬《たと》え話で語ってくれた。

「一つの池があり、その池は幾つかに区切られていました。その区切りごとに、それぞれ違うアヒルが飼われていたのです。ある区切りには白いアヒルが、別な区切りには黒いアヒルが、他の区切りには灰色のアヒルがそれぞれ泳いでいました。しかしある時、大雨が降り、水かさが増し、池の区切りは水面下になってしまいました。その時、アヒル達はもう区切りを越えて自由に泳ぎ回るようになりました。そこには白いアヒルも黒いアヒルも灰色のアヒルもなく、ただ〝池のアヒル〟がいるだけでした」。

だがＮ師の私への攻撃は執拗であった。そしてついには、私の所に質問状を送ってきて、「あなたはＮＲＡに相応しくない。あなたが入るなら、自分が身を引くことを考える」とばかり迫ってきたのであった。私はこの手紙を読んで、強い憤りを感じた。その憤りというのは、私を排斥しようとしていることに対する感情的なそれではない。せっかく創られようとしている「聖霊による一致」という高貴な理念の実現を前にして、彼の偏狭な神学主張によってこれをぶち壊そうとすることに対する憤りである。カール・バルト流に言えば、〝聖なる憤り〟と言ってもよい。そこで私は、彼に次のような返信を書き送った。以下、その全文を記す。

「聖名を崇めます。

お手紙拝読させていただきました。

早速ながら、N先生からのあのようなお手紙、私は大変驚いております。大変失礼ながら、N先生はカリスマ運動についてもNRA結成についても、何も分かっておられないのではないかという風にしか思えないからです。教会は長い間、僅かの聖書解釈や教理の違いによって分裂に分裂を重ねてきました。このことを悲しまれた主は今日聖霊を注がれることによって、教会が一つになることを願われたのです。ですから私達プロテスタントから見ると、間違いとしか思われないカトリックにさえも聖霊は注がれ、聖霊による教会一致の働きが起こっているのです。カトリックにも聖霊が注がれているというのは、主がカトリックさえも愛し、容認しておられるということなのです。これがカリスマ運動における大きな発見なのです。それなのに、先生はまた教理や聖書解釈の相違に固執するのですか。

それならば私の方からお尋ねいたしましょう。先生の教理や聖書解釈の正しさを誰が保証するのですか。先生の御質問は「聖書の十全霊感を信じるか否か、それを信じる人のみがＮＲＡに参加する資格を持つのであるから、それを信じていないように見えるおまえはその資格がない」と読めたのですが、いかがですか。もしそうならば先生は随分と傲慢な方としか考えられません。つまり、ＮＲＡの理念の中にうちだされている「聖書は誤りなき神の言葉であり」の解釈の幅を認めず先生の狭い解釈で私を審こうとしているからです。ＮＲＡのうちだしているように、私は「聖書は誤りなき神の言葉である」とはっきり告白するものです。しかし、それはＮ先生と同じ意味解釈ではないかも知れません。ＮＲＡは教団ではありませんよ。カリスマ的信仰に立つ者達が日本のリバイバルのために大同団結するためのものですよ。もし、聖書解釈や教理の相違を言い出したら、ＮＲＡが成り立ち得ないことがお分かりにならないのですか。もし、そんなことはないとおっしゃるなら、ＮＲＡ加盟の教会の信仰告白を綿密に検討してみて下さい。そこには三位一体の教理を否定する先生方も何人かいらっしゃいますよ（私は三位一体を認めています）。先生はＮＲＡには聖公会やカトリックの方も加盟できるということを御存知ないのですか。

もし先生があくまでも御自分の聖書解釈や神学に固執されるならば、はっきり言って、先生はＮＲＡには参加されない方がよいと思います。ましてや準備委員などはおりるべきです。なぜなら先生の行き方は教団や教理や神学を越えて聖霊において一つになり、日本のリバイバルのために尽くしていこうというNRAの趣旨と逆を行くものだからです。
以上、色々と失礼な書き方をいたしましたが、これが先生の質問状に対する私の率直な御返事です。御理解いただけますれば幸いです。失礼の段は平に御容赦下さい。

平安
五月七日
手束正昭
N・Y先生」

少しきつい表現であったが、少しばかり厳しい言い方をした方が、N牧師もしっかりと考えてくれるだろう。そして彼も聖霊のバプテスマを体験しているのであるから、NRAという団体の持つ霊的意味合いを分かってくれるだろうと考えてのことであった。そして、この手紙をもって問題は決着するだろうと思っていた。だがそれは、私の全く甘い見通しであったことが間もなく判明した。それは私とN師の個人的論争を遙かに越えて、NRA全体を巻き込む紛糾を呼び起こし、私自身が一時はNRAから脱会するか否かまで追い詰められることになったのであった。
かくて期待に期待した「聖霊派の大連合」であるはずの場所で、またしても私は十字架の道を歩むことになったのであった。しかしこれもまた、神の摂理の御手の中で用いられることとなった。この辛酸を通して、やがて新しい門戸が開かれ、その所からさらなる恩寵の御手が働き始めていったのである。そして、私をしてさらに広い場所での働きへと道を開いてくれたのであった。その意味で、N師もまた私にとって〝守護天使〟の役割をなす恩義ある人物となったのである。

三十　「日本リバイバル同盟」への大きな期待と深い失望②

――「侮りを忍んだ」果てに置かれた神の恩寵の御手――

一九九六年五月二十七日のＮＲＡの設立総会は恵みのうちに終わった。その中で、私は〝カリスマ派〟を代表して祈りを捧げる光栄に与った。そこには、〝ペンテコステ派〟と〝第三の波派〟と〝カリスマ派〟による〝聖霊派の大連合〟という構想を何とか実現したいという野口晧牧師（取手シオンの丘キリスト教会）の熱い願いが反映されていた。総会後、野口事務局長は、「手束先生のお祈り、とても良かったです」と嬉しそうに語りかけてきた。恐らく、その時の野口師は「これでやっと、〝聖霊派の大連合〟構想が実現した。これで日本のキリスト教全体に対して、聖霊の注ぎや働きを主張するＮＲＡの影響が大きく及んでいくことになるに違いない」と安堵したことであろう。まさしく私もそうであった。

ところが、せっかく設立した〝聖霊派の大連合〟という高貴なる構想をぶち壊そうとするＮ師の行動は止まらなかった。彼のこのような常軌を逸した行動の背後には、少数ではあるがこれに同調する〝ペンテコステ派〟や〝第三の波派〟の有力な牧師達の存在があった。また私のように〝カリスマ派〟からNRAに積極的に加盟しようとする牧師達は少なく、それゆえにNRA内の〝カリスマ派〟の勢力は微々たるものであった。多分、N師はそんなありさまを見ることにより、「これならば、NRAから〝カリスマ派〟を排除できる」と踏んだのであろうか。そのため、NRA正式設立後も、事あるごとに〝手束評議員〟を排除するか否かの議論が沸騰し、両者の間で激しい議論が繰り広げられた。そこで、このような事態を何とかして終結させたいと考えた野口師は、信じられない要求を申し出てきた。その要求とは、「聖書は誤りなき神の言葉である。使徒行伝における聖霊の働きは今日もあることを信じる。」という文書を私が書いて、NRAの委員長の奥山実師に提出してほしい。そうするならば、他の評議委員の人達も納得することになるであろうから、というものであった。私はその要求書を前に、しばし呆然とした。こんな無礼で、こんな人を馬鹿《ばか》にした要求があるだろうか。それはちょうど、信仰告白をして洗礼を受けたクリスチャンに向かって、「あなたの信仰は本当の信仰かどうか疑わしい。なので、本当に信仰を持っている旨を一筆書いて提出しなさい。そうすれば、あなたが本当にクリスチャンであることを認めてやることにやぶさかでない」というのと同じようなものであるからである。私がこれまで、どれだけ苦労して、使徒行伝に記されている聖霊の御業は今日も現実に起こり得るということを日本キリスト教団内で訴え、聖書は決して単なる神話ではなく、活ける神の現実を象徴的に表現したものであることを分かってもらうために戦ってきたのかを知らないのであろうか。そのために、今もなお活きて働く聖霊の働きを論証する本を何冊か出してきたのである。にもかかわらず、こんな私の戦いと苦労を全く知らなかったかのように、一筆書けとは何事。「ふざけるんじゃない！」と私は叫びたい衝動に駆られた。こんなことなら、もうＮＲＡから脱会する他はない。ホトホト愛想が尽きた。もうやめだ。そんな想いが込み上げてくるのだった。

そこで二、三日後にあった教会の執事会（役員会）で、このことを報告し、意見を求めた。執事達もまた憤慨した。「そんな無礼な事を求めてくるなら、早々にＮＲＡに対して脱会書をつきつけたらいい」。「牧師先生に一筆書けというなら、他の評議委員にも一筆書くように要求すべきだ」等々。執事達もそのあまりにも理不尽な要求に戸惑い、理解に苦しんだようであった。それもそのはず。文化・教養としてのキリスト教、倫理・道徳としてのキリスト教が当然のごとく跋扈《ばっこ》していた日本キリスト教団の中で、「使徒行伝は今なお続いている」と主張するカリスマ刷新運動が、どれほどひどい批判と攻撃にさらされ、戦いに次ぐ戦いの中で今日の高砂教会を築いてきたかを知っていた執事達にとって、私と同様やりきれない気持ちを抱いたのであろう。その気持ちに感謝しながら、「二、三日祈って考えてから結論を出したいと思いますので、私に一任してください」と議論を締めくくった。

さて、どうするか。私が憤ってＮＲＡを脱会すれば、他の〝カリスマ派〟の牧師達も追随し、ＮＲＡはのっけから分裂をすることになる。それを一番喜ぶのは悪魔である。悪魔を喜ばせてよいのかと悩んだ。どうしても納得できなかったのは、奥山委員長も野口事務局長も、「Ｎ

RAでは当初から神学論争はしないことになっているのだから、手束牧師の持つ神学について云々《うんぬん》言うことはよくない」と一喝すれば済むことなのに、どうしてそうしないのだろうか。さらに、「聖霊派の大結集ですから、ぜひ協力を」と自分達から誘っていながら、どうして今頃になって「一筆書いてほしい」などと言ってくるのか。それならば最初から、「リベラル派に属する教会はお断りします」と言うべきではなかったか。何たる矛盾、何たる不見識。もっと筋を通すべきではないのか。こう考えてきた時、自分は手を引こう、その方がすっきりする、そう結論を下そうとした、その時であった。あの言葉が私の心の内に響いてきた。かの中世の神秘家トマス・ア・ケンピスの『キリストにならいて』の一節である。要約すると次のように語っていた。

「私は心静かにあなどりを忍んだ。恩恵に対して忘恩を受けた。奇跡に対して冒涜を受け、教訓に対して非難を受けた。キリストは進んで苦しみとあなどりを受けた。またキリストにはいつも愛する人とそしる人があった。このキリストの姿を見て、それでもあなたはなお、すべての人を友として、人びとによく思われたいのか」

「私は心静かにあなどりを忍んだ」と冒頭の言葉を声に出して呟いてみた。その時思わず感動の涙が溢れた。そうだったのだ。トマス・ア・ケンピスもまた、周囲の人達からその信仰を理解されず、侮られ続けたのだ。しかし彼は主イエスの生涯を想い起こして、ひどい侮りにも黙って耐えていったのだ。それなのに自分は、「主よ、終わりまであなた様に従います」と祈りながら、この程度の侮りにも耐えられないのか。恥ずかしくないのか。そんな想いが湧き起こり、悔い改めの涙が止まらなかった。そして私は決心した。野口事務局長の言うように、一筆誓約書を書こう。この程度の屈辱は主イエスの受けたそれに比べれば物の数ではない。私は今主によって試されているのだ。私が本当に主の僕であるか否かを。かくて私は次のような手紙を奥山実委員長宛にしたためたのであった。

「日本リバイバル同盟委員長
　　奥山　実先生
　私の評議員就任要請受諾に当たり、私についての誤解や疑念があるとの報告をいただき、大変残念に思っております。
　私は二十年程前から日本の教会のカリスマ的刷新と復興を願って祈り努力してきた者であり、そのような運動に携わってきた者が、聖書を神の言葉と認めないとか、使徒行伝における聖霊の働きが今日もあることを信じないとかいうことは、有り得ないことです。ですから、このような自明のことを文章にするということについて、抵抗と躊躇を禁じ得ません。しかしながら、日本リバイバル同盟のスムーズな進展と主の御旨への服従により、あえてここにはっきりと、日本キリスト教団の信仰告白にもあるごとく、「旧新約聖書は、神の霊感によって成り、キリストを証し、福音の真理を示し、教会の拠るべき唯一の正典なり。されば聖書は聖霊によって神につき、救いにつきて、全き知識を我らに与うる神の言にして、信仰と生活との誤りなき規範なり」と告白いたします。
また、使徒行伝の聖霊は今もなお、働いており、今日でも様々なしるしと不思議を行って下さることを明言いたします。

一九九六年十月三十日

日本キリスト教団高砂教会主任牧師

聖霊セミナー関西協力会世話人代表

手束正昭」

私はこの手紙を書き終えると、秘書担当執事の小森由美子姉を牧師室に招き、「この手紙をコピーして、原文の方を奥山先生宛に送ってください」と依頼した。小森姉は私の前でその手紙を読んだ後、驚嘆した面持ちで私に問いかけてきた。「先生、ここまでなさるんですか」。そう言って一瞬間を置き、ハラハラと涙を流した。秘書として事の成り行きのすべてを知っていた彼女は、あまりにも私の措置を痛々しく思ったのであろう。

だが、その時からまたもや神の恩寵の御手が私の上に置かれることになった。奥山委員長と野口事務局長の計らいで、私と奥山実先生とが聖霊派の月刊誌『ハーザー』誌上で対談をし、私に対する誤った理解をただす作業がなされることになったのである。そして『ハーザー』誌一九九七年四月号から六月号の三回にわたって、「奥山実の熱血対談〝リベラル社会派からカリスマ派へ〟」という対談記事が掲載され、余すところなく「神学的リベラルとは何か」、「養子論的キリスト論とは何か」ということを丁寧に説明し、N師がばらまいた曲解を釈明する機会が与えられたのであった。その上、編集長の笹井大庸《ひろやす》氏は、「手束牧師は聖書を神の言葉と信じる方であることを本誌は認める」と誌上で宣言してくださったのであった。

以後、笹井氏はNRA発足とともに刊行し始めた『リバイバル新聞』の論説執筆者のひとりに私をも加えてくださり、聖霊派の新聞には珍しく、リベラル派出身の私を積極的に重用してくださったのであった。笹井氏はかつて民族派団体「一水会」に所属していたこともあってか、キリスト教界を覆っている反日左翼的傾向に違和感を覚えていた。そんな中で、聖霊の導きを受けて、日本の教会のリバイバルを願って「マルコーシュ・パブリケーション」という名のキリスト教出版社を興した。そしてNRA創立に当たっては、彼自身もその準備段階から関わってきたようで、私を評議委員にするか否かの牧師達の議論を、冷静かつ客観的に観察しながら聴き入っていた。さらに、奥山実師と私との対談をまとめ上げていった。その結果、彼の軍配は私の方に上げられた。そして、創刊して間もない『リバイバル新聞』の論説執筆者として依頼してきただけでなく、高砂教会の月報に書き綴っていた「教会成長の勘所」や「日本宣教の突破口」の記事に着目し、『ハーザー』誌の長期連載読み物として取り上げ続けてくれたのであった。さらに、これらをそれぞれ単行本として出版し、世に問うてくれたのである。特に『日本宣教の突破口――醒めよ日本』は、左翼的傾向の強い日本のキリスト教界の中では、「マルコーシュ・パブリケーション」以外にこれを世に出してくれる出版社はなかったであろう。恐らく、私の『キリスト教の第三の波――カリスマ運動とは何か』を出版してくれたキリスト新聞社であっても、そこまでの勇断はできなかったかもしれない。だが、この『日本宣教の突破口――醒めよ日本』こそ、『キリスト教の第三の波』に並ぶ、日本の教会にリバイバルをもたらす重要な書物と自負している。この書物の出版と引き換えるかのように、笹井大庸氏は二〇一三年六月、天に召されていったのである。惜しんでも余りある早世であった。

三十一　「日本リバイバル同盟」への大きな期待と深い失望③

――NRA「戦争責任と謝罪文」への異論――

私は以前に、趙鏞基牧師が日本宣教から撤退するに当たって、大阪のホテルでの感謝会の席上で語った日本でリバイバルが興らない二つの理由についての言説に、強い違和感を覚えたことについて書いた（「韓国教会の感動と挑戦③」――「日本人一千万人救霊運動」の提唱とその終焉――）。繰り返すと、趙鏞基師はその時語気を強めて語った。自分が十数年もの間、懸命に日本のリバイバルのために仕えてきたにもかかわらず実現しないのには、二つの理由があることを聖霊によって示された。一つは、日本人が偶像崇拝をしているからであり、二つは日本人がかつてアジア諸国を侵略した罪を悔い改めていないからであると。率直に言って、私は驚いたというより呆れた。趙鏞基ともあろう方が、何という見当違いのこじつけによって、日本宣教からの撤退を正当化しようとするのかと。私はその時、腹立たしいと言うより、哀《かな》しさを感じた。その哀しさは、もしかしたらやがて起こる韓国キリスト教の、さらには韓国の国自体の没落を予感しての哀しさであったかもしれない。

「趙牧師よ、十数年前のあなたが日本人一千万人救霊を提唱した時、私達日本人の牧師に何とおっしゃったか覚えていないのですか。こう言われたのです。『韓国のリバイバルは日本のリバイバルのためにあるのです。私達は日本にリバイバルの火をつけるための火種なのです』と。私達はその真摯で謙遜な姿勢に感動し、涙を流し、趙先生に敬服し、傾倒してきたのです。だのになぜ、今さら言い古された理由をもって、日本宣教から手を引くというのですか。本当に主がそう示されたのですか。それは先生の中に眠っていた反日感情の表出にすぎないのではないですか」。こう思ったのであったが、それでも趙鏞基師のこれまでの尽力には心からの感謝を捧げなくてはと思い、私は去り行く趙牧師の後を追いかけ、「これまでの日本宣教、本当にありがとうございました」と深々と礼をさせていただいたのであった。

ところが、この趙牧師の発言は、すぐに大きな影響を及ぼした。何とNRA執行部は、「戦争責任の謝罪文」を出して、神と人の前で日本の罪を言い表そう。悔い改めこそ、主が喜ばれることであり、そうすることが日本にリバイバルをもたらすために不可欠の条件なのだから、と提唱してきたのである。

仰天した私は、ただちに反対の意向を表明した。その反対の理由となったのは、ちょうどその三十年前の一九六七年に出された「第二次大戦下における日本基督教団の責任についての告白」のもたらした結果であった。まだその頃神学生であった私は、当時の日本キリスト教団総会議長鈴木正久師によるこの告白を熱く支持する者のひとりであった。その頃の私は、日本のクリスチャン達の多くがそうであったように、日本は「侵略国家」であり「犯罪国家」であり、無謀な戦争を起こして、多くの国に被害を与えたのであるから、そのことを謝罪するのは当然であるという考えを持っていた。いわゆる〝自虐史観〟に私も捕らわれていたのである。だが一九八八年から台湾に赴くようになって、この〝自虐史観〟に疑問を持つようになり、日本の近代の歴史について研究していった時、戦後の日本人の〝自虐史観〟の奥には、アメリカ占領軍（ＧＨＱ）のあまりにも巧みな洗脳工作があったことを突きとめたのであった。そこからさらに進んで、「もしかしたら、日本人の心に植え付けられた〝自虐史観〟こそが、日本の福音化の隠れた障害になっているのではないか」と気付いていったのである。

この私の〝気付き〟は単なる直感によるものではなかった。実証を伴っていた。と言うのは、〝自虐史観〟に基づいて書かれた鈴木議長の「戦争責任告白」が出された結果、日本キリスト教団全体が所謂〝社会派路線〟に大きく傾斜し、地道な福音伝道は軽視され、教勢は大きく落ち込んでいったのである。かくて私は、「日本のリバイバルを求めて結成されたＮＲＡが今や日本キリスト教団と同じ轍《てつ》を踏もうとしている。何ということだ」という思いに打ちひしがれたのであった。

そこで私は、「趙鏞基先生の言うとおりだ。日本にリバイバルが興らないのは、先の戦争についての悔い改めがなかったからだ。今こそ過去の謝罪を告白して、リバイバルを求めよう」とばかりＮＲＡ全体がもんどり打つ中にあって、評議員会の中でただひとり異論を唱えたのであった。だが誰も同調する人はいなかった。かえって野口晧事務局長の険しい顔が私を見据えていた。その表情は、「手束先生、もうこれ以上物議をかもすのは控えてほしい。あなたをNRA評議員にするのに、私がどんなに苦労したかを思い起こしてほしい」と語っていた。それを感じ取った私は、「もうこれ以上、野口先生に迷惑をかけるのは申し訳ない」と思った。そこで逡巡しつつも、最後に妥協することを決意したのであった。

間もなく「『日本リバイバル同盟』（NRA）戦争責任謝罪文」の草案が送られてきた。その文面には、具体的に謝罪すべき出来事について列記され、次のように記されていた。

「……前略……また、『日本リバイバル同盟』（NRA）は、日本による三六年間の『朝鮮半島植民地支配』、また、『第二次世界大戦におけるアジア諸国への侵略』及び『韓国提岩里・提岩里教会虐殺事件』『関東大震災朝鮮人虐殺事件』『南京虐殺事件』『インドネシア・西カリマンタン白骨死体事件』『七三一部隊による生体解剖』『従軍慰安婦』『強制連行』『真珠湾攻撃』『在日韓国人の人間尊厳の侵害』、その他多くの、極悪非道の残虐行為の一切を認め、神の御前に深く悔い改め、被害国の国民に対し、即ちアメリカ、韓国、北朝鮮、中国、台湾、ベトナム、タイ、カンボジア、ミャンマー、シンガポール、インドネシア、フィリピン、その他多くの国々や国民に衷心より謝罪いたします。……中略……。委員長　奥山実、副委員長　大川従道、野口晧、栄義之、他評議員一同」

私はこの謝罪文を読み終わった時、大きく溜め息をつき暗澹《あんたん》たる思いに陥った。「何だ、これは、日本キリスト教団の『戦争責任告白』よりも、遥かに厳しく一方的な内容だ。こんな偏向した謝罪文に名前こそ出てこないが、『他評議員一同』として加わってよいのだろうか」と煩悶した。どう偏向しているかというと、個々に列挙されている日本の犯罪とされている事柄は、すべて事実かどうかを巡って論争中の事柄であり、アメリカ、中国、南北朝鮮、あるいは東南アジアの華僑（中国人）が反日プロパガンダとして言い募ってきたそのままのものなのである。にもかかわらず、これらの事柄が事実かどうかを確かめようともせず、反日プロパガンダをそのまま鵜呑みにし、事実として認定してしまっているとしか思えなかった。ナイーヴと言えばナイーヴであり、人が良いと言えばそう言えなくもないが、しかし公文書として出すにしてはあまりにも正確さと慎重さに欠け、これでは後世の人達の批判と笑いものになる可能性が大きいように思われた。

だが一度了承しておきながら、今さら反対することなどできない。だからと言って、謝罪文の大幅書き直しなど要求したら、理事のみならず、評議員の人達の怒りを買うであろう。せっかく収まった私の評議員としての適格性問題が再燃する可能性もある。そうなったら、そのために努力してくれた奥山委員長や野口事務局長の顔に泥を塗ることになる。人間として、そんなことはするべきではないだろう。そこで私は、小さな提案をした。文中にある「真珠湾攻撃」

と「アメリカ」に対する謝罪だけは取り除いてほしいと。

これには充分な理由がある。確かに日本の「真珠湾攻撃」によって〝大東亜戦争〟は開始された。だが「卑怯な騙し討ち」を日本がしたわけではない。在米日本大使館の不手際により、〝宣戦布告〟の通達が不覚にも一時間ほど遅れてしまったのは事実である。だが、アメリカは無線傍受により、日本が十二月七日か八日に「真珠湾攻撃」をすることを事前に予知しており、そのために「今や遅し」とばかり日本軍の攻撃を待ち受けていたのである。

さらに最近の「ヴェノナ文書」や「フーバー回顧録」などの公開によって一層明らかになったのは、アメリカは日本に「最初の一発」を打たせるために、執拗な工作を行い、日本を追い詰めていって、ついには「窮鼠《きゅうそ》猫を噛む」へと向かわせたという紛れもない事実なのである。とすると、「日本の卑怯な騙し討ち」どころか、「アメリカの卑怯な謀略工作」ということになる。つまり、日本だけがその責めを負う必要などないということである（詳しくは、拙著『日本宣教の突破口――醒めよ日本』参照）。

それに加えて、私が「アメリカ」を外すことを強く主張したのには、もう一つの重要な理由がある。

戦争の法規を定めたジュネーブ国際条約によると、戦時における非戦闘員に対する意図的な攻撃やそれに伴う殺戮《さつりく》行為は禁止されている。にもかかわらず、アメリカは日本の主要都市六十六カ所にいわゆる「絨毯《じゅうたん》爆撃」を敢行して、数十万人にのぼる日本人の大量殺戮を行ったした（後に死んだ人をも含む）。その上に、広島と長崎に原爆を投下し、約三十万人の人々を殺戮した（後に死んだ人をも含む）。実に約百万人近い民間人の大虐殺である。ドイツのユダヤ人大量虐殺に続く、ひどい非人道的行為である。にもかかわらず、NRAがこの「アメリカ」に謝罪するということは、このアメリカのホロコーストを容認するということになる。ということは、NRAはアメリカのホロコーストに憤っている多くの日本人達を敵に回すことになるということである。本当にそれでよいのだろうか。このことを知るならば、多くの日本人達は思うであろう。「キリスト教というのは、やはり欧米の宗教であり白人の宗教なのだ。自分達に敵対する反日的宗教なのだ」と。これでは、日本のリバイバルどころではなくなるのではないだろうか。

そこで私は、「真珠湾攻撃」と「アメリカ」の二つの項目だけはぜひとも削除してほしい旨強力に要請したのであった。結局「アメリカ」は削除されたが、「真珠湾攻撃」は残されたままであった。かくして、「日本にリバイバルをもたらすために」という大義名分をもって出された「『日本リバイバル同盟』（NRA）戦争責任と謝罪文」は発表され、ご丁寧にも英語と韓国語にも翻訳されて、各方面に送付されていった。ところであれから二十年以上経ったが、日本のリバイバルの兆しは見られない。皮肉にも、今や教会は成長するどころか、むしろ衰退しつつある。「謝罪文を出すことが日本にリバイバルをもたらすのだ」と強力に主張していた人達は、この現実をどう考えているのであろうか。大きな見当違いをしていたとは反省しないのだろうか。「これまでの自虐史観に基づく見当違いなリバイバル理論を訂正しなくては」と思った私は、近代日本史を綿密に検証することによって、日本のリバイバルの道を求める独自な研究を積んでいった。そしてその中からやがて、労作『日本宣教の突破口——醒めよ日本』が生み出されていったのである。嘆きをも、喜びに変えてくださる主に感謝せよ。

三十二　「日本リバイバル同盟」への大きな期待と深い失望 ④

――ＮＲＡとの静かなる決別――

二〇一三年四月二十九日（昭和の日）、ホテル日航姫路において開催された「手束牧師牧会四〇周年祝賀会」と共に、『日本宣教の突破口――醒めよ日本』の出版記念会が、その前年に上梓されていた『続・聖なる旅――キリスト教の新たな可能性を探る』と併せて盛大に開催された。この時に、『突破口』の論評者として立ってくださった行澤一人師（日之出キリスト教会牧師・神戸大学法学部教授）の言葉は極めて印象的であった。行澤師は語った。「こんな本を出して大丈夫なのだろうか、と正直思った。もしかしたら、キリスト教界内からの相当なバッシングが起こるのではないか。私はまるで我が子を心配する母親のようなハラハラする気持ちでここに立っています。しかしよく考えてみますと、これまで本書のように〝日本宣教論〟という視点から日本の近代史をこれほど深く洞観した書物が他にあったでしょうか。その意味では大変意義深い本であると思うようになりました」と。

私は行澤師の論評を聞きながら、「さすが行澤先生だ。私の本の意図をよくそこまで読み取ってくださった」と喜び感謝したのである。これまでの日本宣教論はそのほとんどが「日本基督教団の戦争責任告白」や「日本リバイバル同盟戦争責任謝罪文」に書き表されたものである。すなわち、日本は「犯罪国家」「侵略国家」であり、このような過去の絶大な罪を本気になって悔い改めないから日本宣教が進まないのである。だから今こそ、この国家的大罪を素直に言い表し、周辺の諸国に謝罪しよう。そうすることによってこそ、神がこの国を顧みて日本にリバイバルを興してくださるのだと。

一見もっともらしい信仰的理屈である。だが、これは本当だろうか、と私は疑問を持った。もしそうならば、ヨーロッパのキリスト教国家は罪を犯さなかったのか。侵略をしなかったのか。否である。戦前のアジア、アフリカはそのほとんどが欧米の植民地ではなかったのか。しかも欧米の植民地支配は日本のそれと比べるとはなはだしく過酷なものであった。その期間も長かった。とするならば、なぜ欧米諸国においては、キリスト教がずっと闊歩《かっぽ》してきたのであろうか。すると、問題は客観的にどれほどの罪を犯してきたかという〝罪過〟によるものではなく、主観的にどれほどその罪を意識するかという〝罪責感〟にあるのではなかろうか。日本人は他の国の人々と比べると、恐ろしく素直で良心的な民である。それゆえに、他の国民以上に〝罪責感〟を強く覚えてしまうはずである。そこにサタンは付け込んでいるのではないか。そう考えていった時、長い間の疑問が氷解していった。なぜかくも、戦後の日本人は自分達を〝罪を犯した卑劣な民〟としての罪責感に苛《さいな》まれ続けてきたのか。そこには大きな奸策《かんさく》が仕掛けられていたのではないか。この疑問を解くべく、私の近代日本史の研究が牧会の合間をぬって積まれていった。私の枕元にうずたかく積まれる歴史書を見て、妻は「あなたは牧師のくせに、聖書を読まずに、そんな本ばかりを読んでいて。それでいいの」という批判の言葉を浴びせかけてきた。しかし私はその言葉を無視し続けて、百冊以上の書物を読破し、ついに『日本宣教の突破口——醒めよ日本』が誕生したのである。それは、初著『キリスト教の第三の波——カリスマ運動とは何か』を書き上げた時以上に、大きなエネルギーと時間を要する労作となったのであった。

その結果私の下した結論は、従来の日本宣教論とはほぼ真逆のものであった。先述したごとく、従来の日本宣教論は「日本」というものを批判し否定することがその本質であり、特に明治以降の日本の数々の侵略行為によって周辺諸国に大きな被害を与えた罪が妨げとなっているというものであった。その立論は〝左翼〟とか〝リベラル〟とか言われている人々と軌を一にするものであり、彼らによって歓迎されはしたが、結果は今日の教会の著しい衰退現象をもたらしていったのである。まんまとサタンの罠に嵌まってしまっていたのである。この現状を見て、さぞサタンは高笑いをしているであろう。

C・S・ルイスは、その著『悪魔の手紙』の中で、サタンがいかにして人間を誘惑し罠に嵌めるかの手口を洞察している。その一つは、人間に罪責感を植え付け、そこに留まらせることである。それによって人間は救いから遠ざけられてしまうということを暗示的に書いている。

つまり、日本人を「犯罪国家」「侵略国家」の国民として断罪し、悔い改めを迫っていくという一見信仰的な装いをこらした方式の伝道は、実を結ばないどころか、かえって日本宣教を意図せずして阻んでいることになっているのである。そうではなくて、むしろ日本人を悪者とする〝自虐史観〟から解放することこそ、日本伝道の鍵ではないのかというのが、私の得た結論であった。

かくて私は「このままではNRAは、日本のリバイバルを求めるどころか知らずしてそれを妨げることになってしまっているのではないか」と考え、次のような建議書を書いて、NRAの理事会に提出したのであった。

「NRA戦争責任と謝罪文」の見直し委員会の設置を求めます

聖名を崇めます。先生方には日々ご健勝のうちに聖務にお励みのことと存じます。

さて、大変不躾ながらお手紙と共に、現在ベストセラーとなり話題となっております藤原正彦著『日本人の誇り』を贈呈させていただきます。もうすでにお持ちの方はご笑納頂き、どなたかにお譲りいただければ幸いです。

私がこの本を贈呈させて頂きましたのは、この中に私が今年の二月一日のNRA評議委員会にて提案させてもらいました「NRA戦争責任と謝罪文の見直しの件」の意義について理解を深めて頂きたい所存からです。「ＮＲＡ戦争責任と謝罪文」が出されるきっかけは今から約十数年前、二十年間の長きにわたり日本宣教のために尽力下さったチョー・ヨンギ牧師が、その撤退に当たり「日本のリバイバルを妨げているのは日本がかつてアジア諸国を侵略したからだ」と発言したことによるものでありました。私もその発言の場所にいたのですが、非常な違和感を覚えながら聴いた記憶があります。その理屈が正しいのならば、チベットやウィグルスを侵略して、今なお反抗する者に容赦ない弾圧を加えている中国においてなぜリバイバルが興っているのでしょうか（一説によるとチベット人の五人に一人が殺された）。また一七七六年に建国したアメリカは、それまでにインディアン達を大量に虐殺して彼らの土地を奪い、アフリカ黒人達を奴隷として残虐に扱い続け、さらにはハワイを植民地にし、ついにはフィリピンをもスペインから奪い取って植民地にしました。その為に、どれだけの血が流されたことでしょうか。また大東亜戦争においても、広島、長崎に原爆を落とし、非戦闘員数十万人（後に死んだ人をも含む）の大虐殺を行ったことは周知のごとくです。しかしこの大虐殺の国アメリカにおいても、なぜリバイバルが興っているのでしょうか。

しかし、私の違和感をよそに、当時のＮＲＡ執行部はこのチョー・ヨンギ牧師の発言に敏感かつすみやかに反応し、「ＮＲＡ戦争責任と謝罪文」を出そうといたしました。私の記憶するところでは、評議委員の中で、私ひとりだけがこれに反対を表明したと思います。しかし「日本のリバイバルのために」という大義名分に押さえ込まれてしまったことを、今では深く悔いております。

「NRA戦争責任と謝罪文」が出されて、もう十年以上も経ちました。しかし未だリバイバルは興っておりません。先の評議委員会の席上、ある謝罪文支持者のおひとりは、私への反論として「リバイバルの時は、神様が握っているのだ」という趣旨のことを主張いたしておりましたが、ならばなぜ、「謝罪文を出さなくてはリバイバルは興らない」とばかり、リバイバルの条件として謝罪を主張していたのでしょうか。

また別な謝罪文支持者のおひとりは、私への反論として「歴史の真実が明らかになるのには百年かかる」と発言しておられましたが、ならばなぜ、真実かどうかが今なお論争されている歴史的諸事件を、断定的に「日本が行った悪事」として列挙したのでしょうか。

はっきり申します。あのような謝罪文を出すことは、リバイバルと何の関わりもないだけでなく、むしろリバイバルにとって有害だということです。私の属する日本基督教団は今から四十四年以上も前の一九六七年に「第二次大戦下における日本基督教団の責任についての告白」という謝罪文を内外に発表いたしました。その結果何が起こったかというと、いわゆる「社会派」が教団の主導権を握り、伝道は等閑《ないがしろ》にされもっぱら謝罪の具体化としての社会活動が優先されて、大きく衰退してしまったのです。やっと十年程前から反省が起こり、いわゆる「伝道路線派」が主導権を握るようになりましたが、〝時すでに遅し〟の感を拭うことはできません。

日本基督教団の謝罪文にしろ、NRAの謝罪文にしろ、主なる神がそのことを示したというより、その根本にあるのは私が雑誌『ハーザー』において展開し、藤原正彦氏が『日本人の誇り』の中で主張しているように、GHQのもくろんだ「東京裁判」やウォー・ギルト・インフォメーション・プログラムを通しての「日本悪玉史観」にすっかり汚染された結果に他なりません。つまり、当時の日本基督教団の指導部も、NRAの指導部も、GHQの巧みな洗脳によるものと気付かず、言わばGHQが植え付けた〝日本自己崩壊システム〟に乗せられ、これを助長したことになるのです。これは、日本を救うどころか、日本を衰退と破滅に追いやっていくという恐ろしい結果へと向かわせる策謀に手を貸すことになると考えられます。

しかも日本基督教団の謝罪文よりも、NRAの謝罪文の方がより大きな問題点をはらんでいます。と言うのはNRAのそれは、今日では学術の世界では否定されている〝南京大虐殺〟などを、平然と謝罪項目に入れていることです。私は謝罪文そのものに反対ですが、百歩譲って「一度発表したものを今さら全面撤回できない」と言うならば、明らかに現時点で謝罪する必要ない項目の削除は十分可能だと思います。それゆえに、すみやかに〝NRA謝罪文〟見直し委員会なるものを評議委員会の中に作っていただき、検討作業を開始されるよう願います（不肖私も委員の一人として加えていただきたいと思います）。これは単に歴史認識の相違の問題というより、日本人の矜持《きょうじ》の問題であるだけでなく、これ以上サタンの策略に乗って日本のリバイバルを妨げることをしてはならないと考えるからです。
委員長並びに理事の方々の勇気ある御決断を心よりお願い申し上げます。

二〇一一年八月七日

しばらくして、ＮＲＡ事務局長の大久保みどり師から短文の返信が来た。丁寧な言葉ではあるが、私の建議は却下する。歴史の研究は個人的にやってほしいという趣旨であった。そこにはなぜ却下するかの理由は、何も書いていなかった。察するに、私の建議を取り上げると、議論が沸騰し、収拾がつかなくなることを恐れたからなのであろうが。「あれほど心を尽くして訴えても取り上げてもらえないのか。どうして日本の救いのために真相真理を追究しようとしないのか。そんな不誠実が許されるのだろうか」と呟いた私の内で何かが壊れた。そして静かに心に決めた。「もうＮＲＡからは脱退しよう」と。だが、脱退書を突きつけて物議を醸すことはやめよう。人知れず静かに去って行こう。以後、私は評議委員会への出席をやめ、毎月行っていた献金もストップした。大きな期待をもって臨んだＮＲＡであったがゆえに、深い落胆と寂しさが私の心を覆っていった。

三十三 「地方教会興し」という地味な務め ①

――地方の弱小教会の嘆きに応えて――

一九八六年十一月に、私の初著『キリスト教の第三の波――カリスマ運動とは何か』が出版されたことにより、様々な反響が内外に起こってきたことについてはすでに触れた。その最も大きな反響は、これによる初の台湾への訪問と毎年の台湾伝道旅行の開始である。もう五十回にも上る。もう一つは、〝アシュラム運動〟と出会い、「高砂聖霊アシュラム」が生まれ、それもまたほぼ毎年開催され、今年で二十五回目を迎える。そしてもう一つ、どうしても挙げざるを得ないのは、私たちの教会では「地方教会興し」と呼んでいる働きである。それは導きのままに数多くの国内の伝道旅行に赴くことによって、地方で懸命に伝道・牧会に励みつつも悪戦苦闘している教会を助け励ましていく務めである。

この働きの最初のきっかけを作ってくれたのは、一九九一年十一月の日本キリスト教団小山教会からの招きであった。その年の春であったか、私の郷里茨城県結城市の隣接である栃木県小山市の教団の牧師から手紙が来た。その牧師は竹花基成という方で、青山学院文学部神学科出身の私と同じ年齢の当時四十七歳の人物だった。私の『キリスト教の第三の波』を読んで感銘を受けたので、ぜひ伝道集会の講師をしていただきたいということであった。私は一も二もなく引き受け、寺田時雄執事を伴って十一月二十三日（土）に小山へと赴いた。

翌二十四日（日）に小山教会の礼拝に臨んだのだが、礼拝のありさまを見て息を飲んだ。あまりにも人数が少なかったからである。十名そこそこの人数であった。「こんなありさまで、よくも兵庫県から私を呼んでくれたものだ」と逆にその信仰的勇気に感心をしたが、同時に「随分と経済的にも大変だろうな」という心配の思いが私の心を覆った。果たせるかな、渡されたその日の週報には、次のような言葉が書かれてあった。

「今回、日本キリスト教団高砂教会の手束正昭先生をお招きして伝道集会を持つに当たり、およそ十万円程度の費用が必要になります。どうかこれが満たされるよう献金をお願いいたします」と。

私はこれを読んで一瞬ドキッとした。「そんなにかかるのか」と心の中で驚いた。しかし、よく考えてみると、新幹線の往復の交通費、二泊のホテル代、さらにもてなしの費用、その上講師謝礼を加えると、確かに十万円は優にかかる。この時、私は分かっているいると思っていたはずだったが、地方の小さな教会の持つ厳しさをイヤというほど覚えさせられたのであった。ホテルで休んでいる間も、ずっとこのことについて気になり続け、就任直後の高砂教会のように細々とした財政状態の中で、講師を招きたくても招けない地方の小さな教会の哀しさを想い、いかにしてこのような教会を助け、強く大きく成長させることができるかを問い続けた。そしてひとつの結論に達した。それは、小さな教会には交通費や宿泊費を負担させないようにしたら、どんなにか助かることだろう。幸い高砂教会は神の特別な顧みによって、今や力強く成長し続けている。これによって財政的にもかなり豊かになった。これは、主なる神の、地方の小さな教会を助けるようにとのお計らいではないだろうか。ならば、執事会（役員会）に諮って「地方教会興し」のための交通費や宿泊費を必要に応じて出してもらうことにしよう。そして講師への謝礼も困窮している教会には、「無理して出さなくてもいいです」と勧めよう。そうするならば、地方の弱小教会にとって、どんなにか助けとなることだろう。そう考えた時、私の心は深い所で安堵したのであった。

だが、このような考え方には後に牧師達の中から異論が唱えられた。聖書には「よい指導をしている長老、特に宣教と教とのために労している長老は、二倍の尊敬を受けるにふさわしい者である。聖書は、『穀物をこなしている牛に、くつこをかけてはならない』また『働き人がその報酬を受けるのは当然である』と言っている」（Iテモテ五・一七―一八、口語訳）と教えているではないか。その上にそのような計らいはいたずらに主の教会に依存心と甘えを植え付け、信仰によって自立する精神を損なうことになるのではないか。また、「伝道者」（教会を持たず、もっぱら巡回伝道をして生計を立てている教役者）としての働きをなしている人の立場を悪くすることになりはしないか、と問われた。確かに「なるほど。一理ある」とも思わされた。しかし私のようにしっかりとした教会が後ろ盾になってくれている牧師がしなくては、弱小な地方教会の底上げはいつまで経ってもなされないのではなかろうか。かくて、このような理念に基づき、今もなお、高砂教会の「地方教会興し」の働きは継続している。

しかし素晴らしいことには、私が「謝礼など心配しなくてもよいですよ」と言っても、「そうはいきません。こんなに大きな恵みを頂いたのですから」とばかり、謝礼を差し出してくる教会も少なくない。そんな時しばしば私は、牧師夫人を陰に呼んで、「奥さん、これを献金します。ただし教会にではなく、あなた個人に対してですよ」と手に渡すと、何人かの牧師夫人はうつむいて涙を流した。生活苦の滲み出ているその顔から溢れ出る感謝の涙は、眩《まぶ》しい真珠の輝きを放っていた。

もう一つの高砂教会の「地方教会興し」の働きの特徴は、私と共に必ず役員たる信徒二人に同行してもらうことである。初めての伝道旅行であった小山市へ赴いた時は、「手束先生、私を連れていってくれませんか」という寺田時雄兄の要請によって、そうしたのであったが、この時、長時間の電車の中で寺田兄と深く話ができ、彼を励ますことができた。忙しさに紛れて、信徒との深い対話を失っていた私は、信徒と共に旅行することとの牧会上の副次的作用の大きさを知った。同時に彼の気遣いによって、随分と旅行が支えられ、快適になされたことも体験した。そこで私は、これもまた執事会に諮って、二人ずつ同行してもらうことを承認してもらったのである。以後、私の伝道旅行には必ず二人の執事（時には教役者）に随行してもらい、旅行の助けをしてもらうとともに（駅の階段の上り下りの際の荷物持ちや、手違いで出迎えていない場合の先方教会への連絡等々）、彼らとのゆっくりした対話の中で、牧会的配慮を施して、心の中にある深い悩みを解き放っていくことが開かれていった。同時に、伝道旅行というのは単なる旅行とは異なり、〝霊の戦い〟である。悪霊が攻撃してくる。伝道旅行の途上で、何度悪霊に襲われたことであろうか。それゆえに、背後での執り成しの祈りが必要となる。もちろん、教会の執り成し祈りチームが祈っていてくれているのだが、それと連携しながら、同行者達と持つホテルでの朝ごとの早天祈祷会でも執り成しの祈りを受けている。これは本当にありがたい。どんなにか、力が与えられてきたことだろうか。

考えてみれば、使徒行伝におけるパウロの伝道旅行を見ても、必ずと言ってよいほど随行者がいる。一三章ではバルナバとヨハネ・マルコ（後のマルコ福音書の記者）が随行している。もっとも、マルコは激しい霊の戦いに恐れをなして途中で脱落してしまったのであるが。一五章～一六章では、シラスとテモテが随行。その他にも、何人もの随行者の名前が見える。恐らく、これらのパウロの伝道旅行の随行者達は、なんとかしてパウロの伝道の働きを補助し、危険から守りたいという願いをもって同伴したのであろう。だが、もう一つの理由は、彼らはまたパウロを通して働く神の御業の凄さに与りたかったからであろう。実に彼らは、パウロに随行することを通して、超自然的な神の働きと恵みに与ることによって、信仰的に霊的に強められ、高められていったに違いない。つまり、彼ら随行者達はパウロの教えの素晴らしい内容を傍らにいてじかに聴くことができただけではなく、その教えのごとく行動していく勇敢なパウロの姿を見て、大きな感動と共に励ましを受けたことであろう。その代表的人物こそ「ルカによる福音書」の記者ルカに他ならない。使徒行伝にはルカの名前は出てこないが、パウロの書簡には「わたしの同労者ルカ」についての言及が三度もある。かくて、このルカが「ルカによる福音書」の後編として、「使徒行伝」を記したと言われている。

パウロの伝道旅行と私の伝道旅行とは全くそのレベルにおいては比肩し得ないのだが、類比的には同じようなことが起こった。かくて、随行してくれた執事の兄姉達は、私の教えを傍らにいて直接聴き続けることによって、いつの間にか自分の信仰の肉となり血となっていった。さらに、私の霊的ミニストリー、すなわち〝癒やし〟をしたり〝悪霊を追い出し〟たりする超自然的な働きや赴いた教会がどんどんと変えられていくありさまを見て驚嘆し、私に対する信頼と尊敬が高まっていったのみか、「日本の松明」としての高砂教会の使命と役割の重さを自覚していったようだ。かくて、他の教会の人達から見ると、自由でありながら、不思議なほど一致団結した高砂教会の信徒達の姿は、まるで訓練された軍隊の様相を呈しているように見え、「手束軍団」とか「高砂軍団」とか揶揄的に呼ばれるようになっていったのである。

よく、「執事さん達の旅費や宿泊費は教会から出されているのですか」という問いが、訪れた教会からなされることがある。そこで私が「いいえ、みんな自分で払っているのです」と言うと、「えー」と驚かれることが多い。特に北海道とか沖縄などに一週間ほどの長丁場の旅行をする場合、飛行機代やホテル代を入れると十万円を超える。しかしそんな犠牲をも厭《いと》わず、執事達は同行してくれている。そしてこのような犠牲を嫌わず、喜んで伝道旅行に随伴してくれる信徒達ほど、信仰の成長、成熟度が高く、家族への祝福も大きく注がれることになったのである。

日本民族総福音化運動協議会が二〇一七年と二〇一九年の二回にわたって行った「台湾リバイバルツアー」で確認したリバイバルの秘訣の一つは、犠牲を厭わない献身的信徒をどれだけ形成できるか否かにかかっているということであった。これは同時に、私達の教会のリバイバルの理由でもあったのである。

この小山教会での午後の伝道集会に、同じ市内の教会から二人の人物が参加していた。そのうちのひとりは、日本リバイバル連盟小山聖泉キリスト教会牧師の新村眞一先生であった。新村牧師は竹花牧師と同様に、かつて毎日新聞で〝カリスマ運動〟の連載記事を読み、一度私に会いたいと願っていたという。そしてこの時の出会いをきっかけにして、四カ月後の翌一九九二年三月、今度はこの小山聖泉キリスト教会をメインにした伝道旅行が敢行された。さらにこれを機に、日本アッセンブリーズ・オブ・ゴッド教団結城キリスト教会（当時秋本幸二師）や同教団関城基督教会（現結城リバイバルチャペル、神戸真理子師）と繋《つな》がり、私の念願していた郷里伝道への道が開かれていくことになった。ここにも奇《くす》しき神の恩寵の御手が置かれていたのである。

三十四　「地方教会興し」という地味な務め②

——神の祝福の徴としての二つの現象——

私の「地方教会興し」の働きは、今年で四十四年間続けられており、赴いた教会は、延べ一千教会を超えている。文字通り、〝北海道から沖縄まで〟及んでいるのであるが未踏の地方もあり、命尽きるまでには全県を踏破したいと願っているのだが、果たしてどうなるであろうか。

元来、私は旅行がそれほど好きではない。今はそうでもなくなったが、以前は旅行に出るとあまり眠れず、また食が進まなかった。緊張するからであろうと思っていた。だが真相はもっと深い所にあった。私の幼き日に体験した上海から大連へ、さらに大連から舞鶴を経て、茨城県結城市までの凄惨な引き揚げ旅行が、二歳の赤ん坊だった私にはあまりにも苛酷な経験として、無意識の中にトラウマとして刻まれていたことに起因していたのだと分かったのは、随分と後のことであった。それゆえに、私は旅行から帰ってくると、いつも軽いウツに苛まれた（詳細は、『恩寵燦々と——聖霊論的自叙伝』上巻の三五—三六頁参照）。にもかかわらず、これまで、夥しい数の旅行をこなし続けてこられたのは、ひとえに「地方教会興し」に対する強い使命感と、様々な感動的出会いの体験の喜びに他ならなかった。その点について、私は拙著『聖なる旅――キリスト教の本質を抉る』の「はじめに」で次のように綴っている。

「伝道旅行の更なる素晴らしさは、赴いた先での出会いが起こることである。訪問した教会の牧師やその夫人、また信徒達との出会いである。出会いには感動がなければならないのだが、正にその出会いには常に聖なる感動が伴っている。『喜ぶものと共に喜び、泣くものと共に泣く』という感動である。駅や飛行場で涙ながらに見送られ、座席でしばしの感傷にひたっている時、しばしば次の啄木の歌と同じ体験をすることになる。

わかれ来て　ふと瞬《また》たけば　ゆくりなく　つめたきものの頬をつたへり」（二頁）

実に、この〝聖なる感動〟が伴った出会いの数々が、本質的に旅行が苦手で出不精の私をして、ここまで旅へと誘った大きな動因であろう。

だが、私の夥しい数の伝道旅行敢行にはそれ以上の理由があった。それは、主なる神が私の「地方教会興し」の働きを大変喜ばれているという確信を与える、不思議な現象が次々と起こったことにある。

その一つは、一九九一年十一月の日本キリスト教団小山教会への初めての伝道旅行の四カ月後、小山聖泉キリスト教会の新村眞一牧師の招聘によって、小山聖泉キリスト教会での説教のみか、栃木県今市市（現日光市）にある関東祈祷院での奉仕に与った時のことであった。その折に再会した小山教会の竹花基成師は、帰り際素晴らしい報告をしてくれた。「手束先生、不思議なんですよ。先生がおいでくださってから、私の教会に毎週のように新しい人がやって来るようになりました。救われる魂も、それ以前と比べると飛躍的に増やされています」と。つまり、教会の上に神の祝福がそれまで以上に大きく注がれてきたというのである。そして、このような現象が、赴いた教会の上に次々と起こってきたのである。

一九九六年の秋だったか、ある情報がもたらされた。私が教壇に立っていた極東聖書学院の教え子であった関誠・美淑牧師夫妻が、それまで仕えていた純福音神戸カルバリ教会から離れて、京都の山科で開拓伝道を始めたとのことであった。この報を聞いて、「私もそう願っていた。よくぞ決心したものだ」と驚いた私は、早速電話をし、彼らを励ました。それが機縁となり、翌一九九七年四月に、京都伝道旅行の一環として、関牧師夫妻が創立した「京都グレースバイブルチャーチ」を訪れ、「山科リバイバル聖会」なるものを持った。高砂に帰ってしばらくして関牧師から礼状が来た。そこには、こんなふうに書かれてあった。「手束先生に来て頂いてから不思議にも主の祝福としか思われないことがいくつか起こりました。確かに先生は〝祝福の器〟です」と。私はそれを読みながら竹花師の感謝の言葉を思い出し、地方の小さな教会を励まし助けることを主が喜んでおられると確信したのであった。以来、私は毎年、この京都グレースバイブルチャーチを訪れているが、行くたびごとに、関夫妻が試練を乗り越えながら、教会を成長させ続けている姿を見て喜んでいる。特にこの教会の場合、讃美が素晴らしい。他の教会と比べると群を抜いている。私は礼拝に招かれるたびに口癖のように叫ぶ。「こんな素晴らしい讃美を捧げているのに、なんでもっと成長しないんですか」と。

京都グレースバイブルチャーチに注がれている讃美の賜物は、恐らく美淑夫人に起因している。大阪音大出身の彼女は、ピアノ演奏だけでなく歌うことにおいても秀でている。その上、タンバリンダンスによる讃美も美しく、彼女の指導のおかげで、高砂教会にも〝グレーシータンバリンズ〟と称するタンバリンダンスチームが二十年ほど前に誕生し、海外遠征までするようになった。さらに、三人の息子さん達（長男栄理哉君、次男義哉君、三男真哉君）はみなハンサムで音楽性に恵まれ、それぞれの名前の頭文字を取った「ＥＹＳ」というユニットを組んで活躍中である。願わくは、今計画中の新教会堂建設が速やかに達成、実現することを祈っている。

余談ながら、教会が教会であるためには三つの要素が不可欠である。讃美と祈りと説教（聖書の解き明かし）である。この三つともみな大事なのであるが、あえて一つを選ぶとすると、讃美が最も重要である。なぜなら、黙示録を見ると、天上での礼拝はすべて讃美であるからである。そこには祈りも聖書の解き明かしもない。そのことを知った時、私は翻然として悟った。地上での礼拝が天上の礼拝を映し出すものとするならば、地上の礼拝もまた全体が讃美としてイメージされなければならない。とすると、現代説教学の大家ルドルフ・ボーレンの言うように、「説教とは神を美しくする」ことであるというのは真理である。そして祈りもそうするべきだ。こう悟った私は、礼拝の中でなされる祈りも説教も、それによって会衆が「神様とは何と素晴らしいお方なのか」と思わず感動し讃美したくなるように仕上げるべく努力するようになった。さらに、礼拝の中で唱えられる「主の祈り」も「使徒信条」も讃美のメロディーの中で、讃美として唱えることを採用した。日本キリスト教団の『讃美歌』では、「主の祈り」も「使徒信条」もそうできるようになっているのに、ほとんどの教会ではそうせず、『讃美歌21』に至っては、削除してしまっている。まったくもったいないことである。と言うのは、私が礼拝全体を讃美として理解し、そう仕上げていった時、礼拝の中に主の臨在が濃厚になり、何人もの人達が「天国にいるような体験をしました」と証言するようになったからである。

さて、話を私の「地方教会興し」の祝福に戻す。一つ目は、訪れた教会の上に天来の祝福が注がれ始めたということであるが、もう一つ不思議なことが起こり始めた。それは、私が伝道旅行に出かけると、いつも天候に恵まれ、出発の時は天候が悪くても、現地に着くと不思議なことに良くなってしまうのである。「晴れ男」という言葉がある。『広辞苑』(第七版、岩波書店、二四〇五頁)によると、「その人が何かをする日は必ず天気が晴れるといわれる男性」とある。私の場合、「何かをすると」ではなく、「伝道旅行に赴くと」という限定つきであるが。このことについて、自分でもいつも「不思議だなあ」と思う。そこで、「これは神の祝福だ。神が喜んでおられるのだ」と信じることにした。

　このことが最も顕著に起こったのは、忘れもしない一九九六年一月十三日〜十七日の北海道伝道旅行の時であった。メインとなったのは、札幌の中島公園通り教会であった。この教会を牧会する藤井克行・美方子夫妻もまた京都の関牧師夫妻と同じく極東聖書学院での私の教え子であった。また藤井牧師夫妻は私と年齢も近く、同じく日本キリスト教団の出身であったので、他の神学生とは別な親近感を持っていた。神学校卒業後、彼らは故郷の札幌で開拓伝道を始めたと知らされていたので、一九九一年四月、その頃札幌市中にあったアジアキリスト聖書学院（現在のＣＦＮＪ）で講義をした後、藤井師夫妻が開拓したばかりの教会に立ち寄り、聖日礼拝の説教に立った。開拓して間もないのに、もう二十名ほどの会衆が集まっていた。「これは凄い、大したものだ」と私は喜び、今後のさらなる復興と成長を祈り残して、別れた。

　ところが、一年半ほどした頃、藤井克行師から電話があった。教会の執事達の中から藤井師の牧会に対して強い反対が起こり、追い詰められ、教会を辞めようと思うという内容だった。私は彼を叱咤《しった》激励して言った。「何を言ってるの。今の教会はあなたが開拓した教会だ。辞めるのはあなたではなく、彼らの方だ。頑張りなさい」と。すると彼は申し訳なさそうに「間もなく彼らと最終的な話し合いがあるので、手束先生、立ち会いに来てくれませんか」と問うてきた。そこで私は即座に「分かった。行きます」と返答した。多くのなすべき事があったが、それらを急ぎ処理して、話し合いの前日、札幌に飛んだ。飛行機の中で、どうしたら藤井夫妻の窮地を救えるかを考え続けた。そして翌日四人ほどの男性執事達と話し合いの時を持った。実は、彼らの背後にはある著名な大物牧師の存在があった。一度高砂教会でも迎えたことのある優れた牧師であった。それゆえに、藤井師に反対する執事達は自信を持って遠慮会釈なく藤井師の非を攻め立てた。私はその一つ一つに霊的に神学的に反論していった。議論すること約三時間。ついに彼らは諦めて席を立った。帰り際、反対派の中心人物で、弁舌優れたコンピューター会社の若き社長は、「手束先生は百戦錬磨ですね」と悔しそうに言い残して去って行った。かくて嵐は去った。

以後、藤井師は役員リーダーの研修がいかに大切であるかを思い知り、毎年私の来訪を願うようになり、そこで避暑を兼ねて毎年北海道伝道旅行を遂行するのが慣例となった。ところが、一九九六年だけは、どういう訳だったか、真冬の一月半ばにも訪問することになった。「雪は大丈夫か」と心配していたが、案の定当日まで北海道は吹雪が荒れ狂い、絶望的な状況だった。しかし私達（随行は寺田時雄執事と汐﨑多々子執事）は一縷《いちる》の望みをかけて伊丹空港へ赴いた。すると、奇跡的に飛行機は飛び千歳空港へと着いた。悪天候は嘘のように収まっていた。そして太陽の光がまぶしく降り注ぎ、銀世界を黄金のように彩っていた。教会の諸集会は、これまで以上に天来の祝福が注がれ、リバイバルへと導かれていった。奉仕が終わって火曜日の朝、私達は今度は札幌駅から函館へと向かうことになった。函館ではこれもまた教え子の三上明・静枝夫婦が開拓伝道をしていた。これを応援するためであった。函館行きの電車が走り出すと同時ぐらいに、再び雪が降り始めた。札幌駅までわざわざ来てくれた藤井牧師が泣きながら見送ってくれた。電車が吹雪の中を走り始めた時、隣席の汐﨑執事は、「牧師先生と別れるのが悲しくて泣いている藤井先生って、純情で本当にかわいいですね」と嬉しそうにおかしそうに微笑んだ。

やがて、中島公園通り教会は大きな教会へと成長し、札幌の中心部にあった七階建てのビルディングを取得し、名前も〝マナチャペル〟と改められた。私はよく私の「地方教会興し」の働きの結果、北海道と沖縄に大きな二つの教会が生まれたことを実例にあげて成長の秘訣を講義していたのだが、なぜか最近は藤井師の消息が途絶えてしまった。あれから一体、どうしておられるだろうか。

三十五　「地方教会興し」という地味な務め③

――あばら屋が美しい新会堂に生まれ変わった秘訣――

一九九四年の三月二十八日から三十日まで「カトリック宝塚黙想の家」を会場にして日本キリスト宣教会主幹の松見睦男師主催の「教職セミナー」なるものが開催された。そこには、力強い教会の形成と成長を願う牧師達が、私を含めて二十数名ほど集まっていた。最初に自己紹介があった。

その時、私の知らない、若く見えるひとりの牧師が、いきなり「今日ここに高砂教会の手束先生がおいでくださっていると知り、大変嬉しく思っております」と切り出し、私は呆気にとられた。聞くと、その方は日本ユナイテッド・ペンテコステ教団（現日本福音ペンテコステ教団）大分福音教会の牧師の橋本守という方であり、少し前に松見師から「会堂建設を願っているなら、手束先生の書いた『信仰の表現としての教会建築』という良い本があるので読むとよい」と勧められ、早速に読んだという。そして会堂建築についての思いがいよいよ募っていったまさにその時に、「教職セミナー」に私が出席しているのを知り、あのような挨拶の言葉となったという。神の計画と言うべきであろう。

セミナーが終わった後、橋本師は「先生の教会を見せてもらえませんか」と尋ねてきたので、「どうぞ、どうぞ」と電車で高砂まで同行してもらい、新会堂内を案内したのであった。「ワァー凄いですね」と、何度も感嘆の言葉を洩らしながら真剣に見て回るその顔には、何としても自分も新会堂を建てなくてはという熱い思いが滲み出ていた。かくて早速、翌四月に初めて大分伝道旅行へと赴くことになったのである。

四月十六日（土）、この時もまた寺田執事と汐﨑執事を伴って大分福音教会に到着したのは、春の陽差しの燦々《さんさん》と降り注ぐ午後であった。教会に着いて、その前に立った時、「あっ、これは」と心の中で叫んだ。小さなあばら屋のような建物であった。同行した汐﨑姉も唖然《あぜん》として立ちすくみ、「牧師先生、こんな教会で明日説教なさるんですか」とすすり泣いた。毎週大きな礼拝堂でたくさんの会衆に向かって説教している私の姿を見ている彼女にとって、言いようもない不憫《ふびん》の情を抑えることができなかったのであろう。

しかし私が「あっ、これは」と思ったのは、建物のみすぼらしさにあったのではない。全くなかったわけではないが、それ以上に私にとっての驚目は、建物全体を悪霊が覆い呪縛している光景を霊のうちに見たからであった。「これを何とかしなくては、どんなに頑張っても教会は成長できない」という思いであった。

翌日の聖日礼拝に臨んで、さらに驚嘆したのは、礼拝出席者のありさまであった。足が悪く松葉杖《づえ》をついている身体障害者の若い女性が二人、お婆さん、中高生が三、四人そして若い夫婦が一組。その他にも、あと一、二人はいたかもしれないが、十名そこそこの礼拝であった。そのありさまに、さすがの「積極思考」を標榜し、常日頃信徒に向けて語っている私も、不安になってきた。「このような状況で、本当に新会堂が建つのだろうか」と訝った。しかし不思議なことに、説教している間に、だんだんと上からの力がみなぎり、ついにはその結論辺りでジョークまじりに次のように語った。「今ここにいる人達を見ると、どう見ても金持ちの人はひとりもいないようですね」。会衆はみなドッと笑った。橋本師も「その通り、その通り」といった面持ちで笑っていた。それを見て、すかさず私は声を強めた。「だから会堂は建つのです。なぜなら全能の主がなしてくださるからです」。後に聞いた話であるが、その言葉は〝レーマ〟となって橋本師の心に飛び込んできて、「そうだ出来る」という信仰がズーンと重く入ってきたという。

私は主著『キリスト教の第三の波――カリスマ運動とは何か』において、「『ロゴス』と『レーマ』の俊別」という一項目を設けて、〝レーマ〟（ῥῆμα）ということについて次のように説明している。「『ロゴス』とは客観的に聖書の中に記録されている神の言葉を意味しています。それに対して『レーマ』とは特別な時に特別な人に語られる神の言葉です。カール・バルトは『あなたに対する神の言葉、それがレーマであり、またロゴスは普遍的な神の言葉である』と言っています」（五四頁）。

よく、どの教会でも「聖書をよく読むように」と勧められる。もちろん、それは大事なことである。しかし、聖書をよく読んで聖書についてよく知ったとしても、それで信仰が深くなるというわけではない。ある時、何度も読んでいた御言葉が急に光を帯びて輝き、自分の心を揺さ振り、聖なる感動を与えてくることがある。それは、その御言葉を通して聖霊なる神がその人個人に語りかけているのである。そしてその御言葉を大事にし、繰り返し自分の内で唱え、その御言葉のごとくなると信じ続けて従っていくならば、その人の人生に奇跡が起こってくるのである。それにより、その人は観念的信仰から脱し、信仰の醍醐味を味わうことになる。

私の神学生時代、同じ神学部の寮（「成全寮」と言った）で生活を共にした後輩に、山崎英穂君（現在日本キリスト教団主恩教会牧師）という真面目でよく勉強していた好漢がいた。その彼の著書『み言葉に聞く』（日本キリスト教団出版局）の序文に、彼が以前牧会していた教会の信徒が作ったという次のような歌が引用されていた。

「いつの日か　おぼえし聖句の一節が　み救いだとは　今の今まで」（四頁）

実にレーマとは何かを見事に表現した良い歌である。これまで何気なく読み、いつの間にか覚えてしまっていた聖書の一節が、ある時パッと輝き、心の内に飛び込んできて、深い感動と悟りをもたらしてくれたというのである。

ところで、レーマとなって働いてきて、私達の人生を引き上げ変革させるのは、聖書の御言葉だけではない。時として、礼拝の説教の中でレーマを受ける時もあるし、信仰的対話の中で聴く時もある。さらには、〝説教集〟などの書かれた信仰の書物を通して体験する場合もあるようだ。と言うのは、私の説教集『命の宗教の回復——キリスト教の第三の波〈説教集〉』が出版されてしばらくして、一通の手紙が来た。「手束先生のこの本を読んで、聖霊のバプテスマを体験しました。そして私のこれまでの人生が変わりました」と。「えっ、まさか」という思いであった。そしてその時、私は初めてレーマ体験というのは、聖書の御言葉を通してのみ起こるのではなく、霊的信仰的説教や書物を通しても聖霊が働いて起こる場合があることを知ったのであった。まさに橋本守牧師においても、私の説教の最後のほんの一言がレーマとなったのである。

もう一つ、この大分伝道旅行において体験した神秘的出来事について書き留めておかなくてはならない。それは、火曜日の夜行われた「スピリチュアル・プレイヤーズ」(略してSP)という市内有志牧師達の祈祷会での出来事である。その場で私が語ることを示されたのは、使徒一三・四—一二から、福音宣教特に日本宣教にとって不可欠なのは、悪霊との戦いであるということであった。私のメッセージの後、橋本のり子牧師夫人がおずおずと質問してきた。「夫も私も一生懸命伝道しているのですが、どうして教会に人が来ないのでしょうか」。そこで私は、最初にこの教会に着いた時の霊的直感から端的に語った。「それは、この場所を非常に強い悪霊が支配しているからです」と。こんなことを言ったら、橋本牧師夫妻はもしかしたら気を悪くするかもしれないと気を遣いながらあえて語ったのであったが、逆であった。橋本師はその時の気持ちを次のように正直に自叙伝に記している。

「その答えを聞いた時、内心私はホッとした。『そうか悪霊か』。自分はダメな牧師、教会が成長しないのは自分の責任、といつも自分を責めていたので、私にすれば救われた気持ちになった」（橋本守著『田舎牧師』）。

その後、私が提案して、そこに集まった牧師達と声を合わせて、悪霊を教会から追い出す祈りを捧げた。大きな声で熱心に祈っていた時、バリバリという音が聞こえた（後に聞くと、この音は私だけに聞こえたようだ）。「あっ、悪霊が出て行った」と分かった。その時から、大分福音教会は成長を始め、翌一九九五年十一月大分福音教会の新会堂は、大分市の新しい住宅街の一角に「大分カルバリチャーチ」と改名して、見事に立ち上がったのであった。

十一月二十二日（金）の晩、妻と共に神戸から船で大分に赴き、翌二十三日の午前十時頃落成したばかりの「大分カルバリチャーチ」の前に立った時、私も妻も思わず「おーっ」と声を出した。かつてのうらぶれた旧会堂とは打って変わった小振りながら立派な瀟洒《しょうしゃ》な会堂が建っていた。おまけに、外壁は高砂教会にあやかるかのように紫がかったグレーのレンガタイルが用いられていた。午後からの献堂式は、溢れるばかりの人波で埋まり、玄関で立ち見をする人もあった。総勢百三十名を超える盛大な式典となり、天来の祝福が注がれていた。献堂説教は日本福音ペンテコステ教団の理事長の恩庄明彦師（高松クリスチャンチャーチ牧師）が語られ、私はその夜の献堂記念聖会で語った。

献堂式修了後、その後にもたれる予定の立食祝賀パーティーの準備待ちのため外に立っていると、ひとりの牧師が驚いた様子で近寄ってきた。その牧師というのは大分市で当時最も大きな教会と言われていた大分福音キリスト教会チャペル・ノアの牧師であった廣田勝正牧師である。そしていきなりこう言い出した。「手束先生、私はまるで手品を見せてもらっているような感じですよ。あのあばら屋だった教会が、手束先生が来られたら、あっという間にこんなに綺麗な教会になってしまうとは。凄いですねえ」と。

そう言ってくれるのは嬉しいが、実は真相は別な所にあったことを告白しなくてはならない。それは既述したように、橋本師がレーマを受け取り、信仰に堅く立って新会堂建設の業を進めてきたからに他ならない。要は、その教会の牧師の信仰なのである。決して信徒達の経済状態によるのではない。

ところが、この単純な原理を理解している教会は存外少ない。そこで、信徒達の経済状態を見て、じきに「できる」とか「できない」とかを判断してしまうことになる。つまり、見える所に頼って、見えない神に頼ろうとしないのである。レーマを受け取ることができるか否かが、会堂建設の成功実現の最も重要な鍵なのである。以来私は「地方教会興し」の一環として〝会堂建設セミナー〟をも重視して行ってきた。そのセミナーの中で、私はよく大分カルバリチャーチを例として取り上げて語る。それを聴いたいくつもの教会が励まされ、奮い立ってきた。その結果、これまで三十余りの教会が建て上げられてきた。できれば、早く四十教会を達成したいものである。橋本師と大分カルバリチャーチの壮挙は、これからも多くの教会を励まし続けることになるであろう。

三十六 「地方教会興し」という地味な務め④

――かくも長き沖縄への奉仕（その一）――

一九九〇年代の初頭、ひとりの無類に読書好きの牧師が、沖縄県那覇市のキリスト教書店で読むべき本を漁っていた。一冊の書物が目に留まった。売れ残っていたのか、少々表紙が原色を留めず、色褪《あ》せていた。しかし、その表題には強く惹かれるものがあった。『キリスト教の第三の波――カリスマ運動とは何か』と銘打たれてあった。著者は手束正昭とあり、知らない人物だった。早速に買い求めて教会に帰り、読み始めていくとグングンと引き込まれていった。と言うのは、沖縄地方というのは、本土とは霊的空気が随分と異なる。〝ユタ文化〟と言われるシャーマニズムが盛んな地域である。本土より悪霊の働きが顕著と言ってもよいであろう。それゆえに、沖縄でのキリスト教の伝道は否応なく〝霊の戦い〟を強いられることとなる。しかし〝霊の戦い〟についての〝証しの書〟や〝実践的な書物〟はあっても、神学的な書物となると一向に見当たらない。しかしついに発見した。「この著者を沖縄に招きたい」。そんな熱い思いが心を横切った。その方こそ、現在うるま市具志川にある聖書福音聖川教会牧師の當銘由正師その人であった。

間もなくチャンスがやって来た。一九九五年、當銘師は超教派で構成する沖縄南部教役者連合（四十四教会参加）主催の「第二十五回沖縄クリスチャン修養会」の実行委員長に選出された。誰を翌年の修養会のメイン講師として招くかは、委員長の裁量に委ねられていた。そこで當銘師はかねてから意中に秘めていた私を、一面識もなかったのに大胆に指命してきたのである。そして丁寧にも、九月末の高砂教会の聖日礼拝に奥様と教会の役員とを連れて出席され、ご挨拶下さったのであった。その後も何度か電話で連絡を下さり、當銘先生の私への期待の大きさを思い知らされたのである。その中で、私が気になっていたことを思い切ってお尋ねした。それは、私自身が標榜してきたカリスマ的信仰を前面に打ち出して話してもよいのかどうかという問いである。私があえてそのように問うたのは、それまで何度か私がカリスマ的信仰を前面に打ち出して語った時、それに対する批判や反対の動きが起こり往生したことがあったからである。ひどい場合は、その教会の牧師の辞任問題にも発展したケースがあった。それゆえに、私としては、どの程度までカリスマ的信仰を打ち出すべきかについて十分に配慮する必要があった。そこで、當銘師にも率直にその点について問いただしたのだが、當銘師の答えは明瞭であった。「もちろんです。どうか手東先生のカリスマ的信仰を大いに語ってください。そのために先生をお招きしたのですから」と。その答えを聞いて、私は一面では安堵したのであったが、深い所で何か一抹の不安を拭い切れなかったのである。そしてやがてその不安は的中することになったのである。

私が同行の村田宗男・堀本恵子の両執事と共に那覇空港に降り立ったのは、本土では極寒の続いていた一九九六年二月二十三日のことであった。ところがタラップを降りた時、三人は異口同音に叫んだ。「ワー、暖かい」。もう春風が吹いていたのである。あの時の言いようもない感動を今でも覚えている。それは同時に〝狭い日本〟と言われることが多いにもかかわらず、初めて沖縄の地を踏んだ私には、「なんの、なんの、〝狭い日本〟どころか、日本も多彩であり、北欧のような北海道と同時に沖縄のような南国をも体験できるのだ」という〝日本風土見直し〟の感慨であったかもしれない。

三日間の大会は那覇市の中心部にある沖縄バプテスト連盟那覇バプテスト教会を会場にして行われ、大きな会場の正面には、「御霊による勝利の生活　講師手束正昭」と書いた大きな横断幕が掲げられており、この大会に向けての準備の周到さを思わされた。そしていよいよ二十三日晩の第一回聖会が始まった。始まってビックリした。四百名ほど入るであろう会場は満杯となり、立ち見の人々も溢れた。「田舎牧師の私ごとき者の集会に、これほどの人々が集まるとは」という思いであった。そこで私は、使徒行伝二章一四―二一節から、「聖霊の新しい時代の到来」と題して、カリスマ的信仰とは何かということを前面に打ち出したメッセージを語った。語っているうちに聖霊がその場に臨み、会衆全体が霊的に高揚しているのが分かった。そこで私は説教の最後に、会衆に向かって呼びかけた。「聖霊のバプテスマを受けたい方は、胸に手を置いてください。今からそのために私が祈ります。自分でも求めて祈ってください。その時、異言が出てきたら、それは聖霊のバプテスマを受けたしるしですから。さあ、それでは熱く祈りましょう」と。

その会衆の中に、私のメッセージを驚愕をもって聴いていたひとりの婦人がいた。喜瀬美代子という牧師夫人であった。彼女は夫喜瀬新秀師と共に開拓伝道を始めていたが、元々夫婦共日本キリスト教団の教会の信徒であった。開拓伝道のきっかけとなったのは、新秀師の瀕死の病が奇跡的に癒やされたことであった。しかし彼女は急に変わってしまった夫を理解することができず、むしろ「夫は異端の信仰に行ってしまったのでは」という危機意識が募り、必死になって夫を諌《いさ》めた。しかし夫の方は彼女の言うことなど聞くはずもなく、夫婦関係は最悪のところに追い詰められつつあった。そんな中で、彼女は私の集会に出席したのであった。そこには、「自分達と同じ日本キリスト教団の講師の方だ。きっと夫とは違う正統的で健全な教えを聴くことができる。何と嬉しいことだろう」という熱い期待がたぎっていた。だが、そこで聴いた日本キリスト教団の牧師が語った説教は、全く思いもよらない内容であった。それは夫が主張していたことの正しさを論証づける内容であった。頭をハンマーで殴られたような思いであった。彼女は半ば放心状態になり、集会後降り出した雨に濡れたまま、呆然として家に辿り着いた。そしてすぐに夫の所に行って、「私が間違っていました。ごめんなさい」と手をついて詫びたのであった。かくて冷たかった夫婦関係は癒やされ、以後夫婦が一つになって伝道に励むことができるようになったというのである。

一方ではこんな素晴らしい恵みの御業が起こっていたのだが、他方では大嵐が起こった。カリスマ的信仰に反対する一部の牧師から猛烈な反発が起こった。それは私を講師として招いた當銘師に対する〝吊《つる》し上げ〟にまでエスカレートしていった。仕方なく、當銘師はそれらの批判者達に対して謝罪したという。聖会は三回とも大盛況で、一泊で行われた教役者セミナーもこれまでになく参加者が多く、経済的にも大きく祝福された「第二十五回沖縄クリスチャン修養会」であったのに、感謝されるどころか逆に散々批判され、ついには謝らねばならなかった當銘師の無念さはどんなであっただろうか。察して余りあるものがある。しかし、問題はそれだけでは治まらなかった。當銘師は二十年あまり教壇に立ってきた沖縄信徒聖書学校・沖縄聖書神学校の教師を辞任しなくてはならなくなった。その理不尽さには誰が悲憤慷慨《こうがい》せずにはおれるだろうか。だがそんなことがあっても當銘師はめげることなく、以後毎年私を沖縄に招き続け、もう三十回近くに及んでいる。こんなことは普通の人間にはなかなかできるものではない。

多くの場合、人は打算で動く。自分にとって不利なことや損することを本能的に回避しようとする。ある意味で仕方のないことである。だが當銘師はそうではなかった。物事を打算で考えるのではなく、理非で考え、その信念に向かって恐れず突き進んでいく。こういう人を「侠気《きょうき》の人」と言う。「侠気」とは別な表現で「おとこぎ」（男気）とも言う。最近流行の言葉を用いると、「嫌われる勇気」（アルフレッド・アドラー）を持つ人となるであろうか。しかし、そのような「侠気の人」は今では随分と少なくなってしまった。私は時として「嵐を呼ぶ男」と言われる。これまでのメジャーな流れに逆らい、挑戦をし、心ならずも喧噪《けんそう》を起こしてしまうからである。だが「嵐を呼ぶ男」と言うと、いささか格好良すぎる呼称かもしれない。むしろ、ある人々が言うように「空気を読まない男」(「読めない」のではない)と言う方が当を得ているかもしれない。ともあれ、「侠気の人」と「嵐を呼ぶ男」(空気を読まない男)が出会い、今やタッグを組んで沖縄の福音化のみか、「日本民族総福音化」(當銘師は副総裁)に向かって共働しているのは、聖霊の導きと神の深い摂理によるのであろう。そして両者の共通の信念は「霊の戦いなしに沖縄のリバイバルも日本民族の福音化もあり得ない」という認識であった。それは當銘師の牧する聖心教会(聖書福音聖川教会の前身)に初めて訪れた時に明瞭に確認されることになったのである。

「沖縄クリスチャン修養会」は大抵の場合、そのプログラムの間に日曜日を挟むのであるが、聖日礼拝は委員長の教会で守ることになっていた。そこで二月二十五日の日曜日は當銘師の教会に赴いた。當銘師の牧する聖心教会は、那覇市の中心部から離れた松山という場所にあり、表通りから少し入った静かな場所に建っていた。礼拝堂に入った時、重く暗い雰囲気が漂っており、すぐに悪霊がいることが分かった。礼拝も二十数名の出席者であり、恵まれないままで終わった。そこで私は、礼拝後すぐに當銘牧師と恭子夫人を呼んでアドバイスをした。「こんなことを言うのも気が引けるのですが、率直に言って、この教会には悪霊がかなりいます。ですから、これから毎日、ご夫妻でイエス・キリストの御名によって悪霊追い出しの祈りをしてください。そうすれば、必ずリバイバルしますから」と。すると、當銘師は面白いエピソードを語ってくれた。「そう言われれば、以前、この教会に悪霊に憑かれていると思われる人がやってきて、教会堂の玄関に立ち、『ああ、ここは我が住居だ』と言っていたことがあります」と。

かくて素直な當銘夫妻は、私のアドバイスに従って、毎日毎日教会堂から悪霊を追い出す清めの祈りを励行していかれたのであった。そして翌年、再びお訪ねした時、礼拝堂の雰囲気がガラッと変わっていた。重く暗い雰囲気はなくなり、見違えるように明るく美しくなっていたのである。驚いた私は尋ねた。「照明を取り替えましたか」。「いいえ」。「壁を塗り替えましたか」。「いいえ」。「カーテンを取り替えましたか」。「いいえ」。ハレルヤ！　悪霊が出て行き、礼拝堂が聖別され、かくも明るく美しく変貌したのである。そしてこの頃から、聖心教会は大きく復興と成長を遂げ、今はうるま市具志川に立派な会堂を建て、名称も聖書福音聖川教会に変えて移転していったのであった。このように〝霊の戦い〟こそ、日本の教会の復興と成長のためには、どうしても欠かすことのできない方策であることが確認できたのである。

三十七　「地方教会興し」という地味な務め ⑤

――かくも長き沖縄への奉仕（その二）――

沖縄人の特徴的気質の一つに、「移り気」ということがあるという。これは恐らく、平和な南国に外から次々と新しいものがやって来たことに起因しているのではないかと推察しているのだが、どうだろうか。そこで沖縄の教会では、同じ講師を招くにしても、せいぜい三回までだという。しかし私はそのジンクスを大きく破って、一九九六年二月の「第二十五回沖縄クリスチャン修養会」の講師に招かれて以来、毎年沖縄に招かれ、二〇二〇年の今に至るまで、実に二十四年間三十回以上の訪問を重ねている。當銘由正師によると、「こんなことはこれまでなかった」と言う。なぜ、私だけ特別にこのような恵みに与ったのであろうか。

私と沖縄の人達との相性が良いのだろうかとも考えてみた。確かに沖縄の人達（ウチナンチュ）は概して素朴である。素直で悪気がない。この点では、台湾の高砂族（原住民）の人達と相似している。確かに私は、沖縄の人や台湾の高砂族の人達の素直で悪気のない性質がたまらなく好きである。交わっていると安らぎと喜びを覚える。恐らく、私の内にも同じような性質があるからであろう（陰の声「自分で言うか」笑）。そう言えば、私を育ててくれた祖母が幼い時によく言っていた。「正昭は、何て素直ないい子なんだろう」と。幼い時にその言葉を聞きながら、どういうことかなと不思議に思っていたものである。また、妻美智子のすぐ下の妹で今は亡き山内牧子は他者を評価することに鋭い目を持っていたのだが、彼女もまたよく言っていた。「お義兄さんて、素直だわ。お姉さんが羨ましい」と。私よりも三歳も年下の牧子からそう言われて、祖母の言葉を想い起こしながら、妙な気分になったものである。

そのような相性の良さがあったことは確かであろうが、しかし本当の理由は別な所にあったように思う。それは、何よりも主ご自身がそのことを願われ、そのように計画され、道を開かれたということである。そのために用いられた人物こそが、同じようにこよなく素直な性質を持っておられた當銘由正師であった。當銘師の素直さと〝俠気〟（男気）がなければ、かくも長き沖縄への奉仕の業は続かなかったであろう。

それでは、主なる神が私に対して沖縄での奉仕を期待した理由は、一体何なのであろうか。それは一言で言うと「沖縄のリバイバルを開け」ということであろう。つまり、本土とは異なる霊的環境の中で、私が一九七五年の聖霊降臨以来、確信をもって標榜し続けてきたのは「カリスマ運動」であり、「霊の戦い」ということである。恐らく、日本の中で沖縄ほどこの点で、「カリスマ運動」や「霊の戦い」を切実に必要としている地方はないはずである。それは沖縄をがんじがらめに縛っているシャーマニズム、すなわち〝ユタ文化〟との戦いを意味する。一般には、「沖縄」と言えば、〝基地問題〟として知られ、片や海の美しい観光地として慕われている。だが、少し沖縄に入り込んだ者達にとっては、沖縄を〝基地の島〟や〝観光のパラダイス〟と考える以上に、本土では考えられない不思議な霊的現象が頻繁に起こる島であるということを発見しておののくことになる。

ここに一冊の本がある。沖縄出身の作家であり、大学の教師でもある仲村清司という方が書いた『ほんとうは怖い沖縄』（新潮社）という書物である。當銘師がくださった本である。その書の冒頭で、仲村氏はいきなり書き始める。

「南国の太陽が燦々と輝く沖縄は、実のところ怖〜い闇の世界が支配する島だった。その怖〜い沖縄は観光客がこぞって訪れるスポットの真裏に潜んでいる。そこには眩いばかりの見た目の風景とは相反する戦慄の恐怖が同居しているのだ」（一頁）。

そして私自身も沖縄伝道ののっけから、その闇の世界を垣間見ることになったのである。それは、前章に書いた當銘師が那覇市松山で牧会していた教会を訪れた時のことである。礼拝後、教会の役員の人達に按手して祈ってほしいという要請があった。そこで二階に行って、ひとりひとりに按手して祈っていった。その時のことである。ある中年の婦人のために按手をしようとして手を挙げた途端に、その女性役員が仰向けに激しく倒れたのである。後から聞くと、私が手を挙げると、手の平から強烈な光が出て、その光の圧倒的な力によって押し倒されたということであった。その女性は看護師であったが、ユタの家系の出身であった。そして、これに近い出来事が沖縄伝道旅行中、しばしば起こった。私が近づいただけでも、ある人々は逃げていった。それらはみなユタの霊統を受け継いでいる人々であり、私から放出される強い光が眩しくてそうせざるを得なかったという。また集会後、牧師からなされた参加者のための按手の要請に応えて、按手して回ると、必ずと言ってよいほど、一、二人はギャーと叫んで暴れ出し、取り押さえて悪霊追放の祈りをしなくてはならなかった。まさに沖縄は「悪霊と聖霊の舞台」(池上良正)であった。

二番目に、主が私をかくも長い間沖縄へ向かわせているのは、沖縄の福音化のためにはいわゆる「文脈化伝道」を必要としていたからである。〝文脈化〟(Contextualization)とは、最近では〝文化適応〟とも訳され、西洋化された今日のキリスト教のスタイルを絶対化することなく、その国や民族の文化・伝統を否定せず、むしろその文化・伝統に沿った形で福音を提示することを意味する。それにより、非キリスト教国の国民や民族にも抵抗なく福音が摂取できるようになることを意図したものであって、決して異教や偶像崇拝と妥協しようとするものではない。この文脈化伝道の具体的実践について、當銘師自身が「日本民族総福音化運動協議会会報誌」第二九号(二〇一四年十月三十日発行)に「田舎伝道の一戦略」という題で書いておられる証しを見てみよう。沖縄では〝カジマヤー〟と呼ばれる九十七歳の祝い(本土で言えば、米寿の祝いに相当するものなのだろうか)が盛んに祝われるという。普通、自宅や公民館で集落の人を招いて祝われるのであるが、當銘師は教会で母親のカジマヤー祝いをした。そしてそこでは、沖縄の人々に馴染みの琉球民謡に信仰の歌詞をつけた〝琉球讃美〟を歌い、沖縄の人々が誇る太鼓、三線で伴奏し、琉球舞踊も演じた。すると、これまで話したこともなかった人から「素晴らしいカジマヤー祝いでした。教会でないとあんな立派なお祝いはできない」と電話があったほど、大好評だったという。その上、翌日の琉球新報がこれを取り上げ、「カジマヤーを教会で祝う・長男が牧師」と大きく報道してくれたという。これこそが、「文脈化伝道」の成功の素晴らしい生きた証しと言ってよい。

そして、ともすればキリスト教信仰が「異教や偶像崇拝、果ては悪霊を混淆《こんこう》させる不純な試み」として嫌われ、排斥されがちなこの「文脈化伝道」を、主がいかに喜んでおられるかを圧倒的に体験し確認する出来事が起こったのである。それは、私が沖縄伝道を開始して十年目の二〇〇五年二月十六日の晩六時から開催された「讃美の祭典」においてであった。この祭典は、私の十年間の沖縄での奉仕に感謝し、私を招く母体となってくれた「教会作り委員会」の牧師達が中心になって準備してくださったものであり、わざわざ具志川市民芸術劇場を借り切って行われた。

その「讃美の祭典」の内容は比類なく多彩であった。そのオープニングに立ったのは、沖縄バプテスト連盟金武バプテスト教会の婦人達による〝カギヤデフ〟と呼ばれる、祝い事には必ず踊られる絢爛《けんらん》とした琉球衣をまとった舞であった。その美しさに酔いしれている間もなく、聖川教会、聖心教会、日本神の教会連盟沖縄ゴスペルファミリーチャーチ、沖縄バプテスト連盟泡瀬バプテスト教会、いのちの水キリスト教会、金武バプテスト教会の六教会による合同聖歌隊が具志堅ナオ子師の指揮の下、金城暁子師のピアノ伴奏により、「心に賛美をもちながら」と「一羽のすずめ」の二曲を歌い、見事に高らかに主を讃えたのであった。それに引き続いて、高砂教会が誇る和琴合奏団ビューティフル・ハーピスツが美しい和服を着ての演奏。それに佐川千秋姉のフルートと美智子の讃美歌が加わり、ヤマトンチュ（大和人）ならではの文脈化された讃美が会衆の心を感動させた。それに負けじと、具志堅ナオ子師のクラシック風の琉球讃美と横田盛永師の三線による琉球讃美の演奏。実にウチナンチュ（沖縄人）とヤマトンチュ（大和人）の文脈化された讃美が一体となったこれまでどこにもなかった讃美の共演（競演）。一体誰がこんなに素晴らしい「讃美の祭典」を企画したのか。それは聖霊様以外の何者でもない。圧巻はその最終場面であった。司会の比嘉球英師に促されて、沖縄の教会からの感謝状を勿体なくも押し頂くと、会場からの万雷の拍手が何度も湧き上がり、感激にむせんでいたその刹那であった。三線の音に合わせて二人の婦人が「カチャーシー」（阿波踊り風の沖縄の民衆踊り）を踊りながら出て来て、「皆様もどうぞ」と呼びかけると、堰《せき》を切ったように人々が舞台の上に駆け上ってきて「カチャーシー」を踊り始めた。その時であった。私の目には、天が開けたのが見えた。同時に天来の油注ぎがザァーと注がれたのが分かった。喜び溢れて、皆は憑かれたように恍惚として踊り回った。私も見よう見まねで踊った。それはまさに地上天国を思わせる素晴らしい光景であった。

主がこの〝文脈化〟による「讃美の祭典」を喜ばれ、大いなる祝福を注いでくださったのである。それはまるで、「お前の進めている〝文脈化伝道〟は正しい。これからも批判を恐れず、大胆に押し進めていきなさい」と語っているようであった。かくて私は、沖縄においてこそ、この〝文脈化伝道〟の重要さを強く確信したのである。だが、この時に起こった神の祝福の油注ぎと私の〝霊の戦い〟をもって展開する沖縄伝道を、悪霊は我慢できず、激しく反撃をしてきたのである。それは帰り際の那覇空港で起こった。この旅行に同行し、何かと和琴チームの世話をしてくれていた北村恵執事が急に倒れ、空港内医務室に担ぎ込まれたのである。「あ、これはいかん。嫉みによるサタンの攻撃に違いない」と思った私は、北村姉に付き添い、主イエスの御名による悪霊の追い出しと癒やしの祈りを必死に捧げた。その時のことを北村姉自身は次のように書いている。

「最近『奇跡の脳』という本を読んで驚くべき事実に気付きました。脳血管の破裂出血で脳卒中を起こした脳科学者が、自身の脳内出血が起こった瞬間から体に不随を生じ、体を動かすことも物を言うことも不能になっていくという経過が克明に綴られていましたが、そこに書かれているのは那覇空港で私の身に起こったことと全く同じ症状でした。……中略……でも牧師先生の必死のお祈りの後、救急病院に運ばれた私はＣＴ検査まで受けて異常なしだったのです！　一瞬にせよ破裂していたに違いない脳動脈瘤が牧師先生の熱心なお祈りによって即座に修復され癒されたという事実！私はそんなにも驚くべき癒しを受けていたということが分かったのです！あの時死んでいたかもしれない！あの時全身麻痺になっていたかもしれないのに！ハレルヤ！イエス様は牧師先生を通して癒して下さった！」（月報二〇〇九年十二月号）。

だが北村姉に対するサタンの激しい攻撃とイエス・キリストの御名による癒やしには、実は沖縄宣教、ひいては日本宣教全体に対する隠された鍵が秘められていたのである。その秘義が明らかになることに対するサタンの慌てふためきと意趣返しの結果として起こったこの事件について、それを刻明に解明するのにはもはやその余裕がない。いつの日か報告できればいいのだが。

三十八　「地方教会興し」という地味な務め ⑥

――「教会作り共同研修会」による徹底――

「やってみせ 言って聞かせて させてみて
　誉めてやらねば 人は動かじ」

〝軍神〟と呼ばれた山本五十六の有名な言葉である。山本五十六元帥はこの言葉の理念をもって部下達を訓練し育成していったという。つまり、軍隊のような極めて上意下達の命令系統が厳しい組織であっても、そう簡単には人というものは訓練育成できるものではなく、上に立つ者が模範を示しながら、実際に手とり足とり教えてやらないと、なかなか身に付かないものだということである。軍隊でもそうなのであるから、ましていわんや教会のようなボランタリーな性格の濃い緩い組織のリーダーの訓練となると、大いにそのようにする必要があることはすぐに理解できるであろう。

私も、「地方教会興し」という主から託された使命を担って、毎月一週間ほどの伝道旅行に赴く中で、早速にこのことに気が付いた。地方の不利な状況にある教会でも、かくすればかく成長すると高砂教会を例えに挙げながら熱心に教えても、聴く方はあまりピンときていないようであった。そこで私は考えた。私が訪れて「リバイバル聖会」や「教会成長セミナー」等を開催した教会の牧師夫妻を三組ほど招いて、高砂教会の働きをオープンにして、復興と成長の現場を見ていただくことによって、体験的に学習していただこう。五泊六日の日程で教会の宿泊施設に滞在してもらいながら、私が六日間張りついて対話・対論的に説明や指導をして、具体的実践的に習得していただくことによって、それぞれの牧会の現場に則して応用してもらうならば、きっと目に見える成果が表れるに違いない。そこで私は執事会に諮ってこの企画を承認してもらったのだが、その際に思い切って執事達にお願いした。「地方教会の復興と成長のために、皆さん方もぜひ〝身銭〟を切っていただきたい」と。どういうことかというと、参加する牧師や夫人達には一切経済的負担をかけず、全部私達の教会で工面したいので、朝、昼、晩の食事の際には執事の人達が三、四人組んで、教会あるいはレストラン等で接待してほしいという要請であった。そうすることによって、執事達は「地方教会興し」の働きが高砂教会の使命として、より一層身近になるであろうし、会食しながらの親しい交わりの中で、日本の地方教会の現実をしかと知ることになり、さらに祈りが深まるに違いないと考えたからであった。そして私の意図はまんまと功を奏し、執事達の「地方教会興し」の使命への熱意は高まっていったのである。

かくして、一九九二年の十月に第一回「教会作り共同研修会」が開催された。参加されたのは、私の「地方教会興し」の契機となった日本キリスト教団小山教会の竹花基成牧師と日本リバイバル連盟小山聖泉キリスト教会の新村眞一牧師夫妻であった。もう一組の牧師夫妻に声をかけたが参加ならず、たった三人の参加で寂しく思ったが、「まだ実績がないのだから仕方がないか」と思い返し、私も執事達も精一杯奉仕させていただいたのである。そして主はこの企てを殊の外喜んでおられることがすぐに明らかになったのである。

第一回の研修会の最終日の早朝、新村師がひとり聖堂で祈っていた時であった（その頃はまだ教会全体としての早天祈祷会は行われておらず、牧師室で教役者のみの早天祈祷会がなされていた）。ひとしきり祈った後目を上げると、聖壇の上に大きな幻のキリストが立っていたという。そしてキリストが新村師に語りかけてきた。「わたしは、手束牧師を日本のヨシュアとして立てた。そしておまえは小山のヨシュアである。この地（高砂教会）をギルガルと名付けなさい」と。〝ギルガル〟。それはヨシュアのカナン制覇のための軍事基地となったエリコ平原にあった町である。と言うことは、主なる神は、高砂教会を日本の福音化のための戦いの一大拠点として定めたということである。何とも光栄な役割であるが、随分と大それた務めを負わされたものである。しかし、新村師に語られた主の言葉は、歳月を経るごとに現実のものとなっていったのである。高砂教会を拠点として「日本キリスト教団聖霊刷新協議会」は発足して今日に至っており、同じく高砂教会を拠点として「日本民族総福音化運動協議会」は成立していったのである。それに「日本を愛するキリスト者の会」も。すると確かに、高砂教会は "ギルガル" であり、それゆえにもっともっと霊的武装が必要であることを、私達は深く覚えなくてはならない。

さらに、この「教会作り共同研修会」を通して、二次的効果とも言うべき事柄が起こり始めた。それは、この研修会に参加した牧師夫妻が自分達の教会に帰って、研修会の感動を報告した時に、信徒達の間に起こったのである。その思わぬ反応について、新村師は次のように報告しておられる。

「教会に帰り、私達は礼拝の時に証しをしました。それ以来、折ある度に教えられたこと、感じたことを証しししています。今、教会の中に少しずつリバイバルが始まっているように思われます。執事会の時、今回の報告を少し詳しくしました。今週の主日礼拝の後、一人の執事が前に出てきて、『高砂教会のことを聞きました。今まで犠牲を払うことが足りませんでした。みなさん主の為に犠牲を払いましょう。私も払います。』と。主の霊が静かに働き始めておられるようです」（月報一九九二年十一月号）。

これまで韓国や台湾の教会のリバイバルを観察する中で、私自身痛烈に思わされたのは、「リバイバルの陰には信徒の犠牲がある」ということである。もちろん、牧師やその家族の犠牲ということが先行するのは当然である。しかしそれに続いて信徒達が犠牲を捧げ始める時、リバイバルは起こってくるのである。その意味で高砂教会の信徒達が「教会作り共同研修会」で示した犠牲的姿が他の教会の信徒達を感動させ反省を促し、リバイバルの火を点《とも》していっているいくつもの報告に接し、私は歓喜した。そして「主よ、このように犠牲を厭わない素晴らしい信徒を与えてくださったことを心より感謝します。私は何と幸せな牧師でしょうか」と祈らざるを得なかったのである。

その上に、全く望外にも三次的効果とも言うべきことが起こり始めたのである。それは、高砂教会に対する予断と偏見、そこからくる悪い風評が払拭されていったのである。

新村牧師は「教会作り共同研修会」に参加した頃、ある福音派の教団に属していた。どのような脈絡であったか定かではないが、私の全く知らないその教団の幹部が、高砂教会を批判し始めたという。その時、新村牧師は憤然として立ち上がり、「私は少し前高砂教会に行ってきました。そこでは素晴らしい礼拝が捧げられていました。実情を知らないくせに、単なる風評でそのように悪く言うのはよくない」と厳しくたしなめたという。それからしばらくして、新村牧師の教会はその教団から離脱していった。

人間というのは困ったものである。事実や実情を知らないにもかかわらずに、すぐに予断と偏見、さらには風評や噂に動かされていく。ましてや〝カリスマ〟や〝日本民族〟などと旗印を掲げると、その言葉の持つ響きだけで勝手に偏った想像をし思い込みによって、誹謗中傷する輩《やから》は少なくない。私もこれまで随分と悩まされ続けてきたが、何と「教会作り共同研修会」は、そのような誤解や偏見を是正するだけでなく、全く逆の好評価を流すことになっていったのである。

二〇一五年十一月の「教会作り共同研修会」に参加した日本キリスト教団松本筑摩野伝道所島津晃牧師は、「超有名だが、ヤバイ先生だと思っていたが」と題して、次のような文章を書いておられる。

「手束正昭牧師と言えば、超有名なヤバイ先生という認識だ。ところがその警戒の構えが崩れて、講義に引き込まれてしまった。聖書をもっと素直に学びたい信じたいと思った。そして散会直前に祈っていただく決心をした。牧会のこと、土地購入の迷いについて打ち明けた。すると手束先生から『先生は今まで人間性で牧会をされてきたようですが、これからは聖霊によってしてください』『その土地を本当に手に入れたいと願っているなら叶います』。そう断言された。そして按手と祈りから不思議な平安をいただいた。」（月報二〇一五年十二月号）。

また、日本キリスト教団栗山教会牧師であった三浦亮平師が、二〇一五年「教会作り共同研修会」に参加して「聖霊体験」をし、今度はその夫人である月下あゆみ師が、夫の三浦師から勧められるまま、心配しながらも自ら「高砂聖霊アシュラム」に参加した。そして次のような文を寄稿している。

「高砂教会って、手束先生って、大丈夫?と、失礼なことに最初は警戒していたのですが、無知とは怖ろしいことですね。私の見た高砂教会の方は明るく、喜びに満ちあふれていました。遅くまでの食事の用意も後片付けも、誰も見ていない仕事を本当に楽しそうに奉仕される姿が印象的でした。教会が楽しい、賛美が楽しい、奉仕が楽しい。手東先生も外見とは裏腹に楽しい牧師先生でした！先生曰く、『つまずくな！私は急には変われない』（高砂教会川柳）。」（月報二〇一一年二月号）。

このように、次々と予断と偏見が消し去られ、かえって良い風評や噂が頼んでもいないのにどんどん流されていったのである。これは、高砂教会が〝ギルガル〟すなわち日本のリバイバルのための霊的軍事基地としての役割を果たしていくためには必要なことであった。これは全く思いもよらないことであり、聖霊の祝福の御業と考える他はない。

同じように二〇〇六年十月、御夫妻で「教会作り共同研修会」に参加して大いに恵まれた股村大牧師（緑の牧場グレースクリスチャンフェローシップ）は、「高砂教会のこの研修会は、言わばキリスト教界の『松下村塾』と感じました」とその礼状に書いてきた。

「松下村塾」。若い方はもしかしたらこれを「マツシタムラ塾」と読んでしまうかもしれない。「ショウカソン塾」と読む。幕末から明治中期まで、山口県萩市に置かれていた私塾のことである。この塾の創立者は吉田松陰の叔父玉木文之進であったが、後に松陰が再建した。彼の情熱を込めた新しい日本の建設を目指す世界的な視野をもった教育は、多くの若者達を感動させ、その中から、明治維新を築き上げた有名な人物が次々と生み出されていった。誰でも知る有名な人物としては、高杉晋作、久坂玄瑞、伊藤博文、山県有朋などがいるが、その他多くの門下生達が新しい日本の建設のために犠牲を捧げていった。「松下村塾なかりせば、明治維新は起こらなかった」とも言われている。

高砂教会『教会作り共同研修会』も二〇一九年で二十八回開催したが、すでに百五十名以上の牧師とその夫人達が研修された。私の命の続く限り、これからも開催していきたいと思う。この地味で小さな働きが、股村牧師の言うように、やがて〝キリスト教界の松下村塾〟と呼ばれるほどに、日本のリバイバルと救いに貢献する有為な人物を多く生み出すことができるなら、こんな嬉しいことはない。

三十九　三度にわたる「栄光の訪れ」

――それは高砂教会への神からのエールか――

あれは一九七七年の四月二十六日だった。その日、「聖霊セミナー関西協力会」(カトリックを含むカリスマ運動を推進する超教派の関西の教役者の会)主催で、新大阪のチサンホテルで「聖霊セミナー」なるものが開催された。講師はジャック・ヘイフォードという方で、私の全く知らないペンテコステ派の米国人牧師であった。まだ三十歳半ばだった私が、依頼されて慣れない司会を四苦八苦しながらこなし終わって、やっとヘイフォード師にバトンを渡した時、彼はいきなり私を指さし、通訳の水野明廣牧師(神の家族キリスト教会クリスチャンライフ)を通して預言的に次のようなことを語った。

「あの方は霊の人です。聖霊の器です。あの方を通して神は大きな業を押し進めようとしています。しかし大きな反対や迫害に出会うでしょう。しかし主がいつも共にいてくださいます」。

ちょうどその頃の私は、まさにカリスマ刷新の是非を巡って大きな戦いの渦中にあったので、ヘイフォード師による預言的語りかけは、一面では励ましになりつつも、他方では当時の身体的にも精神的にも疲弊し切った状態の私には、何か遠い国の話のようにしか受け取れなかったのであった。その上、このジャック・ヘイフォード師なる人物が、世界的な聖霊運動の指導者であり、やがて日本の教会にも多大な影響を与えていく〝霊の巨人〟であることを、その頃の私は不覚にも知っていなかったのである。

このジャック・ヘイフォード師の手による『オン・ザ・ウェイ教会』（レインボー・コミューン）という一冊がある。彼の牧する「ヴァンナイズ・フォースクエア教会」の著しい成長の秘訣を書いた神学的な証しの書である。その第三章「神の栄光の賜物」には、次のような体験が書かれてある。一九七一年の最初の土曜日、翌日の礼拝説教の準備を完了し、牧師室を出て会堂に入ると、そこには何か「銀色のモヤ」が満ちていた。実はその一年前にもその時は牧師室で一人の大学生をカウンセリングして祈り終わった時、同じような体験をしたという。そして彼は、それを「シェキーナー、輝き、聖書が語っている神の栄光」だと覚えたことを記している。そして驚くべきことには、その翌日朝の聖日礼拝には、いつもは百人ほどの会衆が集まっていたが、何と六割増しの百六十人ほどの人々が出席していたという。それを皮切りにして、ぐんぐんと会衆が増え続けて、十三年後の一九八四年には七千人以上の会衆の集う巨大な教会になっていたのである。まさにそのリバイバルの真っ盛りに、彼は初めて来日し、私と出会ったのであった。

この経験を通して、ジャック・ヘイフォード師は、三つの教訓を得たという。第一には、「神は、ご自身の民の中にその栄光を現すことを願っておられる」ということである。ヘイフォード師自身は、聖書の言葉をそのまま信じるペンテコステ派に属していながら、まさかこんなことが自分と自分の教会に起こるとは思っていなかったというのである。

第二の教訓は、「神の栄光は、彼を（〝彼〟ではなく〝このお方〟と訳す方がふさわしい）神の方法で礼拝する者たちの中に臨在するということ」である。ここで言う〝神の方法〟とは何か。それは、「民の間で主ご自身の礼拝の秩序が確立され、敬われる」ことだという。要するに「神を畏れる」という確固たる姿勢が礼拝者の中に培われていることをいうのであろう。

そして第三の教訓は、「人々のただ中にあった神の栄光が、何時か失われてしまうこともある」ということである。ゆえに、教会の中に一度現れた神の栄光を失いたくないならば、人間の肉（ヒューマニズム）に陥ったり、傲慢になったりすることなく、会衆が神を愛し従う心を持ち続けることを促している。

ところで、私がなぜジャック・ヘイフォード師から思いもかけず、預言的励ましの言葉を頂いたかの事情のみか、彼が体験した〝シェキーナー現象（栄光の訪れ）〟についても詳しく触れたかというと、実は私自身もまたヘイフォード師と同じような「銀色のモヤ」が会堂に満ちている体験をしたからである。

それは一九九六年六月十四日（金）のことであった。「牧師先生、聖堂がすごいですよ」と牧師室に駆け込んできた小森由美子姉のただならぬ声に驚き、急ぎ聖堂に行った私は、粛然として立ち尽くした。そこに圧倒的濃厚な主の臨在があったからである。聖堂全体が透明な澄み切った空気に覆われ、その中心部分に巨大な竜巻のようにそそり立っていた渦が、しかもゆっくりゆっくりと回転していた。その渦は「銀色のモヤ」と言うより、むしろ薄い紫色をした輝くばかりの美しい透明な気流であり、私はしばし呆然として見とれた。「栄光の訪れだ」と思わず呟いた私は、履物を脱いで土下座をし、長い間うずくまった。その後、立ち上がって両手を挙げ、「ハレルヤ、ハレルヤ」とメロディーをもって主を讃えたのであった。

そして後部座席で北村隆志兄と共に祈っていた小森姉は、次のように語られた主の言葉を聴いたという。

「私の愛する子。私の愛する民。私の愛する教会。私はあなた方に私の民を託す。私の民を養い育てなさい。私はそれだけの力を、もうこの教会に与えた」。

この〝シェキーナー・グローリー〟という現象は、聖書の中に時々描かれている超越的な霊なる神が地上にその御姿を現すこととして知られている。そして、ジャック・ヘイフォード師のような〝霊の巨人〟と言われる人には、往々にしてこのような体験があり、それを機にリバイバルが興ったり、大いなる教会成長が起こったりしている。ところで、私たちの教会には一九九六年四月に起こった〝シェキーナー・グローリー〟を手始めに、それ以降も三カ月おきに二回ぐらいあった。実に都合三回にわたってめったにない、この光栄ある現象に遭遇したのである（もっとも、後の二回は最初の時ほどに凄かったわけではなかったのであるが）。

なぜ、我が高砂教会に三回も〝栄光の訪れ〟があったのであろうか。と言うのは、〝栄光の訪れ〟すなわち〝シェキーナー・グローリー〟という特別な現象があったのではあるが、それ以後、私たちの教会がヘイフォード師の教会のように急速に成長したわけではない。確かに日本の教会において成長する教会の一つに挙げられてはいるが、生き馬の目を抜く驚異的な成長を遂げているわけではない。一体主なる神は、どのような目的と意図をもって、三回も高砂教会を訪れてくださったのであろうか。これは長い間の私の疑問であった。そして最近だんだんと分かってきたのは、これは高砂教会に対する主なる神からの熱い〝エール〟だということである。つまり、高砂教会は主から特別に使命と役割を与えられている。それは様々な預言を通して明らかにされてきた。「松明の火（聖霊）を日本の教会に点火していけ」（カリスマ刷新運動の推進）という使命であり、「地方教会の底上げをせよ」という役割であり（地方教会興し）、「日本の国をキリストの国へ」（日本民族総福音化運動の推進）という手に余るビジョンの賦与《ふよ》である。このあまりにも大きな使命と役割を高砂教会に託すために、二度にわたる聖霊降臨の出来事が起こり、いくつもの預言が語られてきた。しかしそれだけでは不十分だと思われたのか、高砂教会に対して、主がどんなにか期待し大いなる計画を持っているかのダメ押しの〝しるし〟として、三回にわたる〝シェキーナー・グローリー〟現象をもって臨まれたのである。何という誉れ、何という恵みであろうか。

とするならば、私たちは全力を傾けて、この神からの使命と期待に答える必要があるし、応えねばならない。それが高砂教会のアイデンティティであり、運命である。それゆえにこの教会に加えられた人は、否応なく、それぞれの与えられたところから、それぞれの賜物に応じて、精一杯に応答していく義務と責任を負うことになる。つまり、神と教会に対するひとりひとりの〝犠牲〟と〝献身〟が求められているのである。私がこう悟った時、主なる神は信徒達に〝犠牲〟と〝献身〟を求める作業を開始された。二〇一七年度と二〇一八年度に「高砂教会夏期修養会」の講師として迎えた万代栄嗣牧師（日本福音宣教会松山福音センター主任牧師、アンデレ宣教神学院代表）は、その修養会の最終場面で招きをされ、力強く「主とその体なる教会に献身を誓う人は前へ」と呼びかけると、参加者の大半の人々が前に歩み寄り、献身と犠牲の意志を表したのであった。そしてその人々は〝献身者の群れ〟と名付けられ、今や「ヨシュアクラス」（手束牧師が担当）と「テモテクラス」（新谷牧師が担当）の二つに分けられて、毎月特別訓練を受けている。そしてこの中から神学校に入学し、教役者を目指す人々が現れているのを喜んでいる。

ところで、今や日本の教会全体は大きく衰退しつつある。この理由を探求するのは、果てしなく重要である。かくて私なりの神学的研究の考察によると、その要点は〝教会論〟の弱さにあるのではなかろうか。日本の教会の場合、信仰を個人（主義）的に捉えることにもっぱら集中し、共同体的に捉えることにおいてあまり関心を持ってこなかったように思える。確かに教会は個人の集まりであり、個人の信仰の強化や体験が重要であることは言をまたない。しかし、それだけをいつまでも追究していると、個人の満足や祝福が信仰生活の中心となり、それらが満たされている場合は良いが、そうではなくなると他の教会に移ったり、教会に行かなくなったりする。

だが聖書をしっかりと読んでいくと、そのような自己中心的な信仰生活のあり方は、特にパウロ等によって厳しく戒められている。そしてむしろ、教会という共同体中心の共同体的信仰の重要さが指摘されている。元来、〝教会〟を意味する「エクレシア」というギリシャ語も、「カーラー」というヘブル語も、実に「軍隊の召集」を意味する言葉なのである。つまり、〝神の戦いをなすために整えられた集団〟こそが教会なのである。と言うことは、〝教会〟とは要するに神の命令を実行に移すことを目的としている「神の軍隊」ということになる。こう見てくると、現在の〝サロン〟化した教会とは、グッと違うイメージが浮かび上がってくるはずである。しかし、一体どれだけの教会が、自らを「神の軍隊」として自覚し、主から託された使命と目的に向かって進んでいっているであろうか。まさに高砂教会はこのような「神の軍隊」としての本来の教会のあり方を示すようにと召されていると言ってもよい。高砂教会はそのあまりにも大きな使命と役割を託されているがゆえに恐れず弛《たゆ》まず目的達成にむかって挑んでいくようにと、主が励ますために言わば破格の介入を続けてこられたのであろう。ならば、犠牲と献身の道を歩む決意と覚悟をしなくてはならない。

最後に蛇足ながら、ある忘れ難い出来事を付加したい。それは私が二〇〇八年六月、アメリカのロサンゼルスにあるシェパード神学大学における神学博士号（牧会学）授与式に出席した時のことである。わたしがシェパード神学大学に提出した博士論文は「韓国教会の成長とその日本教会への適用—現場からの考察—」であった。この論文が認められて博士号授与となったのであるが、何と当時のシェパード神学大学の学長は、私が聖霊降臨の出来事に遭遇した三カ月後に、「箕面山荘」で聖霊セミナーの講師を務め、私に按手して〝油注ぎ〟の体験を与えてくださったカルロス・フォン・オーティズ師であった（『恩寵燦々と』上巻三一〇頁以下参照）。その懐かしい〝霊の恩人〟から牧会学博士号の賞状と記念品を授与されたのであった。何という素晴らしい神のお計らいであろうか。

そしてもう一つ。シェパード神学大学のすぐ近くにフォースクエア教団の本部があり、その時の総長がかのジャック・ヘイフォード師であることを知った私は、アポイントも取らずに会いに行った。ちょうど、ヘイフォード師はおられ、私が三十一年前に初めてお会いした時、預言的言葉によってどれだけ励ましを受けたかを感謝すると、ヘイフォード師は大きく両手を広げて私の肩をしっかりと抱きしめてくださったのであった。その場にい合わせた高砂教会の執事は、「まるでスクリーンの一場面を見ているような」光景であったことを感動深く報告している（月報二〇〇八年七月号）。

四十　絢爛たる高砂教会創立百周年記念式典

――「聖霊のドラマ」の見事なる演出――

「まるでドラマみたいですね」。私の聖霊論的自叙伝の上巻『恩寵燦々と――雌伏の時代』を読んだ何人もの人々がこう感想をもらした。そこには、「こんな劇的な人生が本当にあるのだろうか。凄いなあ」という思いがあったのだろうが、私から言わせると、この程度の波乱に富んだ人生はいくらでもあるはずなのだが、それをどれだけ文学的に書き上げ、読む人々をして納得させることができるかどうかということなのではないだろうか。

その点では『高砂教会百年史――聖霊の深き流れ』（キリスト新聞社）にも、同じことが言える。資料と併せて九〇五頁にも及ぶ大部なる『高砂教会百年史』の約四分の三を北野千波姉が、約四分の一を北村恵姉が執筆の労をとってくださった。そして、この本がキリスト新聞紙上で紹介された時、その書評を書いてくださった奥山実師は、「こんな面白い百年史は初めてだ」と激賞してくださった。何がそんなに面白かったのか。そこには、私と同じ〝聖霊のドラマ〟があったからであろう。

何度も触れてきたが、一九七五年夏の教会修養会での聖霊降臨の出来事は、私の人生を大きく変えた。同時に高砂教会の歴史をも大きく変えていった。そしてこの大変革は、主なる神の一方的な選びと計画によって突然変異的に起こったものだと考えていた。ところがである。『百年史』の編纂《へんさん》のため百周年委員の人達が資料集めに奔走している中で、思いもかけない発見をしたのであった。それは、高砂教会創立者である明石教会川本政之助牧師は、実はカリスマ的信仰の持ち主であり、この川本師のカリスマ的信仰と祈りによって、高砂教会は出発していたという事実であった。だがそのような川本師のカリスマ的信仰は、当時の組合教会（同志社大学神学部の流れ）の〝新神学〟（神学的リベラリズム）には馴染まず、異端としての烙印《らくいん》を押されて排斥されていった。とすると、一九七五年以降の高砂教会のカリスマ的教会形成は、ある人々が批判したように、高砂教会の歴史と伝統を無視し、ねじ曲げてしまうものではなく、むしろ本来の高砂教会のルーツに立ち帰ったということになる。私は掘り起こされたこの事実に触れた時、狂喜すると同時に神のあまりにも大きな恩寵の計画を想い、畏れおののかざるを得なかったのである。

かくて私は『高砂教会百年史』を、ほとんどの教会がそうであるように、「救済史観」によって綴ろうとするのではなく、「救済史観」をさらに掘り下げた「聖霊史観」によってまとめることにしたのであった。「聖霊史観」とは、私なりに定義すると、真の歴史は「聖霊によってなり、聖霊によって導かれ、聖霊に帰していく」という歴史観であり、この歴史観に則って編纂された『高砂教会百年史』は、丁寧に読む人をして比類なき面白さを覚えさせるものとなるのかもしれない。つまり、一九七五年の聖霊降臨という出来事は、決して突然変異的に起こされたのではなく、カリスマ的聖霊の働きによって始まった高砂教会の出発が、もう一度恢復《かいふく》したということなのである。それを契機に当初意図されていた神の計画が一挙に息を吹き返し、大きく花開かせることになったのである。何という鮮やかな〝聖霊のドラマ〟の展開なのであろうか。

そもそも、川本政之助牧師とその弟子松村竹夫伝道師によって開始された高砂伝道の〝最初の実〟が、何と高砂のヤクザ（侠客《きょうかく》）の親分石井市三郎（通称石寅）という人物だった。彼は自分の経営する石寅旅館にいつも宿泊していた松村竹夫伝道師（元明石藩の指南役）の人柄に惚《ほ》れ、大挙して押しかけて迫害し松村師を亡き者にしようとする〝耶蘇退治団〟から守るべく、決然として行動を起こした。この武勇伝を北野千波姉は次のように『百年史』において活写している。

「何時、事が始まり、暴民が爆発するか。会場は異様な熱気と共に、緊張感が高まった。

その時、演壇の松村伝道師の前に、飛び出した一人の男があった。石寅である。彼は伝道師をかばうように仁王立ちになり、何度もの修羅場をくぐった啖呵に、一瞬芝居小屋は静まり返った。壇上から睨み付ける石寅の気迫に、僧侶連に続いて壮士達も捨てセリフを吐きつつも、退散せざるを得なかった。

まさにこの時、神のドラマが起こされた。……中略……ただに、松村伝道師を耶蘇退治団から救ったというだけでなく、これ迄の生き方との決別、人生の転換、石寅自身思いもしなかった事が、彼の内面で起こったのである」（九七頁）。

何というドラマチックなヤクザの回心物語であろうか。これを高倉健か菅原文太を主演として映画にしたら、どれほどの人々の感動を呼ぶことであろうか。我が高砂教会の草創の歴史は突端から、このような〝聖霊のドラマ〟に彩られていたのである。

ちょうど二〇〇〇年ニューミレニアムが始まる年、私達の教会は創立百周年を大々的に祝うことにした。総費用は四千万円。その約半分は会堂外壁の改修工事。モルタル塗装から耐久度の高いレンガタイル貼りへと化粧し直した。それは、一層高砂の田舎町の中であでやかに教会の姿を浮き立たせた。さらに残り二千万円をもって、装丁もキッチリし写真もふんだんに取り入れた『高砂教会百年史』を一千部製作するとともに、国内外から三百名に及ぶ来賓を迎えるために、加古川プラザホテルを数日間ほぼ借り切って接待に当たった。百周年記念式典は高砂市文化会館（一千名収容）を会場にして執り行われた。十一月二十三日が祝日の勤労感謝の日であったために、近隣の教会からも大勢の来臨があり、ほぼ満席となった。この記念式典をメインにしながらも、他に加古川プラザホテルでの記念祝賀会（晩餐会）、国内外賓客京都観光、百周年記念音楽祭〈ゲスト松村雅美（ソプラノ歌手）、呉恩郷（盲人天才ピアニスト）、森祐理（ゴスペルシンガー）、台湾博愛教会聖歌隊、韓国聖民教会クロマハープ合奏団、メッセージ中栄俊牧師〉、さらには百周年記念特別礼拝（Ⅲ）として、十一月二十六日（日）の午前に捧げ

（台湾博愛教会・林誠牧師の説教）、午後には伝道集会（韓国聖民教会元老牧師申賢均師の説教）を開催してすべての記念事業を終了した。それは、今想い起こしても、緊張と大忙しではあったが喜びと感動の一週間であり、あのような〝黄金の日々〟はこの世ではもう二度と味わうことができないのではなかろうか。他教会の人々、特に台湾から来訪された人々は、「こんなことは、高砂教会しかできない」と溜め息まじりに何度も賛辞を漏らしたのであった。

計画したいくつものプログラムの中で、やはり私達が一番衆知をこらし粉骨砕身したのは、高砂市文化会館での百周年記念式典であり、それは高砂教会の歴史の中に流れている〝聖霊のドラマ〟をいかに表現し演出していくかということであった。そして信徒達は、見事にそれを実現していったのである。それは何年もの祈りと労苦を積み重ねた上に成し遂げ得た壮挙であり、芸術的に見ても参会者をして魅了して余りある絢爛豪華な内実を伴っていたのである。人々は「次は何が出てくるのか。そしてその次は」という思いであったという（この式典はYouTubeで今も見ることができるようになっており、「高砂教会百周年記念式典」で検索されたし）。

百周年記念式典は馬道未寿百周年委員長の開会宣言と祈祷、さらに高砂市長田村広一氏の祝辞を皮切りにして幕が開いた。その内容は大きく二つに分かれ、第一部は「高砂教会物語」、そして第二部は賓客達の「祝辞」、そしてフィナーレは讃美歌一九四番「栄えに満ちたる神の都は」の斉唱の後の私の祝祷に続く、音楽関係者全員が舞台に立った「ハレルヤコーラス」の大合唱で終わった。その中でも、最も腐心したのは第一部の「高砂教会物語」であった。それは、歴史の折々を映像に映し出しながら回顧しつつ、節目節目に高砂教会聖歌隊や博愛教会聖歌隊、和琴合奏団、タンバリンダンス、聖民クロマハープ合奏団、それに加えて森祐理福音歌手などの美しい讃美の数々を挟みこんでいった。そして全体を松本明子姉の落ち着いた静かなナレーションと松木知子姉の美しいピアノ演奏によって包んでいくという凝った演出をなしていた。それは決して素人集団によって創案されたとは思えない、見事な見事な演出であった。そこには、高砂教会の歴史を貫いて流れている感動的な「聖霊のドラマ」が遺憾なく描き出されていたのである。不思議なことにと言うより、これは当然とみなすべきなのであろうか。前日のリハーサルでは全くうまくいかず、明日の本番はどうなるのかとスタッフ達は大いに心配していたのだが、当日の本番では嘘のようにピタっと治まったという。聖霊の御業と言う他はない。

二部の賓客の祝辞に立っていただいたのは、衆院議員で日本キリスト教団兵庫教区の牧師でもある土肥隆一師、当時関西学院院長であり神学部の教授でもあった山内一郎師、デュオ「花*花」のこじまいづみ姉（急に出席できずビデオメッセージとなった）、台湾長老教会双連教会主任牧師の彭徳貴師、そして第三世界宣教団体協議会委員長であり元日本リバイバル同盟委員長の奥山実師という錚々たる方々であった。それぞれの祝辞はみな味わい深いものであったが、特に印象深く心に残ったのは、私の神学生時代の恩師であり、尊敬する先輩でもあった山内一郎教授の祝辞の内容であった。その内容はこれまた私と高砂教会の「聖霊のドラマ」を別な視点から覚知させるものであった。

それはこうである。日本の教会史を繙《ひもと》くと、「三大バンド」と呼ばれる集団的信仰覚醒運動があった。最も有名なのは〝札幌バンド〟と呼ばれるものである。かの「少年よ大志を抱け」で有名なウィリアム・クラークの影響下、札幌農学校の一期生、二期生が大挙して入信し、この中から当時のキリスト教会のみか学界の指導的人物が輩出されていった。内村鑑三、新渡戸稲造、宮部金吾などがそうである。

次に有名なのが、〝熊本バンド〟と呼ばれるものである。明治四年熊本藩内に創られた洋学校の教官ランシング・ジェーンズの影響によって多くの青年達がキリスト教に入信。しかし熊本藩はこれを迫害。そこで有志学生三十五名が花岡山に参集して熱心に祈祷を捧げた後、キリスト教をもって祖国を救おうと「奉教趣意書」に署名。創立間もない同志社に大挙して入学。やがて日本のキリスト教界に多大な貢献をなす人々が次々と起こされていった。金森通倫、海老名弾正、徳富蘇峰などがそうである。

三番目に挙げることのできるのは、〝横浜バンド〟なるものである。横浜に設立された英語塾の教師ジェームズ・バラやサムエル・ブラウンの影響により塾生達が多数入信。横浜に日本最初のプロテスタント教会である日本基督公会が創立された。井深梶之助、植村正久、本多庸一はこの流れに属する。

しかし、山内一郎教授は指摘する。以上の「三大バンド」以外に、あまり知られていない〝大分バンド〟なるものがあった。明治二十二年（一八八九年）に大分で伝道活動をしていたS・H・ウェンライトの宣教師館で年末の除夜（徹夜）祈祷会を行っていた時、参会者の上に聖霊が激しく注がれた。そして悔い改めて献身を決意する者達が続出したという。その席に、同年に関西学院を創立したウォルター・ランバス博士もいた。すると、関西学院はその当初から「聖霊のドラマ」によって飛び立ったことになる。そして結論的に山内一郎師は言う。「手束牧師こそ、大分バンドの継承者である」と。その言葉の中には、私に対する熱い期待と愛が込められており、ひたすら恐縮して感謝するのみであった。

ということは、一九七五年の聖霊降臨とその後のカリスマ運動の推進という私の働きは、高砂教会の原点復帰であるとともに、母校関西学院の原点復帰ということにもなる。非力な私に対するあまりにも大きな計画と託された使命の大きさを知らされ、私はただただ主の前におののく他はなかった。かくして「百周年」にまつわる諸行事は大祝福のうちに終わった。そこで思い知らされたのは、高砂教会と私を包んでくれていた恩寵溢れる「聖霊のドラマ」であった。

四十一　日本民族総福音化運動という壮大な使命 ①

――〝強いられた十字架〟を負うという悲壮な決意――

二〇〇〇年十一月「高砂教会創立百周年記念」にまつわる諸行事がほぼ終わりかけていた頃、中賢均師がいきなり「手束先生、あなたに折り入ってお願いしたいことがある」と語りかけてこられた。聞くと、「この式典を通して、私に一つの確信が生まれた。日本民族総福音化運動に立ち上がってほしい」と切り出し、約三十年前に韓国では国民の約十パーセントがクリスチャンであったが、韓国民族総福音化運動を立ち上げたことによって、今やカトリックをも含めて約三十パーセントがクリスチャンになった。日本でも〝民族総福音化運動〟（国民の五十一パーセントをクリスチャンにする目標を持つ）の必要性を覚えて、日本の牧師の誰に提案すべきかを考えていたが、それをするのは手束牧師だと示された、というのであった。それはあまりにも壮大なヴィジョンであり、〝田舎牧師〟の私には手に余るものであった。「はい、お引き受けいたします」とはすぐには言えず、「分かりました。一年間祈らせてください」と返事を保留したのであった。

だが、人間的に考えれば考えるほど、これは無理難題な事柄に思えた。明治の初めにプロテスタントが日本に入って来て約百五十年を経ても日本のクリスチャンはカトリックを含めてわずか一パーセントにすぎない。たくさんの宣教師達がやって来て、献身的に努力し、優れた日本人牧師達が心血を注いで伝道に当たってもなお、この程度の結果しかでていないのに「五十一パーセントをクリスチャンに」という目標は常軌を逸しているとしか思えない企てである。しかも自分は、教団の重職を担っているわけでも、キリスト教主義大学の学長でもない。「高砂って、どこですか」と多くの人々が尋ねる田舎町の教会の牧師にすぎない。こんな私が旗を振っても、一体どれだけの人々が協力し、結集してくれるだろうか。そんな思いに打ちひしがれたのであった。その上に、私には「松明の火を高砂から」と主から託された聖霊刷新運動（カリスマ運動）の進展という大きな務めがある。とても、民族総福音化運動を新たに始める余裕はないはずだ。「どう考えても無理だ」という思いに閉ざされていったのである。

けれども他方、私は「高砂教会創立百周年記念式典」の式辞の中で、現代日本の根本的問題は「国家的アイデンティティ」を失ってしまっていることを指摘したことを想い出した。もしこのまま日本が「国家的アイデンティティ」を喪失したままでいるならば、やがて日本は衰退し続けることになるという危機意識の吐露であった（『高砂教会百年史』参照）。

一九七〇年、ひとりの著名な作家が割腹自殺を図り、日本社会全体に大きな衝撃を与えたことがあった。三島由紀夫という人物である。天才的作家と言われた彼が、なぜそのような派手な形で自決したのか。この点について、様々な論評がなされた。その中で、私が一番納得したのは、彼もまた私と同じく、「国家的アイデンティティ」を喪失してしまった日本に対する強い危機感を持っていたがゆえに、身を賭して警鐘を鳴らしたという解説であった。だが、三島と私とが違うのは、〝アイデンティティ〟に対する理解についてである。三島由紀夫の場合、日本の「国家的アイデンティティ」というのは、「天皇を中心とした神の国にある」と考えていたのではないだろうか。それは、古来、日本の歴史の中で、その深層の部分に流れていた思想の再掘である。しかし私から言わせると、〝アイデンティティ〟という言葉自体が、天地の創り主なる神を前提としないと成立しない概念である。だから、キリスト教で言う創造者なる神を信ぜずして、「国家的アイデンティティ」を確立しようとしても、それは〝真のアイデンティティ〟とはならず、〝疑似アイデンティティ〟に陥る他はない。こう考えてきた時、日本が直面している衰退の危機から脱するためには、「国家的アイデンティティ」の確立が急務である。とするならば、一日も早く日本国と日本人を聖書の言う天地創造なる神の前に立たせる必要があるということになる。だとすると、日本の国を真に救うためにも、「日本民族総福音化運動」は必要不可欠な課題であることが確然として心に迫ってきたのであった。「中先生が主からの示しで私に提起したというのは、その背後にこのような主の御旨があったのかもしれない。ならばこの〝強いられた十字架〟はクレネ人シモンのごとく（マタイ二七・三二、マルコ一五・二一、ルカ二三・二六）負うしかない」。そう悲壮な決心を固めた私は、何度も自らに問い返しながら、一年後に中先生に要請受諾の返事をしたのであった。

そして急いで協力してくれる理事の選定に頭をひねった。その選考の基準になったのは、私も中牧師もよく知っており、信頼関係の持てる人であることが一つ。二つには、一応名の知れた人で、多くの人々から支持を受けることのできる人。さらに三つ目は、大教会の牧師として牧会が安定している人ということであった。以上の三つの基準により、私が交渉して理事就任を応諾してくださったのは、次の三人の方々であった。青木靖彦師〈グッド・サマリタン・チャーチ〈兵庫県〉〉、平岡修治師（日本バプテスト教会連合橋本バプテスト教会〈和歌山県〉）、村上好伸師（カリスチャペル〈大阪府〉）という名の知れた優れた牧師達であった。

大変不思議なことには、と言うより、神の導きと言うべきか、ちょうどその頃、関東地方に同じ「日本民族総福音化運動」を名乗る団体が生まれていた。そこで私は早速に連絡をとり、それと合併合同して「日本民族総福音化運動協議会」を創ることを提案した。間もなく承諾の返事が届き、二〇〇二年七月に高砂教会にて両者合同のもとに会議を開催し、正式に「日本民族総福音化運動協議会」が発足したのであった。その時、関東からおいでくださったのは、次の方々であった。織田宏彦師（フルゴスペル四街道教会〈千葉県〉）、小島武師（JOYFUL グレースチャーチ〈埼玉県〉）、中村準一師（野上キリスト福音教会寄居チャペル〈埼玉県〉）の面々で、地味ではあるが一途な情熱と真摯さを持っておられる方々であった。かくて、中賢均牧師を総裁として、これらの方々にも理事に就任していただき、不肖私が事務局長を務めることに相成り、当時副牧師であった新谷和茂師と小森由美子秘書担当執事に実務をこなしてもらうことになった。そしてもう一つ大事なこととして、「韓国民族総福音化運動」のブランチとして成立した「日本民族総福音化運動協議会」ではあるが、三年後の二〇〇五年には韓国から自主独立していくことを決議し、それまでの期間、韓国の民族総福音化の実際を見学しつつ、指導をいただくということであった。そしてついに二〇〇三年六月、「日本民族総福音化運動協議会」は産声をあげたのである。その産声として、私がリバイバル新聞紙上に「醒めよ日本！起こせキリストによる精神革命」とのキャッチフレーズをもって、認めた趣意書は次のごとくである。

日本民族総福音化運動協議会　趣意書

醒めよ日本！　起こせキリストによる精神革命

大いなる主の御名を崇めます。

現在私達の国、日本は大きな危機の中に置かれています。それは決して経済の危機ではありません。精神の危機であります。その兆候を私達は端的に子ども達、若者達の中に見ることができます。暗く沈み、眼の輝きの失せた、子ども達、若者達の中に、明日の日本の希望を見つけることはできません。日本は確実に衰退の方向に進んでいます。そしてこのような祖国の危機的状況を救うのは、実にキリストによる精神革命以外にありません。今こそ、私達日本のクリスチャンが立ち上がって、教派、教団の壁を乗り越え、教理、神学の枠を乗り越え、日本の救いのために立ち上がることが求められています。

折しも、「韓国民族総福音化運動」総裁の申賢均牧師は、このような日本を救うべく、三十年ほど前から、日本を度々来訪され、ご奉仕下さっておりましたが、この度、我々日本の牧師達にも、「日本民族総福音化運動」を起こすことを提唱され、同時に韓国の約一千の教会が立ち上がり、約二百の教会がこのために早天祈祷会で祈り始めました。しかしこれは決して、「韓国民族総福音化運動」のブランチとしての働きをするというのではなく、日本人クリスチャンの主体性の下に行われるものです。ただ最初のうちだけは、先輩格の「韓国民族総福音化運動」本部の協力と助言をいただきますが、「日本民族総福音化運動」が定着し、相応の実力を持った暁には、自立、独立することになっております。

またこの運動は、決して私達だけの努力によってその目的を達成できるとは到底考えられず、むしろ、これまですでに日本において起こされていた日本のリバイバルを求め、日本の救いを求めてきた諸団体や個人との良き協力関係の中で押し進めて行かなくてはなりません。その意味で、これ迄日本のリバイバルや救いを求めてこられた方々の積極的な協力と参加を心より願う次第です。

以上の趣旨をご理解の上、ぜひとも、この運動にご参加下さい。共々に、日本の救いのために立ち上がって参りましょう。

主の年　二〇〇三年六月
日本民族総福音化運動協議会　事務局長・理事
手束正昭（日本キリスト教団高砂教会）

ところで、その年の八月、私達は夏の教会修養会に十八年ぶりに水野明廣牧師（神の家族キリスト教会クリスチャンライフ）を講師としてお迎えした。その一貫したメッセージのテーマは「赦し」ということであり、水野師の温かい人柄を滲ませるものであり、参会者をして、癒やしと解放を与える素晴らしい内容であった。その合間の時間、水野師とコーヒーを飲んでいる折に、思いもかけず水野師は、今でも忘れられない預言的忠告を与えてくれた。「手束先生、今度日本民族総福音化運動という大きな運動を始められるのですね。気を付けてくださいよ。こんな大きな運動を始めるならば、必ずや悪魔は立ち上がって攻撃をし、もしかしたら高砂教会は分裂するかもしれません。滝元先生の新城教会も〝甲子園ミッション〟の時には、激しく悪魔の攻撃を受け、大きく分裂してしまったのです。くれぐれも注意してください」と。私はその忠告をありがたく噛みしめたのであった。そして「そうならないように注意せねば」と強く誓ったのであったが、実はもう既に悪魔はその嫉妬の刃《やいば》を向け、教会を分裂させ破壊しようと動き始めていたのである。しかし私は不覚にもそのことに十分には気付いていなかった。やがて私と教会はまんまとその罠に嵌まることになったのであった。それにより、この時から遡《さかのぼ》ること三十数年前のカリスマ刷新の是非を巡る対立と分裂の痛みに匹敵するような大きな代償を支払うことになったのであった。

四十二　日本民族総福音化運動という壮大な使命②

――振り下ろされたサタンの妨害の刃（その一）――

一九九六年九月、新潟県西蒲原郡巻町（現在の西蒲区）にある巻クリスチャンセンターという教会から招聘を受けた。その教会は、当時テレビ牧師として名を馳せていた中川健一牧師が協力牧師として月に一回来訪して御奉仕に当たっていたが、彼が事実上の牧会者となっていた教会であった。その教会を中心的に担っていたのは、広い敷地に医院を構えていた桑原寛・恭子夫妻であり、その広い敷地の一角にあった大きな土蔵を改造して教会堂として用いていた。

中川牧師は私を迎えるに当たり、随分と気を遣い準備をしてくださっていたようで、当時は、県内外から八十名以上の人々が集められ、その会は、聖霊が豊かに臨在する素晴らしい集会というよりは、まさに〝聖会〟となった。そして次々と聖霊のバプテスマを体験する人々が起こされたのである。しかし、ここに〝聖霊のバプテスマ〟がもたらす運命的葛藤がまたもや惹起することになった。すなわち、聖霊のバプテスマを体験した人とそうでない人との間の微妙な葛藤である。体験できた人々の喜びと感動に対して、体験できなかった人々の失望と嫉妬が生まれると、対立が生じて、悪くすると分裂に至ることも少なくないが、実際そのことは起こってしまった。私が続いて調整と説明に当たれば防げたかもしれなかったのであるが、その機会を持つことができなかった。かくして、巻クリスチャンセンターはあの優れた中川健一師が牧会しているのだから分裂することはないだろうという私の希望的観測は砕かれ、真っ二つに分裂してしまったのである。教会が分裂する場合、決して原因は一つだけではなく、様々な要素が絡み合う。聖霊は一致をもたらす霊なのであるが、そこに悪霊が働いてくると、肉的（人間的）要素が噴出し、歯止めが効かなくなる場合が多い。そして私自身がやがてこのことを最も痛切に体験させられることになったのである。

分裂した巻クリスチャンセンターの、聖霊のバプテスマを体験した人々とそれを支持する人々は、中川師に代わって高砂教会へ支援を要求してきた。分裂のキッカケを作ってしまった私は責任を覚え、執事会に諮って、一九九七年十月より支援を開始することになった。私が二カ月に一度訪問し、その間二週間ごとに、新谷和茂副牧師、井上眞一副牧師、手束信吾伝道師が交代で奉仕に赴くことにした。それを機に、桑原夫妻を中心とする聖霊刷新支持派の人々は、「巻聖泉教会」と名乗り、修養会やアシュラム、さらには執事一泊研修会など、事あるごとに高砂教会にやって来て、まるで高砂教会のブランチ教会になったかのように甲斐甲斐《かいがい》しくカリスマ的信仰の習得に励んでいった。そのせいか、専任牧師がいないにもかかわらず、次々と救われる人達が起こされ、毎年数名の受洗者が生まれ、短期間で、分裂前の「巻クリスチャンセンター」だった時以上の教勢へと成長していった。これは雪深い裏日本の田舎の教会としては極めて珍しい現象であり、リバイバルと言ってよい。しかし、サタンは新潟県の田舎で起こった小さなリバイバルを見過ごすことはなく、これを潰すべく虎視眈々《たんたん》と反撃のチャンスをねらっていたのである。

順調な、あまりにも順調な巻聖泉教会の成長と復興を見ることは、その頃の私には大きな楽しみであり、私を大歓迎で迎えてくれる信徒達に会えることは、牧師冥利とも言うべき喜びであった。しかしそのような中にも、ある事実に気付き、気掛かりとなった。それは一言で言うと、信徒同士が「異様に嫉妬深い」ということである。例えば、教会の若婦人のひとりが漏らした言葉の中に、それは端的に表現されている。いわく、「私、主人がお婆さんと握手するだけでも、嫉妬してしまうの」。当初私は、それは彼女の個人的性格に由来するものと思っていた。しかしそうではなく、この教会と言うより、地域全体を覆っている霊的特徴（俗に言う「地域性」あるいは「地域的無意識」と言ってもよい）とも言うべきものであることが分かってきたのである。

伝道は悪霊との戦いである（詳細は私の説教集『命の宗教の回復』〝それは悪霊との対決から―カリスマ的伝道の展開〟参照）。高砂教会が極めて因習の強い地方の小さな教会であったにもかかわらず、ここまで成長できたのは、悪霊との戦いを恐れずに進めてきたからに他ならない。一口に〝悪霊との戦い〟と言ってもいろいろあり、その中でも教会成長に結びつく最も有効なものは、「地域を支配する悪霊」との戦いである。いかなることかというと、まず、その教会の地域を支配している悪霊の正体を知ることから始まる。どのようにしたら発見できるかというと、①その地域の歴史を研究し、②その地域に影響を持つ宗教施設を調査し、③その地域に先祖代々住んでいる人々の性格的特徴を観察する、ことによって段々と判明することになる。

巻町の置かれた新潟県西蒲原郡の場合、この地域に圧倒的な影響を及ぼしているのは、彌彦神社と言われる新潟県随一のパワースポット神社である。ところがこの地方では、彌彦神社に祀《まつ》られている神はその由緒とは異なり、「嫉妬の神様」として信じられ、仲の良い男女が二人でお参りすると、帰りに事故にあったりするので、縁結びのために参ってはいけないという言い伝えがあった。それで分かったことは、この地域の人々の異様に嫉妬深い性格と、そこから起こる主導権争いを巡るゴタゴタから推測すると、西蒲原郡を支配する悪霊は、「嫉妬の霊」だということになる。

この場合の霊の戦い方は、彌彦神社の前に行って「彌彦神社に巣くう嫉妬の霊よ、出て行け」と命じることではない。そんなことをすると、悪霊の猛反撃にあってひどい目にあうことになる。もう随分前になるが、ユース・ウィズ・ア・ミッションの人々が私たちの教会にやって来て、「霊の戦いをしたい」と願い出、教会の若い人々を案内に立て、高砂市内の主な神社に行って、「悪霊よ、出て行け」と皆で祈ったことがあった。すると悪霊は猛烈に反発し、教会員の中で霊的に問題のある人々がバタバタと倒れた。松本美和姉の長女こずえ姉（今は髙木純一牧師夫人）も、下唇が化け物のように腫れ上がってしまい、驚いた美和姉が私の所に連れてきた。そこで私が「この娘を苛む悪霊よ、イエス・キリストの名によって直ちに出て行け」と命じると、ホラー映画のワンシーンのごとく見る見るうちに腫れ上がった唇が元どおりになったことがある。だから、神社・仏閣の前に行って、この種の祈りは決してしてはならない。

ならば、どうするのか。「地域を支配する悪霊」の性格に対して、教会が〝反対態度〟を取ることである。すなわち、巻聖泉教会の場合、〝嫉妬〟の反対態度である〝祝福〟を強調し、互いに祝福し合う性格を培っていくならば、悪霊は手を出すことができず、教会はさらにグングンと成長を遂げていくことになったはずであった。だがこのことに気付くのが遅かった。その上、私が二カ月に一度しか指導に行けなかったのも致命的であった。それゆえに、「嫉妬の霊」と、そこから起こる主導権争いに気を付けるようにと繰り返し指導していくならば、恵み溢れる素晴らしい教会へと成長し、彼らが望んでいた井上副牧師を専任牧師として迎えることができたであろう。しかし、私はまったく見当違いのやり方で、井上副牧師を巻聖泉教会の専任牧師として高砂教会から送ろうとしたのであった。

それは、これまでのような巻聖泉教会の体制と体質では、井上牧師が赴任しても、桑原夫妻の〝御用牧師〟（ある有力な信徒やその一族のいいなりの教会形成をする牧師のことであり、たまにそのような牧師もいるが、ついには追い出される憂き目にあう）になる他はない。彼の大人しい性格では、赴任してから教会の体質改善をするのは無理だ。私がやる他はない。そう決心した私は、桑原夫妻の執事会決定事項の無視や、台頭しつつあった若い有望な信徒達を排除するような姿勢は何とか改めるようにと組織論的正論をもって強く迫った。だが、桑原夫妻にとって、巻聖泉教会は自分達の創った教会で、そのための苦労をどれほど負ってきたかを知らずして、すぐに批判してくる新しく若い勢力は、生意気この上ない連中と映ったようであった。そしてついに話し合いは決裂に至った。かくして一九九七年十月より二〇〇三年一月までの約六年間にわたる巻聖泉教会に対する支援活動は終わりを告げた。桑原夫妻を支持する人々約二十名がそのまま残り、それ以外の三十名ほどの人々が、新しく高砂教会の支援の下「巻祝福教会」を創設して、現在日本キリスト教団所属の教会としてその働きを続けている。

分裂して間もなく、私は桑原夫妻ともう一人、彼らに同調して私を攻撃し続けた他教会の夫人に対して手紙を書いた。——このたびの分裂は本当に残念である。私の牧師としての不明さを反省している。十分にあなた方の思いを斟酌《しんしゃく》できなかったことをお赦し願いたい。今後は、教会は違っても、この町の福音の前進のために互いに協力し合っていこうではないか。祝福を祈る——こんな内容の〝詫びと和解の手紙〟であった。間もなく二人から返事がきた。桑原姉の方は婉曲《えんきょく》に、もう一通は激しい調子で拒否するものであった。

私がこのような〝詫びと和解の手紙〟を出したのは、一九八〇年のカリスマ刷新の是非を巡る分裂の時のように、主の強い迫りによって「彼らを赦しなさい。あなたの方から〝詫びと和解の手紙〟を書きなさい」と、主から直接促されたからではない。ある人物からの促しによってである。この方はかつて教団の信徒でありながら私のカリスマ運動に深く共鳴し、何度か高砂教会においでになり、ついには巻聖泉教会にもおいでになられた。やがて召しを受けて同志社大学神学部に学び、教団の牧師にもなられた方である。その方が巻聖泉教会の問題を知り、心配して祈ってくださっていた時に、ある御言葉が与えられたという。そして電話でその御言葉を伝え、最後に「手束先生、是非この御言葉のごとくなさってください。主の深い御意《みこころ》ですから」と強く念を押された。それはロマ書一二章一八―二一節の次の御言葉であった。

「あなたがたは、できる限りすべての人と平和に過ごしなさい。愛する者たちよ。自分で復讐をしないで、むしろ、神の怒りに任せなさい。なぜなら、『主が言われる。復讐はわたしのすることである。わたし自身が報復する』と書いてあるからである。むしろ、『もしあなたの敵が飢えるなら、彼に食わせ、かわくなら、彼に飲ませなさい。そうすることによって、あなたは彼の頭に燃えさかる炭火を積むことになるのである』。悪に負けてはいけない。かえって、善をもって悪に勝ちなさい」（口語訳）。

私はこの御言葉の前におののき、〝詫びと和解の手紙〟を出したのであった。するとさらに、次なる挑戦が起こされた。桑原寛医師が急に心臓発作で倒れたのである。そこで、ちょうど私は新潟に行くことになっていたので、病院に見舞い、病室で癒やしの祈りをした。すると桑原医師はもう七十歳を過ぎていたにもかかわらず、奇跡的に回復していった。その晩、桑原恭子姉からお礼の電話があった。熱い感謝とこれまでの非礼を詫びる電話であった。「これで、私の願ったごとく和解ができる」と私は安堵し、喜びに溢れた。

だが、そうは問屋が卸さなかった。彼女は再び頑なになって、巻祝福教会の人々との和解を進めようとはしなかった。やがて二年ほど経った時であろうか、桑原寛医師が急逝した。そしてその一年後、桑原恭子姉も後を追うようにして召天していった。短期間の間に起こったこの悲しい結末を、一体どう受けとめたらよいのか私は狼狽《ろうばい》した。せっかく長い間多くの私財を注ぎ込み、念願であった井上牧師を専任者として迎えて、一角の教会として発足するその寸前まで行っていたのに、自らの手でそれを潰してしまった悲劇を痛み嘆いた。しかし、この巻聖泉教会の分裂は序章にすぎず、サタンは次なるさらにひどい分裂を策動して襲いかかってきたのである。

四十三　日本民族総福音化運動という壮大な使命③

――振り下ろされたサタンの妨害の刃（その二）――

その頃の私は、多忙を極めていた。月二回（合わせて約十日間）は伝道旅行に出かけていたし、その上に日本民族総福音化運動や聖霊刷新運動の推進なども加わり、教会を留守にすることが多かった。「手束先生は多くの信徒を牧会しながら、よくこれだけ教会を空けることができますね」と時として問われた。そんな時、私はよく次のように答えたものである。「私の教会には、忠実な副牧師が二人もいて、私の留守を全部補充してくれるので、安心して出ておれるんです」と。

二人の副牧師とは、そのひとりは、言うまでもなく現在高砂教会主任牧師の新谷和茂師のことであり、もうひとりは、現在日本キリスト教団ベテル清水教会の牧師となっている井上眞一師のことである。この二人は自分達が女房役であり、手束主任牧師の働きを助け支えるのが自分達の使命と役割であることをしっかりと自覚し、徹してくれていた。そのことの徴《しるし》として、新谷師の場合は自らを〝テモテ〟と名乗り、井上師の場合は自らを〝バルナバ〟と名付けていた。

周知のごとく、テモテもバルナバも、パウロを助けることを自らの使命と役割として受けとめていった人達である。もっとも、私の場合は、〝パウロ〟ではなく、〝ヨシュア〟としてアイデンティティを頂いていたのではあるが。しかし、パウロにしろヨシュアにしろ、先頭に立って〝戦う人〟という覚悟と運命を担っていたという点では、同種類の人物であったと言える。

この二人の忠実な副牧師達の主たる仕事は、当時三十ほどあったセルグループを巡って具体的に信徒達を指導養育するとともに、伝道へと向かわせることであった。その熱心な働きによって、毎年三〜四十名の人達がセルグループによって救われ、洗礼を受けていった。まさに、私が若き日に毎日のように出かけ創り上げていったセルグループが見事に花咲き、実を結んで、百花繚乱《りょうらん》の時を迎えていたのである。当然、午前中の礼拝は満席になり、午前礼拝出席の信徒を午後の礼拝に移動するように勧めたりしたが、うまくいかず、それでは午前の礼拝を二つに分け、韓国の教会のように九時からと十一時からと二回持ってはどうかという構想も話し合われていったのである。

しかし、同時に、セルグループの働きの隆盛には、ある問題が芽吹いていた。それは、教会成長学の世界的権威であるピーター・ワグナー師の言葉を借りれば、「コイノニア症候群」と言われるものである。〝コイノニア〟というのは、ギリシャ語で〝交わり〟を意味する言葉である。もちろん、人間は「交わりの存在」であり、キリスト教は「交わりの宗教」(松村克己)であるからして、良き交わりが生まれることは決して悪いことではない。だが、その交わりが高じて互いの絆が強くなり過ぎると、そこに問題が生じる。メンバー同士の癒着やメンバーとそれを指導している教師との依存関係が起こってきて、そこに派閥や〝教会内教会〟がいつの間にか出来上がってしまうことになりかねない。その結果やがては分裂に至る。

当時の高砂教会のセルグループの働きの中で、次々と受洗者を輿していた優等生セルグループが東と西にあった。姫路市の的形セル（高谷宣子リーダー）と、明石市の魚住セル（櫛谷邦子リーダー）であった。その頃の私は、セルには直接赴くことはなかったのであるが、一つの情報が上がってきた。的形セルと魚住セルは「コイノニア症候群」に陥っているのではないか、という危惧である。この二つの優等生セルは、共に井上副牧師が担当していた。そこで私は井上師をこの二つのセルから外し、代わりに新谷師に担当させるようにと当時の〝セルグループリーダーの会〟会長の大道妙子姉に助言した。しかしその人事は難航した。的形セルは渋々ながらそれを承諾したが、魚住セルは激しく反発してきた。その剣幕に驚いた大道会長は、「牧師先生、無理に押すのはやめましょう。魚住セルの人達は伝道する気がなくなると言っていますから」と具申してきた。「そうか。井上師も嫌がっているなら仕方がないな」と私も了承せざるを得なかったが、一抹の不安を払拭できなかった。そしてその時の不安はやがて的中することになったのである。

井上副牧師がこれほどまでに信徒達の人気、特に婦人達の人気を博していたのには理由がある。彼は抜群に気の利く人物であった。人の心や思いを読んで、先回りして事を行うことのできる優れた〝気配り人間〟であった。例えば、私が歩いて帰宅しようとした時に雨が降り始めると、私の方から頼まなくても、彼の方から「牧師先生、車でお送りします」と言ってきた。その上、彼の聖書のメッセージは分かりやすく、日常生活の中の身近な例を引いて話すことが多く、婦人達には私などよりうんと親しみを覚えることのできる内容であった。しかも語り口は穏やかで、女性のように優しい物腰を絶やさないのであるから、喜ばれないはずはなかった。

そんな彼を気に入って、巻聖泉教会の桑原恭子姉も「来年四月からぜひ巻聖泉教会の専任牧師としてお送りください」と懇請してきた。実は、桑原家と井上師の間には、以前から浅からぬ因縁があったのである。

キリスト教月刊誌『レムナント』(久保有政主筆、レムナント出版)一九九七年三月号には、「トラクト伝道に命を捧げた現代のペテロ」という記事が掲載されている。その記事で紹介されていたのは井上岩蔵という人物であった。元々建築業を営んでいたが、早朝三時半頃池に釣りに行った時、栄光に輝く主が現れて「魚をとるのではなく、人をとる伝道者になれ」という、まさにキリストがペテロに呼びかけたのと同じ召命の言葉を受けた。その同じ時刻、家で眠っていた孝子夫人にも、夢で主が彼女に語りかけた。「我に従う者は誰ぞ」。驚いた彼女は跳び起きて、「ハイ、私です」と答えたという。かくして二人は、伝道に打ち込むことを決意。互いに「今度会うのは天国で」と堅い約束をし、岩蔵氏は四人の子供達を孝子夫人に委ねて伝道の旅に出た。それは主イエスが弟子達に命じたごとく、二枚の下着も持たず着のみ着のまま、その日の糧も主に委ね、夜は駅の待合室や橋の下で野宿するという、壮絶な伝道生活で、主にトラクト配布を行っていった。

その全国行脚の途次、岩蔵氏は桑原恭子姉と出会い、何度も手厚いもてなしを受けた。そして五十六歳の時新潟で病を得て〝殉教死〟した時も、桑原姉が葬りのためにいろいろと労苦し、その遺品の中から家族が高知にいることが分かった。桑原姉の連絡によって家族が駆けつけ、キリスト教式の葬儀が感動的に営まれた。以後、井上家と桑原家の間には深い霊的交流が生まれ、岩蔵氏のカリスマ的信仰の影響は桑原家にも及んでいった。そしてそれが橋渡しとなり、私と巻聖泉教会との霊的つながりが結ばれることになったのであった。

それゆえ、井上師が巻聖泉教会の専任牧師になることは、極めて自然な成合であった。そこで私は、彼がいなくなることは残念であったが、桑原姉への約束を果たすべく、当時の執事会に提案し、承認を得ようとしたのである。ところが、執事達の中から強い異論が巻き起こった。井上副牧師にいてもらわなくては困るというのである。彼には相当な人気があることは知っていたが、これほどまでとは思っていなかった。慌てた私は、その時には無理押しすることはやめ、翌月もう一度再上程した。その折には、彼自身の口からぜひ巻聖泉教会に行きたい旨を訴えてもらい、やっとのことで承認を得、ホッとしたのも束の間、今度は当の巻聖泉教会の方が揉めだしたのである。そして前章にも書いたように、井上師は父岩蔵氏の思い出の地への転任を諦めざるを得なくなってしまったのである。

そのため行き所を失った彼は、紆余《うよ》曲折を経て神戸の地で開拓伝道を始めることを決意したのであった。だが、当初彼の「家族だけで開拓伝道を始めます」と公言した思惑とは異なり、魚住セルを中心として約四十名の教会員達が、彼と共に行動することに雪崩を打っていったのである。その中には、私が嘱望していた何人かの兄姉達がいた。一九八〇年のカリスマ刷新是非を巡る分裂に匹敵するその数に当惑した私は、苦悩の中で祈る日々が続いた。そしてある思いが私の胸中に去来し、喜びと平安を得たのであった。その思いというのは、この分裂を前向きに捉えよう。高砂教会が積極的にブランチ教会を創っていくための〝枝分かれ〟として考えよう。そうすれば、井上師の新教会と高砂教会とはその後も友好協力関係をもって祝福の内に前進していくことができる。サタンの分裂作戦を神の恵みの計画へと変えてしまおう。そう考えた時、私の心は感謝と讃美に溢れた。

そこで、彼を牧師室に招き、その旨を提案した。「〝分裂〟ではなく、〝枝分かれ〟にしませんか。あなたの新しい教会には干渉しませんから、ぜひそうしましょう。その方が互いの祝福となり、主も喜ばれます。必要ならば経済的にも支援することはやぶさかではありません」と。一瞬間を置いて、「お断りします」と彼はきっぱりと答えてきた。意外であった。さらに意外だったのは、その言葉には彼らしからぬ驕慢《きょうまん》の響きがあった。私はショックを甘受しながら、「そうですか。仕方がありませんね」と彼を見送った。

それから三年ほど経った時だったか、何かの用事で彼が訪ねてきた。そしてその中で「ベテル清水教会を辞めたい」ともらした。よほど苦しかったのであろう。聴くと、信徒達の中に反発と不信が起こって、収めきれなくなり、牧会に全く自信がなくなってしまった、ということであった。その顔は「ウツかな」と思わせるほど、思いつめていた様子であった。そこで私は、「何を言うの。あなたが創った教会だ。ここであなたがそんな弱気になったら、あなたを信頼して付いてきた人達はどうなるの。辛いだろうけれど、ここが頑張りのしどころだ」と諭し励ました。その時彼は、次のように詫びの言葉を述べた。「あの時の自分は高慢でした。あの頃自分が持っている力と賜物を発揮できたのは、それまで牧師先生が培ってきた高砂教会があったからだと、今になってよく分かりました。本当に申し訳ありませんでした」と頭を下げた。そう思っても、なかなか言えない言葉である。その素直で謙遜な言葉に感動しつつ、私は彼と教会のために祈って、握手して送り出した。

牧師と信徒の間に、時として悶着《もんちゃく》が起きる大方の理由はここにある。それは一言で言うと、〝両者のファンタジーの衝突〟ということである。牧師の方は信徒の支持さえあれば何でもできると思い込み、信徒の方は「無いものねだり」をして牧師に無理な要求をするのである。先述したように井上眞一師の性格と賜物は「女房役」のそれである。だが主任牧師となると、それではやっていけない。強いリーダーシップが必要であり、信徒達はそれを求める。それゆえに、「女房役」としての賜物に甘んじることは許されず、「主人役」としての大幅な自己改革が必要となる。その苦しい自己改革を彼は成し遂げ、ついに教会の内紛を乗り切っていった。見事である。そして今では、ベテル清水教会は日本キリスト教団兵庫教区の中で、他のほとんどの教会が衰退の一途を辿っているにもかかわらず、高砂教会以上に成長率の高い教会（二〇二〇年『日本基督教団年鑑』では現住陪餐会員六十七名）として注目を集めているのである。

しかしサタンの攻撃は、これでもまだ終息することなく、私に命の危機をもたらすほどの第三の攻撃を仕掛けてきたのである。

四十四　日本民族総福音化運動という壮大な使命 ④

――振り下ろされたサタンの妨害の刃（その三）――

私はどうも〝裏切り〟に弱いようだ。「裏切りに弱い」というのは、裏切られると人一倍辛く傷ついてしまうという意味である。恐らく、これはわたしの幼児体験（幼児痕跡）に起因していると思われる。上巻で記述したごとく、わたしは二歳の時に満州で母と死別している。母は恐らく栄養不良と疲れの中で病を得、泣く泣く私を置いて死んでいったのである。しかしわずか二歳の赤子であった私には、そのような事情を知る由もない。これまで自分を限りなく慈しみ保護してくれていた大きな存在が、いきなりいなくなったのである。恐らくそれは、口では言い表し得ないほどのショックであり、深い喪失感とともに、「裏切られた」という悔しさに身悶《もだ》えしたに違いない。さらに悪いことには、高校時代に〝瞼《まぶた》の父〟からも〝裏切り〟の体験をさせられ、今でも忘れられない〝背中の凍り付く体験〟として、無意識の中に刻印されて、傷口を一層広げていったのである（『恩寵燦々と』上巻「十五　光と出会った高校時代⑦」参照）。

この点、妻美智子はかなりタフである。彼女はとても〝面倒見の良い牧師夫人〟として定評がある。感心するくらいである。ところが、この妻も何度も裏切られてきた。「あんなに面倒見たのに裏切られたことを悔しく思わないのか」と私が尋ねると、「人間って、そんなものよ」とアッケラカンな答えが返ってきた。この彼女の〝裏切り〟に対する強さは、一つには娘時代に両親がよく信徒達から〝恩を仇《あだ》で返される〟姿を見てきたことにある。それによってある程度の免疫力が培われていたことにあるのではなかろうか。そしてもう一つ、彼女は愛情深い両親に育てられて、私のように幼い時にトラウマを受けることがなかったからであろう。

サタンは、私の裏切りに弱い深層心理をよく知っていた。そこで私を潰すべく、サタンはこの標的に向かって次々と毒矢を撃ち込んできたのである。かくて巻聖泉教会とそれに続く高砂教会の分裂を通して、直面した裏切りの数々に、私はのたうち回った。「どうしてあの人が」、「えっ、なぜこの人も」という驚きとともに、「ブルータスよ、お前もか」と心の中で何度も叫び続けた。そしてついにその毒が体全体に回ってきて、私は倒れた。

二〇〇六年の秋だっただろうか。けたたましい目覚まし時計の音に目を覚まし、起きようとした時、激しい痛みが腹部全体を覆った。痛みをこらえてやっと身体を起こしてもすぐに立ち上がることができず、十五分ほどベッドに座ったままいた後に、やっと歩けるようになり、身支度を整えて早天祈祷会に向かうのだった。そんな日が何日か続いたので、次聖日午前の礼拝後、教会員で当時「たずみ病院」の副院長であった田中三郎医師を牧師室に招き入れ、アドバイスを乞うた。私から症状を聴くなり、田中医師は「内科医に連絡しておきますので、火曜日に病院へおいでください」と即座に応じてくれた。診断は〝機能性胃腸障害〟と下された。極度のストレスによって、胃腸全体の働きがひどく鈍化してしまう病気である。「潰瘍のない胃腸障害」とも呼ばれていたという。

ちょうどその頃、戦後生まれの若き安倍晋三氏が総理大臣に就任し、第一次安倍内閣の下に「美しい日本を取り戻す」というスローガンをもって勢い込んで出発したが、健康を損ない、わずか一年間で退陣していった。その時の病名は当初私と同じ「機能性胃腸障害」として発表された（後に「潰瘍性大腸炎」と訂正される）。その報道に接して、「安倍さんも、随分とストレスを受けていたんだな」と想い、〝憶測の情〟とともに、妙に親しみを覚えたものである。しかし私の場合、〝機能性胃腸障害〟と並行して、実はもう一つの恐ろしい病が深く静かに潜行していたのである。

二〇〇六年の十二月であったと思うが、何となくあるテレビ番組を見ていた。ビートたけしの「本当は怖い家庭の医学」という番組である。その中で、ひとりの中年の婦人の実例が演じられていた。最近どうしたわけか歩くのが遅くなってきた。歳のせいだろうと思ってあまり気にしないでいた。ところがますます歩きにくくなり、ついに駅の階段で転倒し、それっきり歩けなくなってしまったというのである。その恐ろしい病の名は「頸椎《けいつい》後縦靱帯《じんたい》骨化症」という。脊髄に沿って巡らされている神経が、本来軟らかいはずの靱帯が骨化することによって圧迫を受けるようになり、徐々に手足が動かなくなっていく病である。悪くすると骨化した靱帯によって神経が損傷を受け、一生身体障害者になり、車椅子生活を余儀なくされる。難病に指定されている。

私はそのテレビ番組を見た時、すぐに「自分もこの病に侵されているのではないか」とピンときた。というのは、その少し前から歩くのが遅くなったことが気になっていたからである。元来私は歩くのが速い方である。信徒達と旅行に行った時など、よく「牧師先生、もっとゆっくり歩いてください」と懇願されたものである。ところがその私が、歩いていると他の歩行者にどんどんと追い抜かれ始めたのである。「おかしいな。歳のせいかな」と考えていた。そして番組を見て、思い当たることがいくつもあった。そこで私は、田中三郎医師と同じ整形外科医であり「つくだ整形外科医院」を開業していた若き佃政憲医師に診断を乞うた。その結果、私の予測したとおり「頚椎後縦靱帯骨化症」であることが判明した。相当ひどい状態になっているという。「頚椎の部分が痛んだり、手が痺《しび》れたりしませんか」と問われたので「いいえ」と答えると、「おかしいな。そんなはずはないのだが」と頭をひねった。恐らく、主の護りがあったからであろう。「早く手術をした方がよいと思うので、私の先輩でこの病の手術の権威者がいるので頼んであげましょう」と早速に手を打ってくれた。本来ならば、この名医に手術してもらうためには半年ほど待たなければならないのだが、佃医師の要請によって特別扱いとなり、二カ月後に入院そして手術と相成ったのである。本当にありがたかった。教会員に優れた医師がいるということは、何と幸いなことかと主に感謝した。

かくして、二〇〇七年二月二十二日に神戸労災病院に入院し、ちょうど一カ月間の入院治療をすることになった。大手術なので、最初の十日間ほどは検査検査と続き、ついに三月五日に手術が行われることになった。執刀してくれたのは、鷲見正敏という医師で、日本でもこの分野の手術では名医と言われていた方であった。手術に先立つ説明会の時に、私は尋ねた。「この病に罹《かか》った原因はどこにあったのでしょうか」。鷲見医師は答えた。「遺伝ですね」。そう言われて思い当たることがあった。私の父も晩年、頸椎が悪くなって手が痺れると訴えていた。人は否応なしに良い遺伝子と悪い遺伝子を先祖から引き継いでいる。大事なことは、悪い遺伝子をオフにして、良い遺伝子をオンにすることなのである。どうすれば、そうできるのか。遺伝子研究の世界的権威者村上和雄教授は、「良い遺伝子をオンにしたければ、喜び、感謝し、祈りなさい。その逆をすれば、悪い遺伝子がオンになってしまう」という趣旨の主張をいくつもの著書の中で展開している。とすれば、「いつも喜んでいなさい。絶えず祈りなさい。すべての事について、感謝しなさい」（Ｉテサロニケ五・一六―一八、口語訳）という高砂教会週報の表紙に掲げられている御言葉の実践こそ、良い遺伝子をオンにし、悪い遺伝子をオフにする秘訣ということになる。私は、この御言葉の実践を忘れて、いつの間にか悪い遺伝子をオンにしてしまい、この難病に罹患《りかん》することを許してしまっていたのだ。

このことに気付かされた私は深く反省して病室に戻り、感謝の祈りを心底から捧げ始めた。私の好意を踏みにじり、私を攻撃し、悩ませ、分裂を策動した人々によって逆に人間理解を深められたことへの感謝。それによって、また新しく教会が生み出されたことへの感謝。不平不満を言っていた人達が教会を去り、教会の雰囲気がグンと良くなったことへの感謝。一カ月もの入院生活を余儀なくされ、貴重な闘病生活を経験できることへの感謝、等々。普通ならば、ついつい嘆いたり愚痴を言いたくなることの中に秘められている積極的意味合いを探し出し、一つ一つ感謝をしたのであった。すると驚くべきことが起こった。グルグルグルとお腹から大きな音が出て、〝機能性胃腸障害〟によって虚弱していた消化器官が急速に動き始め、あっという間に治ってしまったのである。あの時ほど、〝感謝の力〟の偉大さを思い知ったことはなかった。そしてその〝感謝の力〟は入院生活全体を潤し、辛く苦しいはずの入院生活が、まるでリゾートホテルでの休養期間のように楽しいものとなったのである。しかし主は、その境地に行き着く前に、もう一つの試み（テスト）を置かれたのであった。

術後に集中治療室で三日間を過ごした後、広いひとり部屋に移ってホッとしたのも束の間、その晩から左の肩から腕にかけて絞り込むような激しい痛みに襲われた。そのためしばしばナースコールをして、看護師さんに痛みを和らげる座薬を入れてもらわねばならなかった。回診に来られた鷲見医師によると、この病の手術をした者のうち、約五パーセントの者が〝神経刺激症状〟といって、このような痛みが出てしまうことがあるという。「運悪くその五パーセントの中に入ってしまったんですな。一週間ほど我慢してください」と淡々と諭してくれた。だが私の場合、一週間では終わらなかった。二週間ほども続いた。「このひどい痛みを通して、主は私を試みておられるのだ」と自らに言い聞かせて、再び「感謝の探究」を開始した。まず、病める人々の痛みや苦しみを理解することができるようになったことを感謝した。その時吉田兼好の『徒然草』の言葉を思い出した。「友とする悪き者」は次のごとくである。「高くやんごとなき人、若き人、病なく身強き人、酒を好む人、武く勇ある人、虚言する人、欲深き人」の七人。しかしこの中で〝酒を好む人〟、〝虚言する人〟、〝欲深き人〟を友に持つなというのは分かるが、なぜそれ以外の四人の人達もそうなのか。それは、これらの人達は弱い時、辛い時に人の心を理解しないからである。この言葉は真理をついている。

さらに大事なことは、真夜中の孤独の中で痛みを堪《こら》えていた時に、十字架上のキリストの痛みと苦しみを想い起こしたことである。主の十字架上の苦しみは、自分が体験している痛みの何倍も何十倍も激しいものだったはずである。その痛みと苦しみにわずかでも参与できたことを感謝し、贖いの尊さと偉大さを思い知らされて感謝した。あのクレネ人シモンが思いもかけず十字架を強いられたことによって、彼は誰よりも主の担われた痛みを体験し、主の贖いの尊さと偉大さを理解し、すぐにクリスチャンとなった。そして、その子ども達もまたキリストを信じただけでなく、初代教会の指導者となっていったのである（マルコ一五・二一、ローマ一六・一三）。クレネ人シモンと同様に、〝日本民族総福音化運動〟という十字架を背負わされた私にとって、この〝神経刺激症状〟の痛みと苦しみは、どうしても通過しなくてはならない深い御意だったのである。この素晴らしい経験を乗り切った時、私の霊が喜ぶとともに、私の肉体は医師や看護師達が驚くほど、急速に回復していった。かくて残りの一週間の入院期間は、まさに私にとって、思いもかけず高級ホテルでのリゾート生活そのものとなった。

神戸労災病院は新幹線の新神戸駅の裏山の中腹に建っている。そのため、眺望は抜群である。直下には神戸の中心街を臨み見ることができ、その先には神戸港と青い海原の瀬戸内海が見える。しかも私の病室は広い特別室になっており、応接セットや風呂もテレビもついている。なぜ、そんな分不相応な贅沢な部屋を使うことができたかというと、その数年前に郵便局からうまく勧誘されて簡易保険なるものに入っていたからであった。おかげで気を遣わずにたくさんの教会員の見舞い客を受け入れることができた。その上、お見舞いなどをたくさんいただいた。感謝である。しかし私にとって一番感謝したのは、祈祷会や早天祈祷会で快復を祈ってくださった方々、特に手術の前後に〝連鎖断食祈祷〟をもって祈ってくださった方々である。この場を借りて改めて深くお礼を申し上げたい。歌の文句ではないが、「あの素晴らしい愛をもう一度」という感じである。かくして、サタンが振り下ろした渾身の刃は私を潰すどころか、主の恩寵の御手によって、見事に撥ね除けられていったのであった。

四十五　日本民族総福音化運動という壮大な使命⑤

――早天祈祷会の励行こそ、運動の大黒柱――

前述したごとく、私が再三にわたる厳しいサタンの攻撃を受けながらも、それに打ち倒されることなく持ち堪《こた》えることができたのには〝秘密の兵器〟があった。それは端的に言えば〝早天祈祷会の励行〟である。私が二〇〇三年に〝日本民族総福音化運動〟の旗揚げをした折に、あまりにも壮大なビジョンのゆえに、一体何から始めたらよいのか正直戸惑った。そこで主に求めて祈り始めると、すぐに答えが来た。「本格的な早天祈祷会から始めなさい」と。「そうだろうな」と思った。韓国教会のリバイバルのありようを何度か実際に体験してきた私には、それをもたらした第一の理由がまさにそこにあることを知っていたからである。しかも、日本にも韓国同様〝早起き文化〟や〝早起きの美学〟というものがある。だから、韓国であれほど花咲いている〝早天祈祷会〟の祝福は、日本においても可能であるはずだ。考えてみれば、「早起き会」という宗教まがいの倫理運動に、多くの日本人達が参加している現実もある。だとすれば、日本の教会も、本格的に早天祈祷会を励行するようになれば、もっともっと祝福され成長していくはずである。そう確信した。

「本格的に」と言っているのは、それまでも高砂教会においては、早朝における祈りは捧げられていた。毎朝七時に教役者達が集まり、祈り会を持った後、その日の打ち合わせの時を持っていた。さらに六時からは、有志の教役者や信徒達が三々五々集まって祈っていた。しかし、それではまったく不十分であると主は示されたのである。そこで私は、二〇〇三年四月二十日のイースター礼拝の中で、次のように信徒達に訴えた。「五月一日から、本格的な早天祈祷会を始めます。どうか聖堂に六時に集まってください。誰も来なくても、私ひとりでもやります」と。果たせるかな、五月一日は木曜日であったが、ちょうど四十名の人達が集まった。聖歌を二曲ほど歌って、主の祈りを捧げ、聖書を読み、五分程の短いメッセージをした後に、六時十五分頃から共同の祈り（統声祈祷）をし、それぞれが祈れる時まで自由に祈って流れ解散をしていくという、今日行われている早天祈祷会の原型がその時に形成されたのである。不思議なことに、本格的な早天祈祷会を続けていく中で、教会の周辺にある土地建物が次々に売りに出された。それをそのたびごとに買収していくことによって、今日のような広い駐車場と建物を手に入れることになったのである。

その上に、まったく私の思いを越えた信徒の自主的な企てが起こった。それは早天祈祷会後に、五人の勧士達が会議室に集まり、私と妻のために執り成しの祈り会を持つようになったことである。実はその九年も前の一九九四年から、北村恵勧士の提案によって「アロンとホルの会」と名付けられた〝執り成し祈り〟のグループも誕生し、水曜と土曜日の早朝、教会に集まり、私のために熱い〝執り成しの祈り〟が続けられていたのである。この早天祈祷会とその直後の勧士の祈り会、さらには「アロンとホルの会」という執り成しチームの三層の盾によって、私はサタンの激しい攻撃から護られ、試練を乗り越えることができたのであった。陰で密《ひそ》やかに執り成しの祈りを捧げてくれる人々の存在。これほど牧師にとっても教会にとっても大切で貴い存在はない。このような天使達の執り成しの祈りが、教会を様々な形で潰そうと襲ってくるサタンの働きを封じ込め、教会の成長と復興をもたらす〝秘密兵器〟と言うより、〝秘密部隊〟となったのである。

実は、このことを確信させる霊的体験を、私はその十年ほど前にしていたのであった。それは「日本キリスト教団聖霊刷新協議会」旗揚げの同志であった酒井春雄師（栃尾教会牧師）が急逝され、葬儀を終えて帰ってきて間もなくの忘れ得ない出来事を通してである（この出来事の詳細については、前述の「十一、新会堂建設への再挑戦⑤」を参照のこと）。その時、私は初めて悟った。私の周りには、執り成し祈る人達によって、たくさんのバリアが張り巡らされており、それゆえにサタンの攻撃は核心部分にまで届かず、撥ね除けられているのだということを。特に、主から大きな働きを担わされた者達には誰でも、牧師であっても信徒であっても、このように陰で必死に執り成し祈る群れが必要なのだということを。

かくて、早天祈祷会こそ日本民族総福音化運動の第一歩だと確信した私は、高砂教会においても本格的に励行を開始するとともに、協議会の会報誌にも二〇〇六年から毎号（第七号〜第二十三号）「まず早天祈祷会から」という文章を執筆し始めたのであった。そして、二〇一二年に執筆を終えた時、「これを一冊の本にまとめて出版しよう。きっと日本民族総福音化の前進に役立つに違いない」と思い、地引網出版より『朝早く、主に叫べ——早天祈祷の意味と力』という標題で世に問うた。

それと共に、私にもう一つのアイディアが浮かんだ。「韓国の早天祈祷会の凄さを日本の牧師や信徒達に体験してもらうことによって、刺激と挑戦を与えよう。そうすれば、日本でも早天祈祷会に立ち上がる教会が次々と生まれるに違いない」。そこで私は、二〇〇九年七月十六日に開催されたソウル・ヒルトンホテルにおける李明博《イミョンバク》大統領招待の〝国家朝餐祈祷会〟に妻と共に出席した際に、「きっと明声《ミョンソン》教会の金森煥《キムサンファン》牧師も出席しているに違いない」と思い、探してもらったところ、案の定であった。そこで私は、金森煥牧師と会って交渉し、毎年〝ミョンソン教会早天祈祷ツアー〟を行いたい旨を申し入れたところ、快諾してもらい、安堵したのであった。そしてついに、翌二〇一〇年三月に行われた明声教会春の特別早天祈祷週間に合わせて三泊四日の日程で、第一回「ミョンソン教会早天祈祷ツアー」なるものを民福協主催によって決行したのであった。

ソウル市にある明声教会に私が初めて訪れたのは、それから遡ること十四年前の一九九六年十月のことである。その時主任牧師の金森煥師は、あいにく出張中であったが、明声教会内の神学校で特別講義をした。その翌朝、早天祈祷会に参加して、私は深く感動した。それは出席者の人数の多さもさることながら、そこにはこれまで参加したどの教会の早天祈祷会よりも聖霊の強い臨在があったからである。同行案内し通訳をしてくださった申賢均師の「この教会は韓国で最も早天祈祷が盛んな教会なのです。毎朝三千人が集まっているのです」という言葉も心に残った。そして、「こんな素晴らしい早天祈祷会を年中一日も欠かすことなく行っている明声教会の金森煥牧師を、やがて日本にもお招きして、日本でも早天祈祷の運動を起こしたい」という熱い願いを持つに至った。

こんな思惑もあって、〝ミョンソン教会早天祈祷ツアー〟を期待の内に開始したのであった。そして私の「日本民族総福音化のために、早天祈祷会に立ち上がる教会が次々と生まれるように」との目論見は、現実化に向けて、確実に動き始めたかに見えた。沖縄の聖川教会牧師夫人の當銘恭子師は、その時の圧倒的な感動を民福協の会報誌第十九号に次のように書いておられる。

「ミョンソン教会早天祈祷会は一日四回（四時三〇分、五時三〇分、六時四〇分、七時四〇分）実施され、毎日早朝に五〇〇〇人が『教会、家庭、国家、民族』のために祈りが捧げられています。何という光景、何という人々、午前四時過ぎだというのに教会は人々であふれ、会堂に入るのに列を作って待っている。『百聞は一見にしかず』です。日本と韓国は何が違うのでしょうか。信じるイエス様は同じ主であるはずです。ミョンソン教会のキム主任牧師は、『新しい一日の始まりと共に自らの心と考えを神様に集中させ、恵みと力をいただき、一日の生活を神様の御言葉通りに生きていくための従順の時間でもある』と定義しています。また『信徒の信仰と教会生活の基礎を鍛えなければならない』。そこが早天祈祷会であると言っています。教会学校の子ども達の態度、聖歌隊のうるわしい歌声、執事達の服装と仕える姿、そこに主の御業が現れるのだと深く思わされました。

多くのことを反省し、多くのことを学ぶ早天祈祷を体験し、私の心は喜びに満たされて帰りました。多くの信徒に早天祈祷の祝福を分かち合いたい。そして、声を大にして早天祈祷会への参加を呼びかけたいと思います。『早天祈祷会は神様が特別に働いて下さる時間です』と」。

かくて、ツアー参加者三十名の誰もが強烈なチャレンジを受け、聖霊に満たされ、喜んで帰ってきたのであるが、ただひとつ気になるハプニングがあった。それはツアーの聖会中同時通訳が少しの間途切れたことがあった。「どうしたのだろう」と怪訝に思ったが、間もなく回復したのであまり気にとめずにいた。ところが、後で當銘恭子師と共に参加していた聖川教会の献身者の姉妹が教えてくれた。彼女はかつて韓国に留学していたことがあって、韓国語には十分通じていた。いわく、「手束先生、あの時金森煥牧師は、説教の中で日本のことを非難していたのです」と。「そうだったのか」と思った。それで恐らく同時通訳者は日本語に通訳することをはばかってしまったのであろう。それにしても、日本から三十名もの者達が参加しているのを知っているのだから、もう少し配慮してほしいものだと思った私は、後日その旨を感謝と共に金森煥牧師へと申し入れたのであった。

けれども、これが裏目に出たようだ。二〇一三年、第四回ミョンソン教会早天祈祷ツアーの準備をしていた時、仲介役の労苦を担っていてくれたウェスレアン・ホーリネス教団在韓日本人めぐみ教会の金興奎《キムフンギュ》牧師から急に連絡が入った。「金森煥牧師がもう来てくれるなと言ってきました」と。折しも韓国では朴槿恵《パククネ》氏が大統領となり、愚かにも父親の朴正熙《パクチョンヒ》元大統領の日韓親善の努力をぶち壊していく反日政策を金看板にして執政を開始した時期であった。恐らく、金森煥牧師はこれに同調するつもりで、このような措置に及んだのだろう。もしそうならば、金森煥牧師は「ただ主のみ」と高調しておきながら、主の御意よりも人間的思いを優先したことになる。そうすることによって、彼は韓国のみならず、日本のリバイバルのために大きな貢献を果たした人物として、神と人々から素晴らしい賞与を受ける機会を放棄したことになる。何と惜しいことだろうか。その残念な思いは今でも私の心の中に影を落としている。

四十六　聖く華やかな牧会四十周年の祝賀①

――「私の喜びであり冠である信徒達よ」――

〝四十〟という数字。それは聖書において意味深長な象徴性を担っている数字である。端的に、古い時が終わり、新しい時が始まっていくための準備と試練の時を表している。例えば、モーセに率いられて出エジプトをしたイスラエルの民が、約束の地カナンに入るためには、荒野で四十年間の苦しい放浪生活を経験しなくてはならなかった。またノアが神からの啓示を受けて、洪水による滅亡を免れ、新世界に入るために、箱舟を作って四十日間の洪水生活を乗り越えなくてはならなかった。さらには、主イエスが公生涯を開始するに当たって、四十日間の断食を強いられただけでなく、その後サタンの誘惑に勝利しなくてはならなかった。このように、〝四十〟という数字は、重大な区切りを表し、それまで積み重ねてきた経験を踏まえて、新しく飛躍していくために必要な年月日を示している。

二〇一三年、私は高砂教会での牧会四十周年の記念すべき年を迎えた。一九七三年四月、まだ二十八歳の駆け出しの青二才牧師が、それまで全然知らなかった未踏の高砂の地にやって来て、五里霧中で必死に伝道牧会を開始し、気が付いたら四十年間を過ぎていた。その四十年間はこれまで書いてきたように、決して安穏平坦とは言えず、むしろ激動と苦悩の連続であった。しかしそれは、主なる神が私を通してその計画を遂行するために必要とされた試練と取り扱いであったのであり、それゆえに、そこには確実に神の恩寵の御手があったのである。その意味では、辛苦することも並外れたものであったが、それを遙かに越える神の愛と奇跡を体験し続けてきた幸いな素晴らしい日々でもあった。そのような私の想いを斟酌してか、信徒達は超豪華な「手束正昭牧師牧会四十周年記念」の祝賀の数々を用意してくれたのである。

祝賀の内容は大きく三つに分けることができる。一つは、ホテル日航姫路での「祝賀会」である。私達の教会は他の教会と比べるとホテルでの祝賀会をよく行う教会である。一九八六年十一月に開催された『キリスト教の第三の波――カリスマ運動とは何か』出版記念会（於加古川プラザホテル）を皮切りに、それまで七回ほど加古川や姫路のホテルで祝賀会を行っている。他教会から転入してきたある信徒は、「高砂教会は派手過ぎますよ。こんなに何度もホテルで祝賀会をするなんて。教会ってもっと質素であるべきじゃないですか」と批判して去っていった。はっきり言って、そのような批判や非難は当を得てはいない。確かに、長い間キリスト教会の中には、「教会は恵まれない人もいるのだから、華美なことは差し控えるべきである」という倫理観のようなものがあったのは事実である。だが、そのように恵まれない人々への思いやりは大切なことではあるが、実はそのような倫理観が、日本の教会の成長と復興を妨げてきたということを悟ったことによって、今日の高砂教会の祝福が起こったのである。

教会に限らず、共同体の発展・強化のためには、一致ということが大事である。一致のない所に、大きな前進は望めない。主イエスは宣う。「おおよそ国が内部で分裂すれば自滅してしまい、また家が分れ争えば倒れてしまう」（ルカ一一・一七、口語訳）と。その意味でホテルでの大祝宴は、教会の一致を図る上で絶好の機会である。プロジェクトチームを発足させ、信徒ひとりひとりに役割を与え、祝宴を盛り上げるために与えられた所で精一杯の努力を積み重ねていく。すると、所属意識が高まるとともに、祝宴を成功させた時の達成感は忘れ難いものとなる。

二番目に言えることとは、共同体のアイデンティティの確認ということである。「理念なき企業は発展しない」と言われる。利潤追求を第一としているはずの企業でさえも、理念すなわち何のためにこの会社が存立しているのかというアイデンティティが大事だということである。ならば、〝霊的共同体〟である教会にとっては、どのようなアイデンティティを主から託されているのかということを明瞭に確認していくことが、どんなにか重要かということはすぐに分かるであろう。

三番目には、エクスタシー（高揚感）の体験は、人々に〝やる気〟を惹起するということである。「女子社員がおしゃれをする会社は伸びる」と言われる。要するに、おしゃれがもたらすエクスタシーがやる気をひき起こすということであろう。ホテルでの宴会となると、誰しも着飾って参加する。特に女性の場合、〝ダンスの肥やし〟になっていた一張羅の着物を取り出して久々に着た時の高揚感はいかばかりであろうか。その上に、高砂教会の場合、様々な音楽（聖歌隊、和琴合奏団、タンバリンダンス、ゴスペルチーム、ヒップホップダンスチーム、福音歌手の独唱等々）が次々と繰り出されていく。そして笑いに次ぐ笑いの連続である。他教会から来た人は感心して「高砂お笑い教会」と名付けてくれた。かくて、その高揚感は極みに達し、「よし、これからも教会のために尽くしていくぞ」というやる気を引き出していく。

そして最後に、最も重要な意義がある。それは、〝地域を支配する悪霊との戦い〟への勝利に関することである。既述したごとく、伝道の躍進のためには、地域を支配している悪霊の正体を知り、それと反対行動を取ることが肝要なのである（前述「四十二、日本民族総福音化運動という壮大な使命②―振り下ろされたサタンの妨害の刃―その一」参照）。ところで、高砂を支配している悪霊の性格はというと、私の観察では、〝貧乏根性の霊〟であり、〝金銭に執着する霊〟である（どうしてそう言えるかという点については、その詳細を省く）。要するに、高砂の人々の無意識を支配する傾向は、〝華美なこと〟、〝金のかかること〟は嫌いだというこtoなのである。すると、その反対行動となると、〝華やかに〟〝気前よく〟振る舞うということになる。とすると、ホテルで華やかな祝賀会を持つということは真に高砂を支配する〝貧乏根性の霊〟と〝金銭に執着する霊〟を押さえ込むということになり、事実そのたびごとに、教会は大きく成長と復興を遂げてきたのである。

かくして、二〇一三年四月二十九日（月）、「手束正昭牧師　出版記念会並びに牧会四十周年記念祝賀会」なるものが開催された。前半の〝出版記念会〟は小森康三伝道師と田中亜衣姉の司会によって、聖歌隊の讃美と當銘由正師の祈りの内に幕が開いた。その冒頭で、小森由美子姉による〝出版経過報告〟がなされた後、『続・聖なる旅』の論評には鈴江康二氏（毎日新聞記者）と川井勝太郎師（ルーマニア宣教師）が立ち、具志堅ナオ子師の台湾高砂族タイヤール語による美しい讃美を挟んで、『日本宣教の突破口』の論評には行澤一人師（日之出キリスト教会牧師・神戸大学法学部教授）と久保有政師（レムナント主筆）が立ってくださった。いずれの論評も、私の二冊の著書を深く掘り下げ、私自身が気付いていなかった意味を洞察指摘する優れたものであった。

後半の〝四十周年記念祝賀会〟は新谷和茂副牧師と松本美和姉の司会にバトンタッチされ、参会者全員による讃美歌二一三番「みどりの牧場に」の斉唱と松岡欣也師（パワープレイズ主幹）の祈祷によって開始された。そして次々と出される御馳走に与りながら、来賓の方々からのあたたかい祝辞が続いていった。山内一郎師（元関西学院院長）、土肥隆一師（元衆議院議員）、高元龍師（米国アトランタ永楽教会名誉牧師）、崔世雄師（韓国ケサン中央監理教会元老牧師）、村上好伸師（カリスチャペル創立牧師）、山本敏信氏（兵庫県議会議員）、杣浩二氏（神戸平和研究所理事長）の方々であり、福音歌手森祐理姉の綺麗な北京語による讃美によって結ばれていった。

それら一連の祝辞の中で、一番印象深く残ったのは、私と同じ日本キリスト教団兵庫教区の牧師であり、神戸選出の国会議員でもあった土肥隆一師の言葉であった。いわく、「私は少し前国会議員を辞めたが、議員として務めた二十八年間はほとんど意味のないものであったと悔やんでいる。牧師としての働きにもっと徹するべきだったと、この祝典に臨んで、つくづく想わされている」と。そして祝賀会後に、「私は手束先生が本当に羨ましい」と言い残して去っていかれた。その後ろ姿には言いようもない寂しさが滲みでていた。

話を祝賀会に戻すと、森祐理姉の美しい讃美で締め括《くく》られた来賓の祝辞の後に、映像が映し出された。「四十年間を貫いた『神の国牧会理念』」という表題がついていた。それはプロ顔負けの素晴らしい映像であり、私の牧会の歴史とその奥に秘められていた牧会理念を見事に抉《えぐ》り出しながら、これでもかこれでもかと表現し展開するものであった。新田静香姉の落ち着いたナレーションによって導かれていく物語は、私自身のことながら「そうだったのか、そういうことか」と気付きを与えてくれる考察と工夫が凝らされており、参会者をして深い感動と納得を与えるものであった。

私の牧会理念が「神の国の牧会論」とも言うべきものだということに気付いたのは、牧会四十周年を祝う二年前二〇一一年のことである。その年の三月十一日、かの「東日本大震災」が起こり、日本全体が大きく揺さ振られ、震われ、日本人の寄って立つ基盤が問われることになった。この緊急事態をどう神学的に霊的に受けとめるべきかを祈りのうちに考察していくなかで分かったのは、私がそれまで辛苦のうちに培ってきた高砂教会の牧会哲学がここにあったということであった。しかし、この非常に重要な「神の国の牧会論」とは何かについては、次回にてその詳細を譲りたい。

感動的な「四十年間を貫いた『神の国牧会理念』」の映像が披露され、会衆の感激も醒めやまぬうちに、青年クワイヤーによる「私達のゴールは神の住まう天にある」（林田裕樹作詞・作曲）のワーシップソングが元気にかつ麗しく歌われ、フィナーレとなっていった。それはメロディーといい歌詞といい、誠に「神の国の牧会」を印象づけていくに相応しいものであった。

その後、牧会四十周年委員長の伊藤信義兄の挨拶がなされ、また花束や記念品の贈呈を受けとった後に、私達の感謝を表した。最初に妻美智子が讃美によって表した。歌ったのは美空ひばりの「愛燦々」のメロディーによる替え歌であった。相当練習したせいか、美空ひばり顔負けであった（こんなことを言うと、美空ひばりが怒ってくるかもしれないが—笑）。

そして最後に、私が感謝の挨拶に立った。その中で、私は高砂教会就任の突端で「私はこの地で骨を埋めます」と思わず言ってしまったことを主なる神は喜び、二回にわたる〝聖霊降臨〟と三回にわたる〝栄光の訪れ〟をもたらしてくださったと述懐した。それには目的があった。カリスマ運動の推進と日本民族総福音化運動という途方もなく大きなリバイバルの働きを担わせるためであった。しかし、これには信徒達の支援と協力が不可欠であり、実に多大な信徒達の愛と祈りがあったことを感謝している。それによって今日の私と高砂教会があるのである。

パウロの働きを愛と祈りのうちに懸命に支えたピリピの教会の信徒達に向けて、パウロは「わたしの喜びであり冠である愛する者たちよ」（ピリピ四・一、口語訳）と呼びかけている。パウロに倣って私もまた「わたしの喜びであり冠である高砂教会の愛する者たちよ」と呼びかけたい、と結んだ。その時、聖霊が注がれ、何人かの人達が泣いていた。その中でも、新田静香姉の泣いている姿が印象的だった。激しい性格の彼女は、映像を作るに当たって意見の相違から夫である新田副牧師と激しく争ったという。私のために何とかして感動的な映像を製作したいというその健気な姿に、私は心の中で手を合わせた。「静香さん、ありがとう。御苦労様でした」と。

四十七　聖く華やかな牧会四十周年の祝賀②

――それは「神の国の牧会」という理念だった――

これまで私は、私個人に対する記念誌を信徒達から三冊も贈呈してもらっている。一冊目は、高砂教会牧会二十周年を記念して作られた『ヨルダンの河渡ろう――手束牧師と共に歩んだ二十年』である。この記念誌の主筆兼編集長は、今は亡き北野千波姉である。彼女の美しくかつ気の利いた文章が、投稿された教会内外からの約百名の〝思い出〟を、時代ごとに上手に区切りながら解説し綴られていた。ちょうどその頃、彼女は台南栄光教会の彭主恩牧師との再婚の時期と重なっていたのだが、その忙しい中をぬって、よくぞここまでまとめ上げてくれたものだと、今さらながら感謝し、感銘を深くしている。

二冊目は、『心に響いた　あの時のあの言葉――手束正昭牧師牧会三十周年記念誌』である。これはもっぱら「言葉の勝負師」であるはずの牧師が、その語った（あるいは書いた）言葉が、どのようにそれを聴いた（あるいは読んだ）人々に影響を与え、その人生に希望と変革をもたらしたかということの証言集として委員会によって編集されている。その百十五ほどの証言のうち三十名が、外部からの寄稿であった。しかも教会員達のそれと比べると、その出足はかなり早かったという。一体これはどういうことなのだろうか。だがこの点について、ここで詮索することは控えたい。ただ言えることは、芸術的で趣のあるその表紙をつくづく眺めた後、丁寧に開いていった各頁に挙げられていたさりげない言葉の数々に対し、こんなふうに感動をもって受け止めてくれていたのかという驚きと感激が、私の心を衝《つ》き、喜びを抑えることができなかったということである。一つ一つを噛みしめるようにして読んだ。

そして三冊目は、『神の国は近づいた――続ヨルダンの河渡ろう』（手束正昭牧師牧会四十周年記念誌）である。この表題は、四十年間の私の高砂教会の牧会を顧みた時、その牧会と教会形成に通底している理念は、「神の国の牧会」とも言うべきものであったことに私も教会員達も気づいたということにある。「時は満ちた、神の国は近づいた。悔い改めて福音を信ぜよ」（マルコ一・一五、口語訳）という言葉をもって、イエス・キリストは宣教を開始した。実にイエス・キリストの救いとは、私達人間に神の国をもたらすことにあったのである。しかしそれは往々にして誤解された。最初に誤解したのは、かのイスカリオテのユダである。それは人間の知恵と努力によって、この地上に理想郷が生まれるのだという誤解である。それと相似して、昭和初期に賀川豊彦等によって提唱された全国的大伝道運動は「神の国運動」と呼ばれ、次第に社会改革運動（社会主義運動）と結び付いていった。確かに賀川等の「神の国運動」は当時の日本社会の中に根強くあった封建遺制と不公正を何らかの形で是正したという点では評価することができる。しかし、それは主イエスが意味した「神の国運動」とは、似て非なるものであった。

端的に、主イエスの「神の国運動」というのは、十字架の贖い（罪、呪い、悪魔、病からの解放）と聖霊の満たしによって、あの世においては天国（神の国）が約束されるとともに、この世においても神の国を体験できるということがその内実である。まさに使徒行伝における「使徒たちはみな一緒にいて、いっさいの物を共有にし、資産や持ち物を売っては、必要に応じてみんなの者に分け与えた。そして日々心を一つにして、絶えず宮もうでをなし、家ではパンをさき、よろこびと、まごころとをもって、食事を共にし、神をさんびし、すべての人に好意を持たれていた。そして主は、救われる者を日々仲間に加えて下さったのである」（使徒行伝二・四四―四七、口語訳）の事態である。そしてこの人類が長い間念願し、今もなお念願しつつある「神の国」の現実化は、聖霊降臨（ペンテコステ）の直後に起こっていることから、初代教会の信仰の霊的質を取り戻すことを目指しているカリスマ運動こそ、「神の国運動」と言える。

カリスマ運動の特徴の一つは、これまでのキリスト教の十字架の救いが、もっぱら罪からの救いに重きを置いていたところから、それを踏まえつつも悪魔に対する勝利を強調するところにある。そこから悪魔の手下たる悪霊の働きを強く意識しつつ、聖霊の力によって悪霊追放の業が頻繁になされることになる。主イエスは宣う。「しかし、わたしが神の霊によって悪霊を追い出しているのなら、神の国はすでにあなたがたのところにきたのである」（マタイ一二・二八、口語訳）。つまり、カリスマ運動における悪霊追放の業こそが、カリスマ運動がまさに「神の国運動」の始まりのしるしであることを示しているのである。かくて、私のカリスマ的牧会の中でも、既述したごとく悪霊追放の業が次々と惹起されることになったのである。

だが、悪霊から解放されただけでは、その人が地上で「神の国」を体験したことにはならない。その後に、聖霊を頂き、聖霊に満たされなくてはならない。その時に、真底から溢れる喜びと平安を経験することになる。まさに『讃美歌』五二九番（日本基督教団出版局、一九五四年）の歌詞のごとく、「ああうれし、わが身も主のものとなりけり。うき世だにさながら、あまつ世のここちす」と歌うことになる。この歌詞を書いたのは、アメリカ人のフランセス・ヴァン・アルスタインという盲人の女性詩人だと言われているが、恐らく彼女は聖霊の満たしの体験のあった人なのであろう。

私の「神の国の牧会」の中心をなすのは、聖日礼拝のあり方の中にこそ如実である。聖日礼拝を通して、まだ聖霊充満の経験のない者達も、素晴らしい神の国を垣間見ることになる。それによって神の国を渇望するようになることを目指している。ゆえに、地上の礼拝は天国の礼拝を映し出すものとして、設《しつら》えられなくてはならない。それでは、天国の礼拝とはいかなるものか。それは黙示録四・一―一一に描かれている。そこで描かれている情景は、一言で言うと〝讃美一色〟である。讃美が止め処《ど》なく溢れ出ている。ということは、「礼拝は讃美である」と言ってもよく、この原理によって構成され、進めて行かなくてはならないことになる。讃美で始まり、讃美で終わり、全体を讃美で覆っていくのである。そこから様々な工夫を凝らしていった。

始まる十五分前から準備讃美をもって待ち望む（当然、会衆はそれまでに着席をする）。「主の祈り」も「使徒信条」もオルガン伴奏と共に讃美で告白していく。ちょうど、カトリックや聖公会で詠《うた》われる〝チャント〟のように。献金の際も、献金袋が回されていく間に個人あるいは二、三人のグループによって〝献金讃美〟が捧げられ、献金後は感謝の祈りの代わりに奉献の讃美（聖歌三七二）を全体で斉唱する。会衆は、祝祷を受け説教者が退場した後に着席して祈るが、間もなく聖歌隊によってワーシップソングから採った美しく響きわたる「御国が来ますように」が歌われ、その讃美に送り出されて聖堂を出て行くという流れになっている。かくて会衆は、その讃美を背にしながら、天国の味わいを抱きつつ、帰って行くのである。

さらに聖餐式にも、「神の国の牧会」が企図されている。高砂教会の聖餐式は普通のプロテスタントの聖餐式とは一風変わっている。パンの配餐に先だって、ブドウ酒が出され、一般的なパン―ブドウ酒とは違って、ブドウ酒―パンという順序で行われる。それは、パンをほとんどの教会のように主イエスの身体と理解し主の死を記念するという意味ではなく、聖霊の賦与と理解し解釈するからである。パンはキリストの命、すなわち聖霊と理解することによって、十字架の贖いと聖霊の満たしによって生まれたのが教会であって、聖餐式を通してそのような霊的な「神の国」の共同体を映し出そうとしたのである。（拙著『キリスト教の第三の波』第二章（30）「聖餐式の改革」参照）そしてこの聖餐式にも、ずっとオルガンの奏楽が鳴り続き、讃美で始まり讃美のうちに終わっていく。

以上のような、天国の礼拝を彷彿させるために讃美で運ばれ覆われていく礼拝を捧げるためには、かなりの音楽の賜物を持つ人達とその指導者が必要とされる。そこで私は約二十年前から正式に盛谷耕三兄を音楽主事として迎え、三つある聖歌隊と奏楽者達の訓練等をお願いし、讃美の質的向上を図るとともに、讃美を本質とする天国の礼拝の形成を目論んだのであった。これは、ちょっとした決断であった。というのは、〝音楽主事〟という働きは韓国では珍しくないが、日本の教会ではほとんど取り入れられておらず、したがって、神学校などでも〝音楽主事〟育成などはほとんど考えられていない。皆無と言ってもよい。学問的に音楽教育を受けたクリスチャンはそれなりにいるであろうが、それで音楽主事が務まるというものではない。そこには、音楽ができるだけでなく、教会教職者と同じような献身の決意と覚悟、また人格的なリーダーシップが必要とされる。これらの要素が整った人材となると、その発掘はなかなか容易ではない。だが、盛谷音楽主事を迎えて、紆余曲折を経ながらも、高砂教会の讃美のレベルは引き上げられ、「神の国の牧会」に大いに寄与してくれている。二十二年前の決断は正しかったのである。

「神の国牧会」の理念実現のために、礼拝について、特に讃美について力を入れてきたとともに、もう一つ重要視したことがある。それは毎年夏に行われる修養会である。一九七五年の夏の修養会で聖霊降臨の出来事が起こり、高砂教会がカリスマ的教会へ大転換したことは何度も触れた。それ以降、毎年もたれる二泊三日の修養会への大きな期待が盛り上がり、委員会を作り一年間をかけた周到な準備をして臨んだ結果、参加者のほぼ百パーセントが聖霊のバプテスマ（聖霊の満たし）の体験をし、圧倒的な喜びと力に溢れることになったのである。修養会こそまさに「神の国」とは何かを体験する最も良い機会となっていった。しかもその「神の国」の体験は、教会内に留まらず、天来の恵みと祝福が溢れだし、他教会からも次々と参加者が起こるに至った。

しかし、ここに問題が起こった。修養会を終えて日常生活に戻ると、やがてあの「神の国」の体験がだんだんと消失していき、ついにはその時の喜びと聖霊の満たしが急速になくなってしまうという「元の木阿弥《もくあみ》」現象が次々と現出してきたのである。〝この世の力〟〝悪魔の力〟の恐ろしさである。「何とかならないか」と模索した結果、行き当たった結論は、「毎朝の早天祈祷の励行」であった。ここに私の「神の国牧会」の継続の奥義があることがわかったのである。それゆえに、年二回（春と秋）、〝特別早天祈祷週間〟なるものを企画し、毎朝五時からと六時からの早天祈祷会を持って教会員全員に参加を促すようになった。それによって早天の恵みを初めて体験した教会員達にもまた、普段の早天祈祷会にも参加するように図り、習慣化させていったのである。

かくて、私の「神の国の牧会」は一応の達成を見たのであるが、今後これをさらに高め深めることができるかどうかが課題である。

そしてもう一つ、四十周年記念事業の大事な企画があった。それは「手束牧師と共に行く聖地旅行」であった。三十年前の牧会十周年に初めて聖地旅行に送り出していただいた。しかしその時には、妻と私のみが他のクリスチャンの旅行団に参加させてもらっての聖地旅行であった。しかし四十周年記念聖地旅行は、二十四名もの教会員達との和気あいあいとした〝神の家族〟旅行であった。そしてこの旅行の内容は、月報に「イスラエル再訪・日本宣教考察の旅」（二〇一二年十一月～二〇一四年三月）として報告している。願わくは、数年以内に他の海外旅行の紀行文と合わせて、『聖なる旅』の三巻目として世に出したいと考えている。

四十八　主任牧師から元老牧師へ
――人生、これからが本番――

〝聖く華やかな牧会四〇周年祝賀〟の感動がようやく醒め終わった頃、私は勧士・執事会に一つの提案をした。二年後の二〇一五年、私は七十歳を迎える。その年をもって主任牧師の働きを終え、それ以後は〝元老牧師〟として奉職したい。ゆえに、次期主任牧師の「選考委員会」を設けて、じっくりと後継者を選任していってほしいというものであった。

これは、私が数年前から温めていた構想であった。「先生はまだお元気じゃないですか。もう少しなさった方が絶対いいですよ」と慰留する声もあったが、私の決心は変わらなかった。私が主任牧師を降りた方がよいと思ったのには、二つの理由があった。一つは、「時代が変わった」という認識である。いわゆる〝デジタル時代〟の到来である。私は典型的な〝アナログ人間〟である。コンピューターを自在に駆使することができない。検索をする程度で、それ以外の操作は他のスタッフに依存している。「慣れれば簡単ですよ」との励ましの言葉をかけてくれるスタッフもいたが、「メカには弱い」という〝苦手意識〟から脱却できずに喘いでいる。こんな私を尻目に、若い他のスタッフ達は、コンピューターに向かいながら説教を作っている。また説教の原稿も紙に書かず、それを入れたタブレットを持って聖壇に上がる。さらには、時としてメッセージの中で映像を映し出し、強烈に視覚に訴えながら展開していく。「何という時代が現出したのか」と溜め息をつく思いである。到底このような〝デジタル時代〟の流れに乗っていく自信がない。

もう一つは、体力・気力の衰退である。特に記憶力の減退には、いつも慨嘆している。当然覚えているはずの人物名や語彙がすぐに出てこなくなったことには、我ながら驚き、慌てふためくことが多い。少し前までは、そうではなかった。「牧師先生、凄い記憶力ですね」と信徒達から言われて、気を良くしていたが、今では「昔の光、今いずこ」という思いである。正直に告白すると、この自叙伝の下巻は上巻よりも倍近い時間を執筆に要している。「上巻はあんなにスラスラ書けたのに、なんで下巻はこうなのか」といつも呟きながら書き進めてきた。もしかしたら、これは記憶力の減退のためではないかもしれないのだが、正直その苦悩から、もう少しで解放されるかと思うと、いささかホッとしている。

さらに困ったことには、旅行することが億劫《おっくう》になってしまったことである。既述したごとく、元々私は旅行があまり好きでなかったが、三十年くらい前から国内外の要請に応じて、毎月平均して一週間から十日間ぐらい旅行に出るようになった。そのうちに、赴いた先の教会の牧師夫妻や信徒達との出会いの感動や、その教会が成長し復興していく姿を見るのが嬉しくて、むしろ旅行するのが楽しくなっていった。ところが、慣れのせいもあるだろうが、最近ではあまり楽しくなくなってきた。そこで私は、いつも自分に言い聞かせている。「いいか、これはお前が主から託された使命なのだ。多くの教会がお前を必要とし待っているのだ。頑張って出掛けていきなさい」と。このように自分自身を励ますことによって、新しい力を得ている。

以上のような理由によって、自らの働きの限界を感じるようになり、これ以上主任牧師としての任に留まることは、教会の成長と復興にとってプラスにならないと判断し、熟慮した結果、七十歳を機に主任牧師引退を表明したのであった。だからと言って、全面的に牧会から手を引くというわけにはいかない。就任以来〝花も嵐も踏み越えて〟四十二年間にわたって築き上げてきた主から託された高砂教会のヴィジョンと路線は、しっかりと継承発展してもらわねばならない。そうでなければ、せっかくのこれまでの努力と苦心が水泡に帰してしまうというより、神の大きな計画が挫折することになるからである。そのためには、ふさわしい後継者が立てられなくてはならないことは言うまでもないが、同時に私から次期主任牧師へのメンタリング（助言や指導）が必要となる。

これまでともすれば、日本の教会では後任者が着任したら、前任者はその教会を静かに去るか、もしくは教会に残ったとしても口を出すことなく黙って見守っておくのが、あるべきモラルであり、美しい姿と言われてきた。しかしその結果、何が起こったであろうか。長きにわたり前任者の牧会と説教に慣れ親しんできた信徒達は、後任牧師の牧会と説教に違和感を覚え、ついには分裂することになる悲劇がどれほど多く起こったであろうか。分裂しないまでも、せっかく築かれた大教会が、だんだん衰退していき、かつての賑わった面影はどこに行ったのかと思われるような教会も掃いて捨てるほどあるのである。にもかかわらず、このような世代交代にまつわる多くの悲劇を目にし耳にしながらも、日本の教会は有効な手立てを打つことができずにきた。そして相も変わらず、「老兵は死なず。ただ消えゆくのみ」とばかり、前任者のモラルばかりを要求する綺麗事を並べることで過ごしてきたのである。

だが韓国の教会は違った。「元老牧師制度」なるものを創り上げ、世代交代にまつわる悲劇を可能な限り避けることに腐心したのである。そこには何千何万という夥しい数の信徒を抱える教会が、世代交代に失敗することによって大ダメージを受けてきたという苦い経験の集積があったからであろう。「元老牧師制度」とは、韓国ではその教会で二十年以上牧会し、多大な功績のあった牧師に、教会総会で圧倒的な議を経て与えられる職務であり、分かりやすく言えば会社の会長のような立場を与えられることであると言ってもよいだろうか。つまり、元老牧師は先輩として主任牧師の上に立ち、法的権限は持たないが、主任牧師にメンタリングを行いながら、主任牧師としてのスキルと実質を分与していく務めを負っていくのである。そしてこのことがうまくなされるならば、分裂や衰退という悲劇を避け得るという消極的成果のみならず、むしろさらに教会が大きく豊かに発展していく可能性が開かれていくということを、今日の教会成長学は「河口理論」として実証していったのである（この点については、「十九、韓国伝道—感嘆と落胆の交錯①」参照)。

かくして、私達の教会は日本では恐らく初めて「元老牧師制度」を採用する教会となり、二〇一五年三月末に、韓国の教会に倣って「元老牧師推戴式」、「元老牧師就任記念礼拝」、「元老牧師就任祝賀会」等を仰々しく開催し、教会内外に対して広く〝お披露目〟をしたのである。

これらの諸行事に遠く沖縄からわざわざ参加してくださった當銘由正牧師は、「元老牧師制度」の趣旨をよく理解し、次のような適切な感想文を月報に寄せてくださった。

「厳粛な推戴式、華やかで明るく、また婦人達の着物姿での奉仕は、まさに日本的キリスト教を彷彿とさせる気配りの行き届いた行事で感動的でした。

私は常々、教会成長の大きな妨げの一つは、牧師の交代によるのではないかと考えていました。私がまだ若い頃、沖縄で最大と言われる教会がありました。しかしその教会は、牧師が替わるたびに役員会が真っ二つに割れたり、三つ巴になったりして、現在は小さな教会になってしまっています。また別のある教会は、飛ぶ鳥を落とすほどの隆盛を極めていたのですが、牧師の辞任後、何度も無牧状態となり、現在もまだ無牧のままです。……中略……

前任牧師の辞任後、次の牧師を誰にするかで揉めたり(バトンタッチで手間取る)、数年間無牧状態になったり(バトンを落として次走者がバトンを取るまで間が空く)で、教勢を落としてきた教会を多く見てきました。神の教会は、決して『夏草や、つはものどもが夢の跡』(奥の細道)となってはならないし、世の習いと言われる『栄枯盛衰』の〝枯〟や〝衰〟があってはならず、常に〝栄〟があり、〝盛〟がなければなりません。すなわち、教会は常に成長し続けてこそ、神の栄光は現されるものです。

そういうことで、今回の手東正昭先生が取り入れられた『元老牧師制度』は、大いに期待されるものです。先生が『教会成長の勘所』で主張される〝家康型牧会〟が、いよいよ実行に移されました。高砂教会はこれからの日本の教会の手本となり、模範となると信じます。……後略……」（月報二〇一五年四月号）。

さて後任者の件であるが、勧士・執事（二十三名）の中から選挙で六名の選考委員を選出し、牧師館にて三回にわたって慎重に審議を重ねた結果、当時副牧師であった新谷和茂師に決まった。「次期主任牧師選考委員会」では、選考基準として、高砂教会に対する神からの使命と役割を忠実に継承してくれることに重点を置いた。高砂教会に対する〝神からの使命と役割〟とは、当然「カリスマ刷新運動」の推進であり、「日本民族総福音化運動」の推進の二つの路線である。私も人の子の親として、そのころ雪深い北陸の地で十数年もの間、厳しい牧会に耐えてきた長男信吾（当時日本キリスト教団栃尾教会牧師）を考えないわけではなかった。しかし、彼はいつの間にかこの二つの路線から外れてしまっていた。教会は「霊的共同体」（ティリッヒ）である。ゆえに肉を全く排除することは不可能だが、少なくとも肉を霊に優先させてはならない。事実、前任者の息子や娘婿が後継者となった場合、最初は良くてもやがては失敗していくケースが多く見られる。

西郷南州（隆盛）は「児孫のために美田を買わず」という言葉を残している（『南州翁遺訓』）。児孫に財産を残すと、安楽な生活に慣れて、ためにならないから、そのようなことはしない方がよいという意味である。主イエスもまた肉の絆への固執を嫌って、弟子達に次のように言い放った。「わたしの母とは、だれのことか。わたしの兄弟とは、だれのことか。……天にいますわたしの父のみこころを行う者はだれでも、わたしの兄弟、また姉妹、また母なのである」（マタイ一二・四八以下、口語訳）。かくて、「肉よりも霊の優位を保つ」という意味において、私の「元老牧師推戴」と新谷師の「主任牧師就任」は、聖霊の導きによるものと確信している。この〝二頭体制〟の中で、主から託された使命と務めをあくまでも追求していく高砂教会の新たなる出発が始まっていくことになった。

そこで、この区切りをもって私は自叙伝の執筆を終えていきたい。聖路加国際病院の元院長・元理事長として著名な日野原重明師は、二〇〇六年四月で九十四歳になってから『人生、これからが本番』（日本経済新聞社）という自叙伝を上梓している。「凄い」と言うより「超人的」エネルギーである。これは日野原師がクリスチャン（牧師の息子）であることと無関係ではないだろう。前にも書いたが、聖書の神は「老人を用い給うお方」である。アブラハムは七十五歳で、モーセは八十歳で、神からの挑戦を受けて、大きな使命に向けて立ち上がっていった。老人の持つ可能性の大きさを表している。私も今年〝喜寿〟即ち七十七歳を迎えたが、日野原師に倣って、「人生、これからが本番」を目指して、日本の教会の聖霊による刷新のために（聖書本来の信仰に立ち戻るように)、また日本の国家的救いのために(日本民族総福音化)、これまで以上に献身を強めていきたい。

この自叙伝をここまで読んでくださった方々への心からの感謝と共に、これからも私だけでなく誰にでも燦々と注がれている神の恩寵の素晴らしさを、さらに証し続けることができるならば、牧師冥利である。聖霊様、支え給え。

あとがき（感謝に代えて）

今は、〝自叙伝ブーム〟らしい。一年間に三万冊も出されているという。私の書棚にも、三十冊ほどの様々な自叙伝が並べられている。ほとんどは贈呈していただいたものである。しかしながら、出版社の企画出版物としてのものは少なく、その多くは自費出版によるもののようだ。この事実は、いかに人々が自叙伝を世に出したいと願っているかということを物語っている。なぜ人々は自叙伝を出版したがるのであろうか。

ここにこの謎を解く格好の書物がある。工藤美代子著『読ませる自分史の書き方』（幻冬舎新書）がそれである。私は『恩寵燦々と――聖霊論的自叙伝（上）雌伏の時代』を書き終わり、原稿をキリスト新聞社に送った後に、たまたま町の本屋でこの本を見つけた。読んでみて「なるほど」と思わされた。「上巻を出す前に読んでおけばよかった」と悔やんだ。そこには、自分史（自叙伝）を書くことの意味と、その具体的実際が懇切に描かれていた。

著者の工藤美代子氏は、知る人ぞ知るノンフィクション作家として著名な方であり、私も以前この方の書いた『マッカーサー伝説』（恒文社21）を読み、私の『日本宣教の突破口』を執筆するに当たって、大いに参考にさせてもらったことがある。工藤氏は『読ませる自分史の書き方』の最初の章で、「自分史を書く意味」について、三つの点を指摘している。

第一の意味は、「魂の救済行為」だという。どういうことかというと、恐らく魂の深層深く沈んでいる〝心の傷〟を癒やすということであろう。私自身、自叙伝執筆の最中しばしば夜中にうなされていたという。妻によると、言葉にならない言葉でわめき、泣き叫んでいたという。察するに、これは私の赤ん坊だった時父親と離別した後、母親とも死別したまま、従兄に背負われて満州から日本、舞鶴から結城への苛酷な引き揚げ体験の中で味わった無意識の中に沈澱していた苦しみと悲しみの発露だったのではなかろうか。実に自叙伝を執筆するということは、このようにして心の奥深くに閉じ込めていた「今まで背負っていた重い荷物をゆっくりと降ろしていく」という作業なのである。このプロセスを通して、執筆者達はすっきりとした気持ちで、その後の歩みをポジティブに続けることができることになる。

第二の意味は、「後世に書き残す記録」ということである。これは何も歴史の資料として書くという意味ではない。ではいかなることかというと、人間にはこの世で自分がかく生き抜いたということの証拠を残したいという根強い願望がある。それゆえに、古今東西を問わず、権力者達はその痕跡を残すために、様々に腐心していった。たとえば、死後巨大な陵墓を造って遺体をそこに安置するようにと遺言したように。そこには、後世の人々、特に子孫や家来達に自分のことを忘れず覚えていてほしいという未練が込められていたのではなかろうか。そして今日の民主的社会においては、自叙伝を書き残すという手段を通して、誰でもが自分の生きてきた証拠を立てることが可能となったのである。ただし、それなりの文章力を必要とするのではあるが。

第三に工藤氏が挙げているのは、「自己表現の第一歩」ということである。つまり、人間には「自分とは何か」を知りたいという奥深い衝動があり、人はそれを自叙伝を通して探究したいというこことなのであろう。まさにこの私自身がそうであった。自己のアイデンティティの確立を求めて、この自叙伝を書き始めたことを、上巻の「はじめに」で明確にしている（参照されたし）。

ところで工藤氏が言うように、自分史（自叙伝）を書くことには、以上の三つの意味があることは確かである。しかし私の場合、もう一つの意味があり、この点が他の一般の人達の自叙伝と趣を異にしているのではなかろうか。それは、上巻の「はじめに」でも書いているように〝神の恩寵の凄さ〟を、私の人生を通して明らかにしたいということである。そして今、この自叙伝を書き終わってみて、さらに明瞭になったことがある。それは、一口に「神の恩寵」と言っても、それには二種類あるということであり、この点を明確にすることは、キリスト教信仰を持つ者にとっては、かなり重要だということである。

詩篇六六篇では、この二種類の恩寵の相違について、見事に詠い上げられている。三節から七節では、一般的な神の恩寵に対する感謝のゆえに讃美が捧げられている。それは、神が「海を変えて、かわいた地とされた」からであり、「人々は徒歩で川を渡った」（六節、口語訳＝以下同）からである。この二つの出来事は、言うまでもなく〝モーセによる紅海渡渉〟と〝ヨシュアによるヨルダン川渡渉〟を意味している。この二つは、イスラエルの民の絶体絶命のピンチの中で、驚くべき神の奇跡的介入によってそのピンチを乗り越えることができたという恩寵である。それゆえに神に対する感動に満ちた感謝と讃美が捧げられた。つまり、人知では考えられない大きな神の力によって危うきより助けられたことによって生じた恩寵の凄さへの讃美である。

ところが、八節から一二節に描かれた神の恩寵は俄然内容が異なっている。八節で「もろもろの民よ、われらの神をほめよ。神をほめたたえる声を聞えさせよ」と詠っている恩寵の出来事というのは、一般的な意味でのそれとは異なり、一〇節から一二節にある辛く苦しい体験のゆえであった。詩篇の記者は詠う。「神よ、あなたはわれらを試み、しろがねを練るように、われらを練られた。あなたはわれらを網にひきいれ、われらの腰に重き荷を置き、人々にわれらの頭の上を乗り越えさせられた。われらは火の中、水の中を通った。しかしあなたはわれらを広い所に導き出された」。つまり、ここで言う恩寵は、苦難や試練を通して、自分達が練り鍛えられていくことによって、新たなる境地を得、古い自分を脱却し、新しい自分になったことのゆえに体験した恩寵なのである。私はこれを「逆境の恩寵」と呼び、前者を「祝福の恩寵」と呼びたいと思う。実に、私がこの自叙伝を『恩寵燦々と』と名付けたのは、この「逆境の恩寵」というものを強調したかったからに他ならない。

この下巻〝雄飛の時代〟を書き綴っていく間、何人もの方々から尊い助言と激励を頂いた。特に、上巻で「推奨の辞」を書いてくださった大門英樹氏には、私自身が気付かなかった多くのご指摘と励ましを頂いたことはありがたく、この場を借りて心より感謝を申し上げたい。その中で特に印象深く残っているのは、次のような言葉である。「手束牧師の自叙伝を貫いているテーマは、人生に試練など存在しない。試練をまとった恩寵があるだけであるということなのだ」。私はこの論評の言葉の前でしばし黙想し、やがて温かいものが心の内から溢れてくるのを覚えた。「よくぞ、言ってくださった。まさにその通り。私が自叙伝を通して言いたかったことは、まさにそのことなのだ。そこにクリスチャンであることの醍醐味があるのだ」。しかし、クリスチャンであっても、このことに気付く人は決して多くはない。そのような人達にとって、神というのはいつも自分にとって都合のよいようにしてくださるという意味での恩寵のお方であって、不都合なことをするはずがない。だのになぜ、こんなことが起こるのだ。一体神はどこにいかれたのだ、と呟く。しかしそうではない。試練や苦難の中にこそ、神の恩寵は込められているのである。これが十分に分かっていないところに、今日の日本の教会の問題があるのかもしれない。その結果、教会は衰退に衰退の道を辿っている。私はこのような衰退しつつある教会の起死回生を何とか図りたいと願っている。その意味で、この私の拙い自叙伝が用いられるならば大きな喜びである。

ある方は、私の自叙伝の上巻を読んで、「これは自叙伝の体裁をとった牧会論だ」と感嘆してくださった。この言葉には、私の方が驚いた。と言うのは、私の方には全くそのような意図はなく、ただ私の人生の歩みの中に注がれ続けてきた神の恩寵の凄さを証ししようとしただけだからである。だがよく考えてみると、「人生に試練はない。試練をまとった恩寵があるだけだ」という「逆境の恩寵」の主張は、牧師にとって最も大事なことなのかもしれない。この理念にしっかり立てるか否かが、恐らくその牧師の牧会の成否を握るからである。なぜならば、牧師として一つの教会を牧会するということは、決して生やさしいことではなく、必ずや様々な試練に遭遇することになるからである。そして少なからぬ牧師達がその試練をうまく乗り切れずに、転任したり辞任したりしていく。果ては肉体的精神的病に陥る。真偽の程は定かではないが、日本では何と五百人ほどの牧師達が毎年牧師の働きを辞めていくという。そこには様々な理由があるであろうから一概には言えないが、「逆境の恩寵」という真理を知っていたならば、かなりの数の牧師達が再起できたのではなかろうか。この『恩寵燦々と――聖霊論的自叙伝』上下二巻が、多くの牧師達にとって慰めとなり励ましとなり、もう一度再起していく力となるならば、これほど嬉しいことはない。

上巻の副題を〝雌伏の時代〟としたことにより、否応なく下巻の副題は〝雄飛の時代〟となった。なぜなら、〝雌伏〟という言葉と〝雄飛〟という言葉は「対語」であり、セットになっているからである。けれども、一見格好よく思われる〝雄飛〟と名付けても、それは決して〝雌伏の時代〟を経た後、大きく〝雄飛の時代〟を迎えて順風満帆に成功の時を迎えたということではない。本書を読了された方はお分かりのように、〝雄飛の時代〟になったにもかかわらず、相変わらず次々と試練に遭遇し、難渋し続けてきたのである。そしてこれからも恐らくそうであろう。ただありがたいことには、「逆境の恩寵」の真理を確立した今は、かつてのようにそれほど悩み苦しまずに難局を乗り越えることができるようになったということである。

今年二〇二一年、私は七十七歳となった。いわゆる〝喜寿〟を迎えたのである。幼い頃〝虚弱児〟であった者がこんなに長く生きられるとは思っていなかった。確かに肉体の衰えを覚えて嘆息することはあるが、年齢相応に元気で、しかもこの祝うべき歳に「聖霊論的自叙伝」上下二巻の完成を見ることができたことは、まさに「神の恩寵の賜物」以外の何ものでもないであろう。それゆえに、最後に万感の想いをもって〝恩寵なる神〟への感謝と共に、様々に応援してくださった方々おひとりおひとりに感謝を捧げることをお許し願いたい。その中でも、私の細かな願いのいちいちを聞き届けてくださり、立派な書物として世に出してくださった「キリスト新聞社」の若き松谷信司社長をはじめスタッフの方々には、特にお礼を申し上げたい。キリスト教出版業界の冬の時代を乗り越えて、ぜひこれからも、日本の福音化に役立つ書物を次々と出していただきたいと祈る次第である。

最後に、〝私の喜びであり冠である〟愛する高砂教会の皆さんには、言い尽くせない感謝と共にこれからも厚い祈りをもってお支えくださることをお願いしたい。

主の御名の崇められんことを。

二〇二一年七月

手東正昭

【著者略歴】手束正昭（てづか・まさあき）

1944年　中国・上海に生まれる。
1946年　満州にて父親と離別したまま母親と死別。
奇跡的に日本へ生還。
以後、茨城県結城市にて成育。
1960年　関西学院高等学部入学。キリスト教に触れ、入信。
1969年　関西学院大学神学部修士課程修了（神学修士）。
日本キリスト教団東梅田教会伝道師。
1970年　関西学院大学神学部助手。傍ら、1971年より日本キリスト教団芦屋西教会伝道師。
1973年　日本キリスト教団高砂教会牧師に就任。
1975年　教会修養会にて聖霊降臨のできことに遭遇。
以後、カリスマ的信仰に転進。
現　在　日本キリスト教団高砂教会元老牧師。カリスマ刷新運動を推進する「日本キリスト教団聖霊刷新協議会」顧問。「日本民族総福音化運動協議会」総裁。名誉神学博士。牧会学博士。諸教会・諸神学校で特別講師として活躍。
【著　書】『キリスト教の第三の波』（正・続・余）、『信仰の表現としての教会建築』、『命の宗教の回復』、『聖なる旅』、『続・聖なる旅』、『恩寵燦々と（上）』（以上、キリスト新聞社）。『ヨシュアの如く生きん』、『輝かしい季節の始まり』、『教会成長の勘所』、『あなたはやり直すことができる』、『聖霊の新しい時代の到来』、『日本宣教の突破口』（以上、マルコーシュ・パブリケーション）。『朝早く、主に叫べ』（地引網出版）。

日本キリスト教団高砂教会
〒676-0015　兵庫県高砂市荒井町紙町1-34
電話079（442）4854　ファクス079（442）4878
URL. https://www.takasago-church.com　E-mail. info@takasago-church.com

装丁：JESUS COMMUNICATIONS GRAPHICS

恩寵燦々と《おんちょうさんさん》　――聖霊論的自叙伝――　下巻「雄飛《ゆうひ》の時代」

2021年12月24日　第1版第1刷発行

著　者　手束　正昭
発行所　株式会社　キリスト新聞社
〒162−0814　東京都新宿区新小川町9−1
早稲田オフィス
〒165-0051 東京都新宿区西早稲田2-3-18AVACOビル6階
電話03(5579)2432
URL. http://www.kirishin.com
E-Mail. support@kirishin.com
印刷所　株式会社 光陽メディア

ISBN978-4-87395-799-9　C0016（日キ販）